Martine Lizambard

500 RECETTES VAPEUR

A à Z

SOLAR
EDITIONS

Table des matières

Introduction

Pratiquée depuis des siècles en Asie, en Afrique et en Amérique du Sud, la cuisson à la vapeur ne s'est que récemment répandue en France. Introduit par les rapatriés d'Afrique du Nord dans les années 60, le couscous figure parmi les premiers plats couramment cuits à la vapeur, seule manière alors de bien préparer la semoule avant la vulgarisation des produits précuits. Plus récemment, la vogue de la cuisine asiatique, en particulier des dim-sum, *les fameuses petites bouchées de la cuisine cantonaise, a beaucoup contribué à populariser ce mode de cuisson, très apprécié par ailleurs pour ses qualités diététiques. Aux autocuiseurs et aux couscoussiers des parents ont succédé dans nos cuisines les paniers en bambou chinois et les cuit-vapeur traditionnels, bientôt remplacés par des appareils électriques. Aujourd'hui, on prévoit un bel avenir aux fours à vapeur, qui commencent à apparaître dans les cuisines familiales.*

Une savoureuse cuisine diététique

Tous les nutritionnistes s'accordent à reconnaître les vertus diététiques de ce mode de cuisson. Ne dépassant pas 100 °C, la vapeur préserve la plus grande partie des vitamines présentes dans les fruits et les légumes, qu'il s'agisse des plus sensibles à la chaleur, comme les vitamines B1 et C, ou de celles solubles dans l'eau, qui disparaissent lors des cuissons par pochage.

La cuisson à la vapeur ne nécessite pas de matières grasses, à l'exception de celles ajoutées éventuellement dans une papillote, par exemple ; mieux encore, le gras des aliments fond pendant la cuisson à la vapeur, rendant les viandes et les poissons gras très diététiques. Il ne s'agit pas d'exclure les matières grasses, indispensables à une bonne alimentation : comme elles sont ajoutées aux aliments en fin de préparation plutôt qu'avant cuisson, elles sont plus digestes puisque crues.

Enfin, la cuisson à la vapeur n'engendre pas d'hydrocarbures aromatiques, composés toxiques qui apparaissent lors des cuissons à haute température, en particulier le rôtissage à feu vif et le barbecue.

Excellent pour la santé, ce mode de cuisson a paradoxalement pâti de sa réputation, car il a souvent été assimilé à une cuisine de régime terne et insipide. En réalité, il est sans doute celui qui préserve le mieux les saveurs, les textures et les couleurs des aliments, d'autant que l'assaisonnement, souvent ajouté cru après la cuisson, n'est lui-même pas dénaturé.

Les poissons blancs à chair tendre, qui supportent mal d'être trop cuits, ne sont jamais meilleurs qu'ainsi préparés. Ils sont aussi plus faciles à présenter entiers, dans la mesure où les retourner en cours de cuisson, opération souvent périlleuse, devient inutile. Versée en filet sur les aliments au dernier moment, l'huile d'olive sera au mieux de sa saveur. De même, épices et herbes des marinades brûlent au four ou au gril, mais gardent leur goût intact à moins de 100 °C.

La vapeur préserve tout particulièrement la saveur des coquillages délicats, comme les huîtres et les coquilles Saint-Jacques, qui réclament une cuisson douce. Les crustacés cuisent parfaitement à la vapeur : les pattes ne se détachent pas du corps, et l'eau ne s'infiltre pas dans les carapaces.
L'atmosphère humide assure aussi une cuisson efficace et sans dessèchement des flans et des terrines. Les premiers prennent sans coagulation brutale, et les secondes tiennent parfaitement tout en restant très moelleuses.

Ustensiles et appareils de cuisson

On peut cuire à la vapeur sans aucun ustensile particulier, par exemple avec une passoire placée au-dessus d'une casserole d'eau bouillante. Il est cependant important d'assurer l'étanchéité de la jonction entre la passoire et la casserole, en couvrant le tour de celle-ci d'un torchon mouillé ; il faut aussi couvrir la passoire pour que la vapeur reste efficace. Au-dessus d'une casserole d'eau bouillante, on peut faire cuire des aliments entre deux assiettes. Une bassine à friture, une sauteuse ou un wok équipés d'un panier et d'un couvercle permettent aussi la cuisson à la vapeur, à condition que le panier ne trempe pas dans l'eau.

- Le couscoussier permet de réaliser efficacement toutes les recettes à la vapeur. Cet ustensile de base de la cuisine est composé d'une marmite, d'une passoire qui s'emboîte dessus et d'un couvercle. Jadis faits de terre cuite, les couscoussiers sont aujourd'hui fabriqués en aluminium ou, mieux, en acier inoxydable. Il ne faut pas hésiter à le choisir de très grande taille, d'autant qu'il n'est équipé que d'une seule passoire.
- Le cuit-vapeur traditionnel, directement inspiré du couscoussier, est lui aussi composé d'une marmite sur laquelle s'emboîte une passoire munie d'un couvercle. Généralement

moins haut et plus large, son panier perforé offre une surface de cuisson plus importante. De nombreux cuit-vapeur comportent deux passoires s'emboîtant l'une sur l'autre.

- Les paniers en bambou existent dans toutes les tailles, du plus grand, que l'on ajuste directement sur une casserole, aux petits paniers individuels, que l'on place dans la passoire du cuit-vapeur. Ils sont très esthétiques, mais toutefois assez peu pratiques d'entretien.
- Le cuit-vapeur électrique ressemble à un cuit-vapeur traditionnel à deux passoires, mais l'élément du bas est muni d'une résistance chauffante, d'un thermostat et d'une minuterie, ce qui évite d'avoir à surveiller la cuisson. Le cuit-vapeur électrique dispose presque toujours d'une position « maintien au chaud » très pratique.
- L'autocuiseur ou marmite à pression (Cocotte-Minute® étant un terme déposé par la marque Seb) peut être utilisé pour la cuisson à la vapeur s'il est muni d'un panier. Il suffit d'ôter (ou d'ouvrir, selon les modèles) la soupape de l'appareil pour que les aliments cuisent à la vapeur sans pression, en dessous de 100 °C. La cuisson sous pression est en effet radicalement différente de celle à la vapeur douce dont nous parlons ici. Très difficile à contrôler, car la cuisson proprement dite commence avant que la marmite ne soit sous pression, ce mode de cuisson brutal où la température atteint 115 à 130 °C provoque la destruction de nombreuses vitamines, rend une grande partie des minéraux inassimilables et affadit les aliments.
- Les cuiseurs à riz sont souvent équipés d'une passoire pour cuire des aliments à la vapeur au-dessus du récipient à riz. On dispose toutefois de beaucoup moins de place que dans un cuit-vapeur traditionnel ou électrique.
- Le four vapeur, naguère réservé aux professionnels, s'est démocratisé avec l'apparition de fours multifonction intégrant la production de vapeur. À poser ou encastrable, relié au réseau d'eau ou disposant d'un réservoir incorporé, le four

vapeur permet de cuire facilement d'importantes quantités d'aliments. Les cuissons mixtes sont envisageables, comme une cuisson à la vapeur suivie d'un passage sous le gril ou, à l'inverse, un rôtissage suivi d'une cuisson à la vapeur.

Bien cuire à la vapeur

La cuisine à la vapeur ne présente aucune difficulté particulière ; cette cuisson douce pardonnant bien des erreurs, elle rend les recettes, même complexes, difficiles à rater.
Pour respecter le temps de cuisson, il faut attendre l'ébullition de l'eau avant d'introduire des aliments dans la passoire, et la couvrir immédiatement. Les temps indiqués dépendent naturellement de la nature des aliments, mais aussi de leur taille : il faut en tenir compte en les préparant.
Quand les ingrédients s'y prêtent, on peut les envelopper de film transparent ou de papier sulfurisé pour éviter que l'eau de condensation ne les détrempe. Les petits pots de crème et les flans, en particulier, doivent être couverts pour que des gouttes ne retombent pas à leur surface. Le papier d'aluminium, qui peut provoquer des réactions électrolytiques quand il est en contact avec l'acier inoxydable, est à éviter. Tous les autres matériaux conviennent pour cuire à la vapeur : faïence, grès ou porcelaine, verre, inox et même plastique (récipients du type Tupperware®). On ne brise jamais un plat en cuisant à la vapeur.
D'une manière générale, les aliments mis à mariner doivent l'être suffisamment à l'avance ; on peut aussi les emballer dans du film ou du papier cuisson avec les éléments de la marinade quelques heures à l'avance et les cuire dans cette papillote. Les aliments ainsi enveloppés ne doivent pas être trop salés : les saveurs se concentrent à la cuisson, et la saveur salée ne fait pas exception.
Comme le liquide au-dessus duquel cuisent les aliments peut

leur communiquer des saveurs, les aliments peuvent donner du goût au liquide de cuisson. Il faut tenir compte de cela si la recette utilise le liquide de cuisson. Dans le cas d'une cuisson sur deux étages, les saveurs des aliments peuvent se mélanger ; il est alors préférable d'envelopper ou de couvrir les ingrédients placés dans le panier inférieur.

En dehors de la cuisson à proprement parler, le cuit-vapeur facilite quantité de petites tâches culinaires :

– réchauffer les plats déjà préparés sans les dessécher. Le réchauffage du riz ou des pâtes, par exemple, donne d'excellents résultats. On peut aussi réchauffer directement dans le plat ou l'assiette de service, ce qui n'est pas toujours possible avec le four classique ou le four à micro-ondes ;

– tenir au chaud les plats préparés à l'avance, en utilisant la position « maintien au chaud » du cuit-vapeur électrique ou sur de l'eau chaude mais non bouillante avec un appareil traditionnel ;

– de la même manière, faire « reposer » avant de les servir les grosses pièces rôties au four (gigot, côte de bœuf) ;

– blanchir rapidement oignons, échalotes, gousses d'ail, feuilles de chou, etc., qui nécessitent ce traitement pour être plus digestes.

Il ne s'agit pas d'être un intégriste de la vapeur. Ce mode de cuisson est aussi parfaitement complémentaire du four ou de la poêle, entre autres. Une grosse pièce de viande saisie sur toutes ses faces et que l'on finit de cuire à la vapeur est excellente, colorée en surface et chaude à cœur. Un plat de légumes vapeur peut être doré sous le gril du four après cuisson. N'hésitez donc pas à combiner les cuissons en prenant le meilleur de chacune, la vapeur aura toute sa place dans votre cuisine !

Crème d'artichauts à la coriandre

Préparation : 10 min
Cuisson : 15 min

Pour 4 à 6 personnes

600 g de fonds d'artichaut surgelés

1 cuil. à café de graines de coriandre

½ cuil. à soupe de concentré de tomates

4 cuil. à soupe de crème liquide

4 cuil. à soupe d'huile d'olive

2 cuil. à soupe de feuilles de coriandre ciselées

sel et poivre du moulin

Laissez dégeler les fonds d'artichaut à température ambiante. S'ils sont gros, recoupez-les en deux ou en quatre.

Versez 1 litre d'eau dans la partie inférieure du cuit-vapeur et portez à ébullition. Posez les fonds d'artichaut dans le panier perforé, salez un peu et parsemez des graines de coriandre. Ajustez le couvercle et faites cuire 15 minutes.

Quand les fonds d'artichaut sont bien tendres, mettez-les dans le bol d'un robot avec une louche de leur eau de cuisson et le concentré de tomates. Mixez pour obtenir une crème assez fluide et onctueuse, en ajoutant juste assez d'eau de cuisson pour obtenir la consistance souhaitée.

Ajoutez la crème, l'huile et les trois quarts de la coriandre ciselée. Mélangez bien, goûtez et rectifiez l'assaisonnement. Servez chaud, parsemé du reste de coriandre.

Crème d'aubergines au sésame

Préparation : 15 min
Cuisson : 30 min
Pour 4 à 6 personnes

700 g de petites aubergines très fermes

1 litre de bouillon de volaille

1 cuil. à café de cumin moulu (facultatif)

10 cl d'huile d'olive

1 cuil. à café de tahin (crème de sésame)

1 cuil. à soupe de graines de sésame grillées + un peu pour le décor

sel et poivre du moulin

Pelez les aubergines et coupez-les en cubes.

Versez le bouillon dans la partie inférieure du cuit-vapeur et portez à ébullition. Posez les aubergines dans le panier perforé. Ajoutez la moitié du cumin et un peu de sel, puis ajustez le couvercle et faites cuire 30 minutes, jusqu'à ce qu'elles soient bien souples.

Mettez les aubergines dans le bol d'un robot avec l'huile, le reste du cumin et le tahin, puis mixez pour obtenir une crème onctueuse et épaisse. Continuez de mixer, en ajoutant progressivement juste assez de bouillon pour que la consistance soit plus fluide.

Rectifiez l'assaisonnement, puis parsemez de graines de sésame et servez, chaud ou froid.

Crème de chou-fleur au curry

Préparation : 15 min
Cuisson : 15 min
Pour 4 à 6 personnes

1 petit chou-fleur

1 litre de bouillon de volaille

1 cuil. à soupe de curry en poudre + 1 cuil. à café

15 cl de crème fraîche

sel et poivre du moulin

Rincez le chou-fleur à l'eau fraîche et séparez les petits bouquets.

Versez le bouillon dans la partie inférieure du cuit-vapeur avec la cuillerée à soupe de curry, et portez à ébullition. Posez le chou-fleur dans le panier perforé. Salez-le un peu et saupoudrez-le du reste du curry, ajustez le couvercle et faites cuire 15 minutes.

Mettez le chou-fleur dans le bol d'un blender avec une louche du bouillon de cuisson. Mixez jusqu'à obtention d'une crème onctueuse, en ajoutant juste assez de bouillon pour lui donner la fluidité nécessaire.

Ajoutez la crème fraîche et donnez encore quelques impulsions, puis goûtez et rectifiez l'assaisonnement. Servez chaud, avec des petits croûtons dorés.

Crème de fenouils au saumon fumé

Préparation : 15 min
Cuisson : 15 min

Pour 4 à 6 personnes

4 bulbes de fenouil

1 litre de bouillon de volaille

100 g de saumon fumé (pour servir)

10 cl de crème liquide

quelques brins d'aneth (pour le décor)

sel et poivre du moulin

Parez les fenouils : retirez les feuilles dures extérieures et coupez chacun des bulbes en deux. S'ils ont encore quelques petites feuilles vertes, gardez-les pour décorer à la place de l'aneth.

Versez le bouillon dans la partie inférieure du cuit-vapeur et amenez à ébullition. Posez le fenouil dans le panier perforé. Salez légèrement, ajustez le couvercle et faites cuire 15 minutes.

Taillez le saumon en fines lanières. Réservez-le au réfrigérateur.

Mettez le fenouil dans le bol d'un blender avec une louche du bouillon de cuisson. Mixez jusqu'à obtention d'une consistance lisse et onctueuse, en ajoutant petit à petit juste assez de bouillon pour lui donner la fluidité nécessaire.

Ajoutez la crème fraîche et donnez encore quelques impulsions. Goûtez et rectifiez l'assaisonnement. Servez chaud, dans des bols ou des assiettes creuses. Répartissez les lanières de saumon et décorez de quelques brins d'aneth ou de pluches de fenouil.

Crème de fenouil au saumon fumé

Crème de laitue aux radis roses

Préparation : 20 min
Cuisson : 5 min

Pour 4 à 6 personnes

4 gros cœurs de laitue (ou 2 petites laitues)

12 radis roses

20 cl de crème liquide

1 cuil. à café de sucre en poudre

sel et poivre du moulin

Rincez les cœurs de laitue à l'eau fraîche et essorez-les. S'il s'agit de salades entières, retirez les premières feuilles extérieures. Lavez les radis, coupez-les en fines lamelles, presque transparentes, et étalez-les sur une assiette.

Versez 1 litre d'eau dans la partie inférieure du cuit-vapeur et portez à ébullition. Posez les salades dans le panier perforé, salez un peu et saupoudrez-les du sucre. Ajustez le couvercle, puis faites cuire 5 minutes.

Sortez les laitues du cuit-vapeur, mettez-les dans le bol d'un blender et posez l'assiette de radis à leur place dans le panier perforé. Remettez le couvercle et gardez au chaud jusqu'au moment de servir.

Mixez les laitues jusqu'à obtention d'une consistance lisse et onctueuse, en ajoutant au fur et à mesure juste assez de leur eau de cuisson pour donner à la préparation la fluidité nécessaire.

Faites chauffer la crème à feu doux dans une petite casserole jusqu'à ce qu'elle frémisse, retirez du feu et ajoutez la préparation à la laitue. Goûtez et rectifiez l'assaisonnement. Versez dans des bols, parsemez de lamelles de radis et servez aussitôt.

Crème de mâche aux oignons nouveaux

Préparation : 20 min

Cuisson : 15 min

Pour 4 à 6 personnes

200 g de mâche

8 oignons nouveaux

1 litre de bouillon de volaille

4 petites pommes de terre

10 cl de crème liquide

sel et poivre du moulin

Triez la mâche, lavez-la et essorez-la. Pelez les petits oignons en conservant leur tige verte, puis coupez-les en quatre dans la hauteur. Épluchez les pommes de terre.

Versez le bouillon dans la marmite du cuit-vapeur et amenez à ébullition. Posez les pommes de terre dans le panier perforé. Salez-les légèrement, ajustez le couvercle et faites cuire 10 minutes.

Déposez les feuilles de mâche sur les pommes de terre, puis ajoutez les oignons sur l'ensemble. Remettez le couvercle et poursuivez la cuisson environ 5 minutes, jusqu'à ce que les oignons soient tendres. Récupérez ces derniers et réservez-les.

Transvasez les pommes de terre et la mâche dans le bol d'un blender. Ajoutez une louche du bouillon de cuisson et mixez jusqu'à obtenir une consistance lisse et onctueuse, en ajoutant au fur et à mesure juste assez de bouillon pour donner la fluidité nécessaire.

Ajoutez la crème fraîche et donnez encore quelques impulsions. Goûtez et rectifiez l'assaisonnement. Versez dans des bols ou des assiettes creuses, répartissez les quartiers d'oignon et servez chaud.

Crème de panais au safran

Préparation : 15 min
Cuisson : 20 min
Pour 4 à 6 personnes

600 g de panais
1 pincée de pistils de safran
50 cl de bouillon de volaille
20 g de beurre
15 cl de crème liquide
1 petite cuil. à soupe de persil plat ciselé
sel et poivre du moulin

Épluchez les panais, lavez-les et coupez-les en cubes. Faites tremper le safran dans une demi-tasse d'eau chaude.

Versez le bouillon et 50 cl d'eau dans la marmite du cuit-vapeur. Amenez à ébullition, puis posez les panais dans le panier perforé. Salez légèrement, ajustez le couvercle et faites cuire environ 20 minutes.

Quand les panais sont tendres, mettez-les dans le bol d'un blender avec une louche du bouillon de cuisson, le safran et son eau de trempage. Mixez pour obtenir une crème lisse et onctueuse, en ajoutant au fur et à mesure juste assez de bouillon pour donner la fluidité nécessaire.

Ajoutez le beurre et la crème, puis donnez encore quelques impulsions pour bien mélanger. Versez dans des bols. Au dernier moment, parsemez d'un peu de persil.

Crème de petits pois à la menthe

Préparation : 15 min
Cuisson : 25 min
Pour 4 à 6 personnes

600 g de petits pois frais écossés
15 cl de crème liquide

Versez la crème dans un grand bol et placez l'ensemble une dizaine de minutes au congélateur, puis fouettez-la en chantilly bien ferme. Ajoutez la menthe ciselée, salez légèrement et réservez au frais.

8 feuilles de menthe très finement ciselées

1 litre de bouillon de volaille

4 tiges de menthe fraîche

sel et poivre du moulin

Versez le bouillon dans la marmite du cuit-vapeur avec 10 feuilles de menthe. Amenez à ébullition, puis posez le reste de la menthe dans le fond du panier et étalez les petits pois dessus. Salez légèrement, ajustez le couvercle et faites cuire environ 25 minutes.

Mettez les petits pois dans le bol d'un blender avec 50 cl du bouillon de cuisson. Mixez pour obtenir une crème lisse et onctueuse, en ajoutant au fur et à mesure juste assez de bouillon pour donner la fluidité nécessaire.

Passez la crème de petits pois à travers une passoire pour retenir les peaux. Réchauffez-la à feu très doux ou laissez-la refroidir complètement, puis versez-la dans les bols de service, ajoutez sur chacun d'eux une belle cuillerée de chantilly et servez.

Crème glacée de céleri aux pommes

Préparation : 15 min

Cuisson : 18 min

Pour 4 à 6 personnes

1 petite boule de céleri (environ 500 g)

50 cl de bouillon de volaille

1 pomme verte

1 quartier de citron

15 cl de crème liquide

sel et poivre du moulin

Épluchez la boule de céleri, rincez-la à l'eau fraîche et taillez-la en cubes.

Versez le bouillon de volaille et 50 cl d'eau dans la marmite du cuit-vapeur, et amenez à ébullition. Mettez le céleri dans le panier perforé. Salez légèrement, ajustez le couvercle et faites cuire 15 minutes.

Coupez la pomme en quatre et épluchez-la. Frottez rapidement les quartiers de pomme avec le citron et posez-les dans le panier avec le céleri, puis replacez le couvercle et poursuivez la cuisson 3 minutes.

Crème de petits pois à la menthe

Mettez le céleri et la pomme dans le bol d'un blender avec une louche du bouillon de cuisson. Mixez jusqu'à obtention d'une crème onctueuse, en ajoutant au fur et à mesure juste assez de bouillon pour lui donner la fluidité nécessaire.

Ajoutez la crème fraîche et donnez encore quelques impulsions. Goûtez, assaisonnez et laissez refroidir, puis mettez au réfrigérateur jusqu'au moment de servir.

Crème toute verte de cresson

Préparation : 15 min

Cuisson : 15 min

Pour 6 personnes

2 petites bottes de cresson

2 blancs de poireau

1 litre de bouillon de volaille

50 g de beurre

4 cuil. à soupe de crème fraîche

pluches de cerfeuil (pour le décor)

sel et poivre du moulin

Coupez les tiges du cresson. Triez-le, puis lavez-le et essorez-le. Fendez les blancs de poireau en deux dans la longueur et lavez avec soin entre les feuilles. Détaillez-les en fines rondelles.

Versez le bouillon dans la marmite du cuit-vapeur et amenez à ébullition. Déposez le cresson et les poireaux dans le panier perforé, salez légèrement, ajustez le couvercle et faites cuire environ 15 minutes.

Transvasez les légumes dans le bol d'un blender avec une louche de leur bouillon et mixez jusqu'à obtention d'une crème onctueuse, en ajoutant au fur et à mesure juste assez de liquide pour obtenir la fluidité nécessaire.

Faites fondre le beurre avec la crème. Ajoutez-les aux légumes et donnez encore quelques impulsions ; salez et poivrez. Servez chaud, dans des bols, en décorant de quelques pluches de cerfeuil.

Gaspacho d'asperges vertes au parmesan

Préparation : 15 min
Cuisson : 8 à 10 min

Pour 4 personnes

600 g d'asperges vertes
1 cuil. à soupe de vinaigre de vin blanc
20 g de mie de pain
10 cl d'huile d'olive
quelques copeaux de parmesan (pour servir)
sel et poivre du moulin

Coupez l'extrémité dure des asperges, épluchez ces dernières et rincez-les.

Versez 1 litre d'eau dans la partie inférieure du cuit-vapeur et portez à ébullition. Posez les asperges dans le panier perforé. Salez un peu, ajustez le couvercle et laissez cuire de 8 à 10 minutes.

Mettez les asperges dans le bol d'un robot avec une louche de leur eau de cuisson, le vinaigre et la mie de pain. Mixez pour obtenir une consistance fluide et onctueuse, en ajoutant au fur et à mesure juste assez d'eau de cuisson pour obtenir la consistance souhaitée.

Goûtez et rectifiez l'assaisonnement. Ajoutez l'huile d'olive, mixez à nouveau pour bien émulsionner l'ensemble et réservez au réfrigérateur. Répartissez les copeaux de parmesan sur le gaspacho au moment de servir.

Gaspacho de poivrons jaunes

Préparation : 15 min
Cuisson : 10 min

Pour 4 à 6 personnes

6 poivrons jaunes
5 cl de vinaigre de cidre
20 g de mie de pain
10 cl d'huile d'olive
sel et poivre du moulin

Rincez les poivrons et coupez-les en deux, puis retirez le pédoncule, les graines et tous les filaments.

Versez 1 litre d'eau dans la partie inférieure du cuit-vapeur et portez à ébullition. Posez les poivrons dans le panier perforé. Salez-les légèrement, puis ajustez le couvercle et faites cuire 10 minutes.

•••

Lorsque les poivrons sont tièdes, pelez-les et coupez la chair en morceaux. Mettez-les dans le bol d'un blender avec une louche de leur eau de cuisson, le vinaigre et la mie de pain. Mixez, en ajoutant au fur et à mesure juste assez de liquide pour obtenir une consistance fluide et onctueuse.
Ajoutez l'huile d'olive et mixez de nouveau quelques instants. Salez, poivrez et mettez au réfrigérateur jusqu'au moment de servir.

Potage glacé de tomates au poivron

Préparation : 20 min
Cuisson : 12 min
Pour 4 à 6 personnes

600 g de tomates bien mûres
1 poivron rouge
1 gousse d'ail
10 cl d'huile d'olive
2 cuil. à soupe de crème fraîche
sel et poivre du moulin

Rincez les tomates et le poivron avec soin. Épluchez la gousse d'ail.
Versez 1 litre d'eau dans le panier du cuit-vapeur, ajoutez l'ail et amenez à ébullition. Incisez la base des tomates en croix. Posez-les dans le panier perforé, ajustez le couvercle et faites cuire 2 minutes, puis sortez-les et laissez-les refroidir.
Remplacez les tomates par le poivron, remettez le couvercle et faites cuire 10 minutes. Retirez-le à son tour du panier et laissez-le tiédir.
Pelez les tomates, coupez-les en deux, retirez les graines et détaillez la pulpe en cubes. Ôtez la peau du poivron, ouvrez-le, retirez les graines et les cloisons blanches, puis coupez-le aussi en morceaux.
Mettez les tomates et le poivron dans le bol d'un blender avec l'huile d'olive et une louche

de l'eau de cuisson. Mixez jusqu'à obtention d'une consistance onctueuse, en ajoutant au fur et à mesure juste assez de liquide pour lui donner de la fluidité.

Ajoutez la crème et donnez encore quelques impulsions. Salez, poivrez et mettez au réfrigérateur. Servez très frais.

Soupe de patates douces au lait de coco

Préparation : 15 min

Cuisson : 20 min

Pour 4 à 6 personnes

600 g de patates douces

10 cl de lait de coco

2 cuil. à soupe de noix de coco râpée pour le décor

sel et poivre du moulin

Épluchez les patates douces, rincez-les et coupez-les en cubes.

Versez 1 litre d'eau dans la marmite du cuit-vapeur et amenez à ébullition. Étalez les cubes de patate douce dans le panier perforé. Salez légèrement, ajustez le couvercle et faites cuire 20 minutes.

Transférez les patates douces dans le bol d'un blender, ajoutez une louche de leur eau de cuisson et le lait de coco, puis mixez jusqu'à obtenir d'une consistance lisse et onctueuse. Ajoutez progressivement assez de liquide de cuisson pour donner la fluidité voulue.

Goûtez et rectifiez l'assaisonnement. Servez chaud, juste après avoir parsemé de noix de coco râpée.

Velouté d'asperges au cerfeuil

Préparation : 20 min
Cuisson : 10 min
Pour 4 personnes

600 g d'asperges blanches ou violettes

15 cl de crème liquide

2 cuil. à soupe de cerfeuil ciselé

quelques pluches de cerfeuil (pour le décor)

sel et poivre du moulin

Enlevez l'extrémité dure des asperges. Épluchez ces dernières et lavez-les.

Versez 1 litre d'eau dans la partie inférieure du cuit-vapeur et portez à ébullition. Étalez les asperges dans le panier perforé. Salez légèrement, ajustez le couvercle et faites cuire environ 10 minutes.

Mettez les asperges dans le bol d'un blender avec une louche de leur eau de cuisson et mixez pour obtenir une consistance lisse et onctueuse. Ajoutez progressivement de l'eau de cuisson jusqu'à obtenir la fluidité voulue.

Ajoutez la crème, salez et poivrez, puis donnez encore quelques impulsions. Ajoutez alors le cerfeuil ciselé, goûtez et rectifiez l'assaisonnement. Versez le velouté dans des bols et parsemez de quelques pluches de cerfeuil. Servez chaud.

Velouté de carottes à l'orange

Préparation : 15 min
Cuisson : 20 min
Pour 4 à 6 personnes

600 g de carottes

1 orange non traitée

1 litre de bouillon de volaille

1 cuil. à soupe de coriandre ciselée (pour le décor)

sel et poivre du moulin

Lavez l'orange avec soin à l'eau courante. Prélevez finement son zeste, puis pressez-la. Réservez le jus et le zeste séparément. Épluchez les carottes, rincez-les et coupez-les en rondelles.

Versez le bouillon de volaille dans la marmite du cuit-vapeur et amenez à ébullition. Posez les carottes et le zeste dans le panier perforé. Salez légèrement, ajustez le couvercle et faites cuire environ 20 minutes.

Retirez le zeste et mettez les carottes dans le bol d'un robot. Ajoutez le jus d'orange et mixez, en complétant avec assez de bouillon de cuisson pour obtenir une consistance à la fois onctueuse et fluide.

Goûtez et rectifiez l'assaisonnement. Si vous le souhaitez, parsemez le velouté de coriandre ciselée avant de servir, bien chaud.

Velouté de céleri au bacon

Préparation : 20 min

Cuisson : 15 min

Pour 4 personnes

300 g de céleri-boule

300 g de pommes de terre

50 cl de bouillon de volaille

1 cuil. à soupe d'huile de tournesol

12 tranches de bacon

4 cuil. à soupe de crème fraîche (ou 10 cl de crème liquide)

sel et poivre du moulin

Épluchez le céleri et les pommes de terre, lavez-les et coupez-les en cubes.

Versez le bouillon de volaille et 50 cl d'eau dans la marmite du cuit-vapeur, et amenez à ébullition. Déposez les légumes dans le panier perforé. Saupoudrez-les d'un peu de sel, ajustez le couvercle et faites cuire 15 minutes.

Pendant ce temps, enduisez une poêle avec l'huile et faites-y dorer les tranches de bacon quelques instants, des deux côtés, à feu vif. Réservez.

Mettez les légumes dans le bol d'un blender avec une louche du bouillon de cuisson. Mixez jusqu'à obtention d'une purée épaisse, puis ajoutez progressivement juste assez de bouillon pour lui donner la fluidité nécessaire. Incorporez la crème et donnez encore quelques impulsions.

Goûtez et assaisonnez. Répartissez le velouté dans des bols, disposez les tranches de bacon sur le velouté et servez chaud.

Velouté de champignons aux noisettes

Préparation : 15 min

Cuisson : 15 min

Pour 4 personnes

700 g de champignons de Paris

50 g de noisettes

1 litre de bouillon de volaille

10 cl de crème liquide

sel et poivre du moulin

Coupez le pied terreux des champignons. Lavez avec soin ces derniers sans les laisser tremper, puis émincez-les. Concassez grossièrement les noisettes (comme du poivre mignonnette) ; réservez-les.

Versez le bouillon dans la marmite du cuit-vapeur et amenez à ébullition. Étalez les champignons dans le panier perforé. Salez légèrement, ajustez le couvercle et faites cuire environ 15 minutes.

Transférez les champignons dans le bol d'un robot et ajoutez une louche du bouillon de cuisson. Mixez pour obtenir une crème onctueuse, en ajoutant petit à petit juste assez de bouillon pour lui donner de la fluidité.

Ajoutez la crème et mélangez en donnant encore quelques impulsions, puis poivrez et rectifiez l'assaisonnement en sel. Parsemez de noisettes au dernier moment et servez chaud.

Velouté de châtaignes aux champignons

Préparation : 20 min
Cuisson : 15 à 20 min
Pour 4 personnes

500 g de châtaignes au naturel (en conserve ou surgelées)

120 g de champignons des bois (ou de champignons de Paris)

1 litre de bouillon de volaille

4 cuil. à soupe de crème fraîche

20 g de beurre

quelques feuilles de persil ciselées

sel et poivre du moulin

Nettoyez les champignons et séchez-les bien.

Versez le bouillon dans la marmite du cuit-vapeur et amenez-le à ébullition. Étalez les châtaignes dans le panier perforé, ajustez le couvercle et faites cuire de 15 à 20 minutes.

Pendant ce temps, poêlez les champignons quelques minutes à feu vif dans le beurre, jusqu'à ce qu'ils commencent à dorer et que toute leur eau de végétation soit évaporée.

Transférez les châtaignes dans le bol d'un blender avec la moitié de leur bouillon de cuisson et mixez jusqu'à obtenir une purée épaisse et onctueuse. En continuant de mixer, ajoutez juste assez de bouillon pour donner la fluidité voulue. Ajoutez la crème, donnez quelques impulsions et poivrez un peu.

Versez dans des bols ou des assiettes, répartissez les champignons, parsemez d'un peu de persil et servez.

Velouté de courgettes à la feta et au basilic

Préparation : 10 min
Cuisson : 10 min
Pour 4 à 6 personnes

800 g de petites courgettes

Rincez les courgettes, supprimez leurs extrémités et taillez-les en rondelles épaisses. Coupez la feta en petites lamelles et réservez-la au réfrigérateur. Prélevez quelques feuilles de basilic, ciselez-les et réservez.

•••

100 g de feta
2 tiges de basilic
10 cl d'huile d'olive
sel et poivre du moulin

Versez 1 litre d'eau dans la partie inférieure du cuit-vapeur et portez à ébullition. Mettez les tiges de basilic dans le fond du panier perforé, posez les courgettes par-dessus et salez. Ajustez le couvercle et faites cuire environ 10 minutes ; elles doivent rester un peu fermes.

Transférez les courgettes dans le bol d'un robot, ajoutez l'huile d'olive et mixez jusqu'à obtention d'une consistance onctueuse et fluide. Si elle vous paraît trop épaisse, ajoutez un peu d'eau de cuisson. Goûtez et rectifiez l'assaisonnement.

Ajoutez le basilic ciselé et mélangez, puis répartissez le velouté dans des bols. Ajoutez les lamelles de feta et servez.

Velouté de poireaux à la mimolette

Préparation : 10 min
Cuisson : 15 à 20 min
Pour 4 à 6 personnes

4 poireaux
150 g de mimolette
4 pommes de terre moyennes
environ 15 cl de crème fraîche liquide
sel et poivre du moulin

Détaillez la mimolette en copeaux à l'aide d'un économe ; réservez.

Épluchez les pommes de terre, lavez-les et coupez-les en morceaux. Supprimez la partie vert foncé des poireaux pour ne conserver que le blanc et le vert pâle. Fendez-les en quatre dans la longueur et lavez bien entre les feuilles, puis détaillez-les en tronçons.

Versez 1 litre d'eau dans la marmite du cuit-vapeur et amenez à ébullition. Étalez les légumes dans le panier perforé. Saupoudrez-les de sel, ajustez le couvercle et faites cuire de 15 à 20 minutes, jusqu'à ce qu'ils soient bien tendres.

Mettez les poireaux, les pommes de terre, 30 cl de leur eau de cuisson et la mimolette, à l'exception de quelques copeaux, dans le bol d'un blender, et mixez pour obtenir une purée épaisse et onctueuse. En continuant de mixer, ajoutez progressivement juste assez d'eau pour donner la fluidité voulue. Poivrez, rectifiez l'assaisonnement en sel et ajoutez la crème, puis mélangez.

Répartissez le velouté dans des bols, ajoutez la mimolette réservée et servez chaud.

Velouté de potimarron au chorizo

Préparation : 15 min

Cuisson : 22 min

Pour 6 personnes

1 petit potimarron

150 g de chorizo

½ oignon épluché, piqué d'un clou de girofle

60 g de beurre

2 cuil. à soupe de crème fraîche

sel et poivre du moulin

Retirez l'écorce et les graines du potimarron, puis taillez la chair en cubes. Ôtez la peau du chorizo et coupez-le en tranches ou en dés.

Versez 1 litre d'eau dans la partie inférieure du cuit-vapeur, ajoutez l'oignon et portez à ébullition. Posez les cubes de potimarron dans le panier perforé, salez un peu et ajustez le couvercle. Faites cuire 20 minutes, jusqu'à ce que la pulpe s'écrase sous la pression.

Mettez le potimarron dans le bol d'un blender avec une louche de son eau de cuisson et le beurre. Mixez pour obtenir une consistance veloutée, pas trop liquide, en ajoutant juste assez d'eau de cuisson pour obtenir la consistance souhaitée. Ajoutez la crème, mélangez en donnant quelques impulsions, puis goûtez et rectifiez l'assaisonnement.

•••

Faites chauffer le chorizo 2 minutes dans le panier du cuit-vapeur, au-dessus du reste de l'eau bouillante. Versez le velouté dans une soupière ou dans des bols, répartissez le chorizo à la surface et servez bien chaud.

Velouté de topinambours, copeaux de foie gras

Préparation : 20 min

Cuisson : 15 à 20 min

Pour 6 personnes

600 g de topinambours

60 g de foie gras cuit au naturel

1 pomme de terre moyenne

1 litre de bouillon de volaille

40 g de beurre

10 cl de crème liquide

sel et poivre du moulin

Coupez le foie gras en fins copeaux, couvrez-le et réservez-le au réfrigérateur. Épluchez les topinambours ainsi que la pomme de terre, puis coupez-les en morceaux.

Versez le bouillon dans la marmite du cuit-vapeur et amenez à ébullition. Posez les topinambours et la pomme de terre dans le panier perforé. Salez légèrement, ajustez le couvercle et faites cuire 15 à 20 minutes.

Quand les légumes sont bien tendres, mettez-les dans le bol d'un robot avec une louche du bouillon de cuisson. Mixez pour obtenir une crème onctueuse, en ajoutant au fur et à mesure juste assez de bouillon pour lui donner de la fluidité. Ajoutez le beurre et la crème, et donnez encore quelques impulsions pour bien mélanger.

Servez chaud, après avoir disposé les copeaux de foie gras à la surface au dernier moment.

Velouté glacé de concombre à la menthe

Préparation : 10 min
Cuisson : 3 min
Pour 4 personnes

1 concombre d'environ 400 g

3 tiges de menthe

4 yaourts brassés

5 cl de lait de coco

sel et poivre du moulin

Épluchez le concombre. Coupez-le en quatre dans la longueur et retirez les graines. Séparez 2 cuillérées à soupes de feuilles de menthe des tiges. Ciselez-les. Réservez.

Versez 1 litre d'eau dans la partie inférieure du cuit-vapeur et portez à ébullition. Placez les tiges de menthe dans le fond du panier perforé et posez les morceaux de concombre dessus. Salez un peu, ajustez le couvercle et faites cuire 3 minutes.

Mettez le concombre dans le bol d'un robot et laissez tiédir, puis mixez jusqu'à obtention d'une consistance lisse et fluide. Ajoutez les yaourts et le lait de coco, et mixez quelques instants pour homogénéiser l'ensemble.

Ajoutez la menthe, rectifiez l'assaisonnement et mélangez. Mettez au réfrigérateur jusqu'au moment de servir.

Velouté marbré de topinambours et de roquette

Préparation : 30 min
Cuisson : 20 min
Pour 4 personnes

500 g de topinambours

1 litre de bouillon de volaille

Épluchez les topinambours, puis coupez-les en morceaux. Versez le bouillon dans la partie inférieure du cuit-vapeur et portez à ébullition. Étalez les topinambours dans le panier perforé. Salez-les légèrement, ajustez le couvercle et faites cuire environ 20 minutes.

•••

30 cl de crème liquide
50 g de roquette
sel et poivre du moulin

Transférez-les dans le bol d'un blender, ajoutez une louche de leur jus de cuisson et mixez-les en purée épaisse. Tout en continuant à mixer, ajoutez la crème et assez de bouillon pour obtenir une consistance lisse et onctueuse. Goûtez et rectifiez l'assaisonnement.

Versez les deux tiers de cette préparation dans une casserole et maintenez-la au chaud sur feu doux. Ajoutez la roquette au tiers restant dans le blender et mixez à nouveau, jusqu'à obtention d'une seconde soupe verte. Salez et poivrez.

Versez les deux veloutés, en les alternant, dans des verres ou des coupes transparentes. Servez aussitôt.

Ballotins de laitue au chèvre frais

Préparation : 30 min

Cuisson : 8 min

Pour 4 personnes

300 g de fromage de chèvre frais

1 laitue

4 cuil. à soupe d'olives noires dénoyautées

huile d'olive

origan

3 tranches de jambon cru très fines

sel et poivre du moulin

Versez 1 litre d'eau dans la marmite du cuit-vapeur et amenez à ébullition.

Rincez la laitue entière sous l'eau courante. Détachez six belles feuilles sur le tour et posez-les dans le panier du cuit-vapeur avec le reste de la salade. Ajustez le couvercle et faites cuire 2 minutes, le temps de les assouplir. Sortez les feuilles, étalez-les sur du papier absorbant, puis laissez cuire le cœur 2 minutes encore avant de l'égoutter à son tour.

Hachez les olives au couteau, puis écrasez le chèvre à la fourchette dans une assiette creuse avec les olives, 1 cuillerée à soupe d'huile et une grosse pincée d'origan ; salez et poivrez. Malaxez jusqu'à ce que le mélange soit bien homogène et formez six petits cylindres.

Retirez la couenne du jambon et coupez les tranches en deux dans la longueur. Enroulez chaque petit cylindre au chèvre dans une demi-tranche de jambon cru, puis enveloppez l'ensemble dans une feuille de laitue.

•••

Posez les ballotins obtenus dans le panier perforé du cuit-vapeur, remettez le couvercle et faites cuire 4 minutes.

Servez chaud, arrosé d'un filet d'huile d'olive.

Chèvres chauds en nids de poireaux

Préparation : 20 min

Cuisson : 15 min

Pour 4 personnes

4 petits chèvres frais

2 blancs de poireau

4 cuil. à soupe d'huile d'olive

sel et poivre du moulin

Versez 1 litre d'eau dans la marmite du cuit-vapeur et amenez à ébullition.

Fendez les blancs de poireau en deux dans la longueur et lavez-les à l'eau courante, en écartant bien les feuilles. Posez-les dans le panier perforé. Salez légèrement, ajustez le couvercle et faites cuire 10 minutes, jusqu'à ce qu'ils soient juste tendres.

Égouttez les poireaux sur plusieurs épaisseurs de papier absorbant et épongez-les avec soin pour bien les sécher. Coupez la base, puis émincez-les en fines lanières dans la longueur et disposez-les en forme de nid dans quatre petits poêlons individuels. Placez un chèvre au milieu de chacun d'eux et arrosez d'un filet d'huile d'olive.

Posez les petits plats les uns à côté des autres dans le panier du cuit-vapeur. Remettez le couvercle, faites cuire 5 minutes et servez aussitôt.

Chèvres chauds en nids de poireaux

Chèvres chauds en salade méditerranéenne

Préparation : 30 min

Cuisson : 15 min

Pour 4 personnes

4 crottins de chèvre frais

2 tomates moyennes, bien mûres

1 gros poivron rouge

3 cuil. à soupe d'huile d'olive

12 feuilles de basilic ciselées

60 g d'olives noires à la niçoise

½ cuil. à café de cumin moulu

sel et poivre du moulin

Versez 1 litre d'eau dans le panier du cuit-vapeur et amenez à ébullition.

Incisez la base des tomates en croix, posez-les dans le panier perforé et ajustez le couvercle. Faites-les cuire 2 minutes puis retirez-les, enlevez la peau ainsi que les graines, et coupez la chair en dés.

Coupez le poivron en deux, retirez le pédoncule et les graines. Faites-le cuire à son tour 10 minutes à la vapeur. Égouttez-le, pelez-le et détaillez-le en petites bandes.

Mélangez le poivron et les tomates dans un grand bol. Ajoutez l'huile d'olive, le basilic, un peu de sel et de poivre. Remuez et laissez à température ambiante.

Coupez dans du papier sulfurisé un disque de la même taille que le fond du panier perforé, enduisez-le d'huile d'olive, percez-le en plusieurs endroits et déposez-le dans le panier du cuit-vapeur. Posez les fromages dessus en les espaçant les uns des autres. Saupoudrez-les de cumin, remettez le couvercle et faites-les cuire 4 ou 5 minutes : ils doivent être bien chauds mais ne pas couler.

Sortez-les un à un à l'aide d'une écumoire et disposez-les sur des petites assiettes, entourés de la salade de légumes. Répartissez les olives autour et servez.

Clafoutis de céleri-branche au roquefort

Préparation : 20 min
Cuisson : 50 min
Pour 4 à 6 personnes

500 g de côtes de céleri
150 g de roquefort
3 œufs
50 g de farine
30 cl de crème liquide
beurre (pour le plat)
sel et poivre du moulin

Versez 1 litre d'eau dans la marmite du cuit-vapeur et amenez à ébullition.

Séparez les côtes de céleri et lavez-les. Coupez la base dure, enlevez les fils et détaillez les branches en tronçons de 2 cm, puis déposez-les dans le panier perforé. Salez légèrement, ajustez le couvercle et faites cuire 10 minutes. Laissez ensuite refroidir sur du papier absorbant.

Battez les œufs en omelette avec la farine. Délayez progressivement avec la crème, en fouettant sans cesse pour obtenir une pâte lisse et assez fluide. Salez et poivrez.

Beurrez un plat à gratin pouvant aller dans le panier du cuit-vapeur. Répartissez régulièrement le céleri et les morceaux de roquefort dedans, puis versez par-dessus la crème aux œufs. Posez le plat dans le panier perforé, ajustez le couvercle et faites cuire 30 minutes.

Retirez alors le couvercle et prolongez la cuisson de 10 minutes. Servez bien chaud.

Clafoutis d'endives aux lardons

Préparation : 20 min
Cuisson : 55 min
Pour 6 personnes

150 g de poitrine demi-sel
3 ou 4 endives

Supprimez la couenne de la poitrine demi-sel. Taillez cette dernière en petits lardons et faites-les revenir quelques minutes à feu modéré dans une poêle antiadhésive.

Versez 1 litre d'eau dans la marmite du cuit-vapeur et amenez à ébullition.

•••

3 œufs
50 g de farine
30 cl de crème liquide
40 g de gruyère râpé
beurre (pour le plat)
sel et poivre du moulin

Si les premières feuilles des endives sont abîmées, retirez-les. Coupez les endives en deux dans la longueur et supprimez la partie dure de la base, puis posez-les dans le panier perforé. Salez-les légèrement, ajustez le couvercle et faites-les cuire 10 minutes. Laissez-les ensuite refroidir sur du papier absorbant avant de les émincer.

Battez les œufs en omelette avec la farine. Délayez progressivement avec la crème, en fouettant sans cesse pour obtenir une pâte lisse et assez fluide. Salez et poivrez.

Beurrez un plat à gratin pouvant aller dans le panier du cuit-vapeur. Déposez les endives dedans, répartissez par-dessus le râpé et les lardons, puis versez la crème aux œufs. Placez le plat dans le panier perforé, ajustez le couvercle et faites cuire pendant 30 minutes à vapeur douce.

Retirez alors le couvercle et prolongez la cuisson de 10 minutes. Servez chaud, dans le plat de cuisson.

Clafoutis de poireaux au curry

Préparation : 20 min
Cuisson : 50 min
Pour 4 à 6 personnes
4 blancs de poireau
1 cuil. à café de curry en poudre (ou plus, selon le goût)
3 œufs
30 cl de crème liquide
50 g de farine

Versez 75 cl d'eau dans la marmite du cuit-vapeur et amenez à ébullition.

Fendez les poireaux en deux dans la longueur, sans aller jusqu'à la base, et lavez-les avec soin. Posez-les dans le panier perforé, les uns à côté des autres. Salez un peu, ajustez le couvercle et faites cuire environ 10 minutes. Mettez-les à refroidir sur du papier absorbant, puis émincez-les.

beurre (pour le plat)

sel et poivre du moulin

Battez les œufs en omelette avec la farine. Délayez progressivement avec la crème, en fouettant sans cesse pour obtenir une pâte lisse et assez fluide. Ajoutez le curry, salez, poivrez et mélangez bien.

Beurrez un plat à gratin pouvant aller dans le panier du cuit-vapeur. Étalez régulièrement les poireaux dedans, puis versez la crème au curry. Posez le plat dans le panier perforé, ajustez le couvercle et faites cuire 30 minutes.

Retirez ensuite le couvercle et prolongez la cuisson de 10 minutes. Servez chaud, dans le plat de cuisson.

Flans au parmesan

Préparation : 10 min

Cuisson : 20 à 30 min

Pour 4 à 6 personnes

4 œufs + 2 jaunes

25 cl de crème liquide

75 g de parmesan fraîchement râpé

beurre (pour les moules)

poivre du moulin

Cassez les œufs dans un grand bol, ajoutez les jaunes et battez-les ensemble en omelette. Sans cesser de fouetter, incorporez progressivement la crème, puis ajoutez le parmesan râpé et mélangez jusqu'à ce que la préparation soit parfaitement homogène. Donnez quelques tours de moulin à poivre.

Versez 1 litre d'eau dans la marmite du cuit-vapeur et amenez à ébullition.

Beurrez des moules individuels et remplissez-les de crème aux trois quarts. Posez-les côte à côte dans le panier perforé. Recouvrez-les de papier cuisson, ajustez le couvercle et faites cuire de 20 à 30 minutes, jusqu'à ce que la préparation soit prise.

Servez chaud, en entrée ou avec une salade, à la place du fromage.

Flans au saumon fumé

Préparation : 15 min
Cuisson : 20 à 30 min

Pour 6 personnes

150 g de saumon fumé

3 œufs + 4 jaunes

45 cl de crème liquide

1 cuil. à soupe d'aneth ciselé + quelques brins (pour le décor)

beurre (pour les moules)

sel et poivre du moulin

Versez 1 litre d'eau dans la marmite du cuit-vapeur et amenez à ébullition.

Coupez le saumon en petits dés. Cassez les œufs dans un grand bol, ajoutez les jaunes et battez-les ensemble en omelette. Sans cesser de fouetter, incorporez progressivement la crème. Ajoutez les dés de saumon et l'aneth ciselé, salez, poivrez et mélangez.

Beurrez six moules individuels. Remplissez-les aux trois quarts et posez-les côte à côte dans le panier perforé. Recouvrez-les de papier cuisson, ajustez le couvercle et faites cuire de 20 à 30 minutes, jusqu'à ce que la crème soit prise.

Disposez un brin d'aneth sur chaque ramequin et servez chaud.

Flans aux œufs à la thaïlandaise

Préparation : 10 min
Cuisson : 12 à 15 min

Pour 4 personnes

2 oignons nouveaux

1 noisette de gingembre frais

4 œufs

1 cuil. à soupe de sauce soja

15 cl de bouillon de volaille

4 pincées de poivre blanc moulu

1 cuil. à soupe de coriandre ciselée (pour servir)

Pelez et hachez très finement les petits oignons et le gingembre.

Cassez les œufs dans un saladier et battez-les en omelette avec la sauce soja. Sans cesser de fouetter, incorporez progressivement le bouillon, puis ajoutez les oignons, le poivre et le gingembre.

Versez 1 litre d'eau dans la marmite du cuit-vapeur et amenez à ébullition.

Versez la préparation dans quatre moules individuels. Posez-les côte à côte dans le panier perforé. Couvrez-les de papier cuisson, ajustez le couvercle et faites cuire de 12 à 15 minutes, jusqu'à ce que la crème soit prise.

Servez les flans chauds ou tièdes, parsemés de coriandre ciselée.

Flans aux oignons

Préparation : 20 min
Cuisson : 30 à 40 min

Pour 4 personnes

2 oignons

2 cuil. à soupe d'huile d'olive

2 œufs

25 cl de crème liquide

1 cuil. à café de concentré de tomates

1 pincée de curcuma

beurre (pour les moules)

sel et poivre du moulin

Épluchez les oignons, coupez-les en deux et émincez-les finement. Faites-les fondre à feu doux dans une poêle avec l'huile d'olive jusqu'à ce qu'ils soient tendres et translucides.

Versez 1 litre d'eau dans la marmite du cuit-vapeur et amenez à ébullition.

Battez les œufs en omelette avec la crème et le concentré de tomates. Ajoutez les oignons fondus et le curcuma, salez, poivrez et mélangez bien.

Beurrez quatre ramequins (ou préparez des moules en silicone). Répartissez-y la préparation sans trop les remplir, puis posez-les dans le panier perforé et couvrez-les de papier cuisson. Ajustez le couvercle et faites cuire de 30 à 40 minutes, jusqu'à ce que les flans soient fermes.

Démoulez les flans en les retournant. Servez bien chaud.

Flans d'ail au persil

Préparation : 15 min
Cuisson : 30 à 40 min

Pour 4 personnes

8 gousses d'ail

Versez 1 litre d'eau dans la marmite du cuit-vapeur et amenez à ébullition.

Épluchez les gousses d'ail, coupez-les en deux et retirez le germe.

•••

1 œuf + 3 jaunes

30 cl de crème liquide

2 cuil. à soupe de feuilles de persil plat très finement ciselées

1 cuil. à soupe d'huile d'olive

beurre (pour les moules)

sel et poivre du moulin

Posez l'ail dans le panier perforé, ajustez le couvercle et faites cuire 5 minutes. Retirez-le, puis écrasez-le très finement, si possible au pilon, de façon à obtenir une pâte épaisse.

Battez l'œuf et les jaunes en omelette avec la purée d'ail. Salez et poivrez, puis incorporez progressivement la crème en fouettant sans cesse. Ajoutez le persil ciselé et mélangez.

Beurrez quatre ramequins (ou préparez des moules en silicone). Répartissez-y la préparation, posez-les dans le panier perforé et couvrez-les de papier cuisson. Ajustez le couvercle et faites cuire de 20 à 30 minutes, jusqu'à ce qu'ils soient juste fermes. Servez dans les ramequins ou démoulez.

Flans de brocolis aux amandes

Préparation : 20 min

Cuisson : 35 à 40 min

Pour 4 personnes

800 g de brocolis

4 œufs

50 cl de crème liquide

20 g de poudre d'amandes

2 cuil. à soupe d'amandes effilées

beurre (pour les moules)

sel et poivre du moulin

Versez 1 litre d'eau dans la marmite du cuit-vapeur et amenez à ébullition.

Rincez les brocolis et séparez-les en petits bouquets, en laissant 2 à 3 cm de tige, puis posez-les dans le panier perforé. Salez légèrement, ajustez le couvercle et faites cuire 10 minutes. Égouttez-les et mixez-les bien.

Battez les œufs en omelette avec la crème, puis ajoutez la poudre d'amandes et la purée de brocolis en fouettant vivement. Salez et poivrez.

Beurrez quatre ramequins (ou préparez des petits moules en silicone). Répartissez-y la préparation, posez-les dans le panier perforé et couvrez-les de papier cuisson. Ajustez le couvercle et laissez cuire 15 minutes.

Répartissez les amandes effilées à la surface. Remettez le couvercle et prolongez la cuisson de 15 à 20 minutes, jusqu'à ce que les flans soient juste fermes. Servez directement dans les ramequins ou démoulez.

Flans de carottes au cumin

Préparation : 20 min
Cuisson : environ 35 min

Pour 4 personnes

500 g de carottes

2 œufs + 2 jaunes

20 cl de crème liquide

2 cuil. à soupe de jus d'orange frais

1 cuil. à café de cumin en poudre

1 cuil. à café de graines de cumin (pour le décor)

beurre (pour les moules)

sel et poivre du moulin

Versez 1 litre d'eau dans la marmite du cuit-vapeur et amenez à ébullition.

Épluchez les carottes, lavez-les et râpez-les, puis étalez-les dans le panier perforé. Salez-les légèrement, ajustez le couvercle et faites-les cuire 3 minutes. Égouttez-les sur du papier absorbant et épongez-les bien.

Battez les œufs entiers et les jaunes avec la crème et le jus d'orange. Ajoutez les carottes et le cumin en poudre, salez, poivrez et mélangez vivement.

Beurrez quatre ramequins (ou préparez des petits moules en silicone). Répartissez-y la préparation, posez-les dans le panier perforé et couvrez-les de papier cuisson. Ajustez le couvercle et faites cuire de 30 à 35 minutes, jusqu'à ce que les flans soient juste fermes.

Parsemez-les de graines de cumin juste avant de les servir, directement dans les ramequins ou après les avoir démoulés.

Flans de champignons

Préparation : 20 min
Cuisson : 35 à 45 min

Pour 4 personnes

500 g de champignons de Paris ou de pleurotes

1 échalote

1 cuil. à soupe d'huile

2 œufs

20 cl de crème liquide

beurre (pour les moules)

sel et poivre du moulin

Lavez les champignons rapidement, sans les laisser tremper, puis égouttez-les bien. Épluchez et hachez finement l'échalote.

Enduisez d'huile une grande poêle et faites-y revenir rapidement les champignons sur feu vif pour qu'ils rendent leur eau de végétation. Ajoutez l'échalote et laissez cuire encore 2 ou 3 minutes. Transférez les champignons dans une passoire, égouttez-les bien et hachez-les au couteau.

Beurrez quatre ramequins (ou préparez des petits moules en silicone) et répartissez-y les champignons, sans trop les remplir.

Versez 1 litre d'eau dans la marmite du cuit-vapeur et amenez à ébullition.

Battez les œufs en omelette avec la crème, salez et poivrez, puis versez la préparation sur les champignons.

Posez les ramequins dans le panier perforé, couvrez-les de papier cuisson et ajustez le couvercle. Faites cuire pendant 30 à 40 minutes, jusqu'à ce que les flans soient bien fermes.

Démoulez-les en retournant les ramequins. Servez chaud.

Flans de courgettes aux pignons

Préparation : 20 min
Cuisson : 40 min
Pour 4 personnes

3 petites courgettes
2 œufs
20 cl de crème liquide
40 g de gruyère râpé
2 cuil. à soupe de pignons
beurre (pour les moules)
sel et poivre du moulin

Versez 1 litre d'eau dans la marmite du cuit-vapeur et amenez à ébullition.

Lavez les courgettes, supprimez les extrémités et coupez-les en quatre ou en six dans la longueur. Détaillez-les en petits cubes et mettez-les dans le panier perforé. Salez-les un peu, ajustez le couvercle et faites-les cuire 3 minutes, puis égouttez-les bien.

Battez les œufs en omelette et incorporez peu à peu la crème et le fromage en continuant à fouetter. Salez et poivrez, puis ajoutez les dés de courgette et les pignons. Mélangez bien.

Beurrez quatre ramequins (ou préparez des petits moules en silicone). Répartissez-y la préparation, posez-les dans le panier perforé et couvrez-les de papier cuisson. Ajustez le couvercle et faites cuire environ 35 minutes, jusqu'à ce qu'ils soient bien fermes. Servez directement ou démoulez.

Flans d'endives à la pomme et aux noix

Préparation : 20 min
Cuisson : 45 à 50 min
Pour 4 personnes

500 g d'endives
2 œufs
15 cl de crème liquide

Versez 1 litre d'eau dans la marmite du cuit-vapeur et amenez à ébullition.

Coupez les endives en deux dans la longueur après avoir retiré les premières feuilles si elles sont abîmées. Supprimez le cône dur à la base de chacune d'elles.

•••

1 petite pomme

2 cuil. à soupe de cerneaux de noix concassés

beurre (pour les moules)

sel et poivre du moulin

Posez-les dans le panier perforé. Salez-les légèrement, ajustez le couvercle et faites cuire 15 minutes. Égouttez-les et mettez-les dans le bol d'un robot électrique. Mixez-les bien.

Battez les œufs en omelette avec la crème et la purée d'endives. Épluchez la pomme, taillez-la en très petits dés et ajoutez ces derniers à la préparation. Salez et poivrez, mélangez bien.

Beurrez quatre ramequins (ou préparez des moules en silicone). Répartissez-y la préparation, posez-les dans le panier perforé et couvrez-les de papier cuisson. Ajustez le couvercle et faites cuire 15 minutes.

Répartissez les cerneaux de noix à la surface des flans, remettez le couvercle et prolongez la cuisson de 15 à 20 minutes, jusqu'à ce qu'ils soient juste fermes. Servez directement dans les ramequins ou démoulez.

Flans de patates douces

Préparation : 30 min

Cuisson : 45 à 50 min

Pour 4 personnes

700 g de patates douces

3 œufs

15 cl de crème liquide

beurre (pour les moules)

sel et poivre du moulin

Versez 1 litre d'eau dans la marmite du cuit-vapeur et amenez à ébullition.

Épluchez les patates douces, rincez-les et coupez-les en cubes, puis jetez-les dans le panier perforé. Salez, ajustez le couvercle et faites cuire de 15 à 20 minutes, jusqu'à ce qu'elles soient très tendres. Égouttez-les et réduisez-les en purée à l'aide d'un mixeur.

Battez les œufs en omelette. Ajoutez petit à petit la crème tout en fouettant, puis la purée de patates douces. Salez, poivrez et mélangez jusqu'à ce que la préparation soit homogène.

Beurrez quatre ramequins (ou préparez des moules en silicone). Répartissez-y la préparation, posez-les dans le panier perforé et couvrez-les de papier cuisson. Ajustez le couvercle et faites cuire environ 30 minutes, jusqu'à ce qu'ils soient juste fermes. Servez dans les ramequins ou démoulez.

Flans japonais au tofu

Préparation : 20 min

Cuisson : 22 min

Pour 6 personnes

1 grosse poignée de jeunes pousses d'épinard

8 petits champignons de Paris

250 g de tofu

4 œufs

60 cl de bouillon de volaille

1 cuil. à soupe de sauce soja

1 cuil. à soupe de vin de riz ou de xérès sec

sel et poivre du moulin

Versez 1 litre d'eau dans la marmite du cuit-vapeur et amenez à ébullition.

Nettoyez et émincez les champignons. Rincez le tofu, épongez-le et coupez-le en cubes. Triez les épinards, lavez-les et essorez-les, puis faites-les cuire 2 minutes dans le panier perforé du cuit-vapeur. Égouttez-les sur du papier absorbant et séchez-les bien avant de les hacher sommairement au couteau.

Battez les œufs en omelette et incorporez lentement le bouillon. Ajoutez la sauce soja et le vin de riz, salez, poivrez et mélangez.

Disposez les cubes de tofu et les champignons au fond de six petits moules, puis versez par-dessus la préparation précédente et posez les moules dans le panier perforé. Recouvrez-les de papier cuisson, ajustez le couvercle et faites cuire 10 minutes.

Répartissez les épinards à la surface des flans et enfoncez-les un peu. Remettez le papier cuisson et le couvercle, puis prolongez la cuisson de 10 minutes, jusqu'à ce que la préparation soit prise. Servez chaud.

Flans-quiches

Préparation : 10 min
Cuisson : 20 à 30 min

Pour 6 personnes

180 g de poitrine de porc demi-sel
4 œufs
40 cl de crème liquide
30 g de mozzarella râpée
30 g de gruyère râpé
beurre (pour les moules)
sel et poivre du moulin

Beurrez largement six ramequins. Retirez la couenne et les cartilages de la poitrine de porc, puis taillez-la en très petits lardons et répartissez ceux-ci dans les moules.

Battez les œufs en omelette et, sans cesser de fouetter, incorporez progressivement la crème. Ajoutez la mozarella et le gruyère et mélangez jusqu'à ce que la préparation soit parfaitement homogène. Salez et poivrez.

Versez 1 litre d'eau dans la marmite du cuit-vapeur et amenez à ébullition.

Remplissez les ramequins aux trois quarts et posez-les dans le panier perforé. Recouvrez-les de papier cuisson, ajustez le couvercle et faites cuire de 20 à 30 minutes, jusqu'à ce que la crème soit prise.

Frittata aux poivrons et au chorizo

Préparation : 10 min
Cuisson : 30 à 40 min

Pour 4 personnes

1 gros poivron rouge
80 g de chorizo
6 œufs
1 cuil. à soupe de concentré de tomates
2 cuil. à soupe d'huile d'olive + un peu (pour le moule)

Versez 1 litre d'eau dans la marmite du cuit-vapeur et amenez à ébullition.

Coupez le poivron en deux, retirez le pédoncule et les graines. Posez-le dans le panier perforé, ajustez le couvercle et faites-le cuire 10 minutes.

Égouttez-le, puis pelez-le et taillez la chair en très fines lanières. Ôtez la peau du chorizo et détaillez-le en tout petits dés de 2 mm de côté.

50 g d'emmental râpé

piment d'Espelette (selon le goût)

sel

Battez les œufs en omelette avec le concentré de tomates et l'huile d'olive. Ajoutez le poivron, le chorizo et le fromage râpé, puis salez et pimentez à votre goût. Mélangez bien.

Tapissez de papier sulfurisé le fond d'un moule peu profond, de taille adaptée au cuit-vapeur. Huilez légèrement le papier et le bord du moule, versez la préparation dans ce dernier et posez-le dans le panier perforé. Couvrez-le de papier cuisson et faites cuire de 20 à 30 minutes, selon l'épaisseur de la préparation (vérifiez la cuisson en enfonçant la pointe d'un couteau au cœur de la frittata : si elle ressort sèche, sortez le moule ; sinon, prolongez la cuisson de quelques minutes).

Laissez tiédir pendant quelques instants avant de démouler la frittata sur un plat, puis de la couper en parts ou en bouchées.

Frittata verte

Préparation : 10 min

Cuisson : 25 à 35 min

Pour 4 personnes

300 g de petites courgettes

6 œufs

2 cuil. à soupe d'huile d'olive + un peu (pour le moule)

1,5 cuil. à soupe de basilic ciselé

1 cuil. à soupe de ciboulette ciselée

sel et poivre du moulin

Versez 1 litre d'eau dans la marmite du cuit-vapeur et amenez à ébullition.

Posez les courgettes dans le panier perforé, ajustez le couvercle et faites-les cuire environ 5 minutes. Égouttez-les sur du papier absorbant, puis retirez-leur les extrémités et éventuellement une partie du cœur pour conserver essentiellement le vert du légume. Taillez-les en petits dés ou en fins bâtonnets.

Battez les œufs en omelette avec 2 cuillerées à soupe d'huile d'olive. Salez, poivrez, ajoutez les courgettes et les herbes, et mélangez.

Tapissez de papier sulfurisé le fond d'un moule peu profond, de taille adaptée au cuit-vapeur. Huilez légèrement le papier ainsi que le bord du moule, puis versez la préparation dans ce dernier et posez-le dans le panier perforé.

Couvrez-le de papier cuisson et faites cuire de 20 à 30 minutes, selon l'épaisseur de la préparation (vous pouvez vérifier la cuisson en enfonçant la pointe d'un couteau au cœur de la frittata : si elle ressort sèche, sortez le moule ; sinon, prolongez la cuisson de quelques minutes).

Laissez tiédir pendant quelques instants avant de démouler la frittata sur un plat, puis de la couper en parts ou en bouchées.

Œufs cocotte à la florentine

Préparation : 15 min

Cuisson : 10 min

Pour 4 personnes

100 g d'épinards

4 cuil. à soupe de crème fraîche

1 pincée de noix de muscade

1 cuil. à soupe de pignons

4 œufs

2 cuil. à soupe de parmesan fraîchement râpé

beurre (pour les moules)

sel et poivre du moulin

Versez 1 litre d'eau dans la marmite du cuit-vapeur et amenez à ébullition. Triez les épinards, lavez-les et essorez-les à plusieurs reprises, puis posez-les dans le panier perforé. Salez légèrement, ajustez le couvercle et faites cuire 2 minutes, juste le temps qu'ils s'affaissent.

Égouttez-les et séchez-les bien, avec du papier absorbant. Hachez-les au couteau, ajoutez la crème, du sel, du poivre et la noix de muscade, et mélangez.

Beurrez quatre ramequins. Répartissez-y les épinards et parsemez-les de quelques pignons, puis cassez un œuf par-dessus et couvrez de parmesan.

Versez 1 litre d'eau dans la marmite du cuit-vapeur et amenez à ébullition. Posez les ramequins côte à côte dans le panier perforé. Recouvrez-les de papier cuisson, ajustez le couvercle et faites cuire environ 8 minutes, en surveillant la cuisson : le blanc doit être opaque, et le jaune encore coulant. Servez chaud, avec des mouillettes de pain grillé.

Œufs cocotte au foie gras et aux cèpes

Préparation : 10 min
Cuisson : 8 min

Pour 4 personnes

100 g de cèpes frais (ou 20 g de cèpes secs)

100 g de foie gras mi-cuit

4 œufs

10 g de beurre + un peu (pour les moules)

sel et poivre du moulin

Si vous utilisez des champignons secs, faites-les tremper 1 heure dans de l'eau bouillante, puis égouttez-les sur du papier absorbant et épongez-les avec soin. Si vous utilisez des champignons frais, coupez leur extrémité terreuse, essuyez-les avec un linge humide et émincez-les en petites lamelles.

Coupez le foie gras en tranches fines. Beurrez légèrement quatre ramequins. Répartissez-y les champignons et les lamelles de foie gras, puis cassez un œuf dans chaque moule, ajoutez une noisette de beurre, salez et poivrez.

Versez 1 litre d'eau dans la marmite du cuit-vapeur et amenez à ébullition. Couvrez les ramequins de papier cuisson. Posez-les côte à côte dans le panier perforé, ajustez le couvercle et faites cuire environ 8 minutes, en surveillant la cuisson : le blanc doit être opaque, et le jaune encore coulant. Servez chaud, avec des mouillettes de pain grillé.

Œufs cocotte aux crevettes

Préparation : 10 min
Cuisson : 8 min

Pour 4 personnes

4 cuil. à soupe de crème fraîche

1 cuil. à café de concentré de tomates

½ cuil. à café de paprika

piment de Cayenne

60 g de crevettes roses décortiquées

4 œufs

quelques brins d'aneth

beurre (pour les moules)

sel

Mélangez la crème fraîche et le concentré de tomates. Salez, ajoutez le paprika et pimentez à votre goût. Si les crevettes sont grosses, coupez-les en deux ou en quatre.

Beurrez quatre ramequins. Répartissez-y les crevettes, cassez un œuf dans chaque moule et ajoutez 1 cuillerée de crème assaisonnée.

Versez 1 litre d'eau dans la marmite du cuit-vapeur et amenez à ébullition. Posez les ramequins côte à côte dans le panier perforé. Ajustez le couvercle et faites cuire environ 8 minutes, en surveillant la cuisson : le blanc doit être opaque, et le jaune encore coulant.

Servez chaud, décoré de brins d'aneth et accompagné de mouillettes de pain grillé.

Œufs cocotte aux tomates et aux olives

Préparation : 20 min
Cuisson : 10 min

Pour 4 personnes

1 tomate bien mûre

50 g d'olives noires à la grecque

2 cuil. à soupe de parmesan fraîchement râpé

1 cuil. à soupe d'huile d'olive + un peu (pour les moules)

4 œufs

sel et poivre du moulin

Versez 1 litre d'eau dans la marmite du cuit-vapeur et amenez à ébullition. Incisez la tomate en croix, posez-la dans le panier perforé, ajustez le couvercle et faites cuire 2 minutes. Sortez-la du cuit-vapeur et laissez-la tiédir, puis pelez-la. Coupez-la en deux, ôtez les graines et détaillez la chair en dés.

Dénoyautez les olives et hachez-les. Mettez-les dans un bol avec la tomate, le parmesan et l'huile d'olive, salez peu (les olives apportent déjà du sel), poivrez et mélangez bien.

•••

Œufs cocotte aux tomates et aux olives

Huilez quatre ramequins. Répartissez-y le mélange et cassez un œuf dans chaque moule. Salez et poivrez à nouveau légèrement.

Versez 1 litre d'eau dans la marmite du cuit-vapeur et amenez à ébullition. Posez les ramequins côte à côte dans le panier perforé, recouvrez-les de papier cuisson et ajustez le couvercle.

Faites cuire environ 8 minutes, en surveillant la cuisson : le blanc doit être opaque, et le jaune encore coulant. Servez chaud, avec des mouillettes de pain grillé.

Œufs cuits à la vapeur

Pas de préparation
Cuisson : 3 à 11 min selon le résultat souhaité

À la coque, mollets ou durs, les œufs cuisent très bien à la vapeur, avec pour avantage de ne jamais éclater pendant la cuisson. Le temps de cuisson est légèrement plus long s'ils sont cuits la vapeur que s'ils le sont à l'eau bouillante.

Pour des œufs de taille moyenne, les temps de cuisson sont les suivants :

– 3 minutes pour des œufs coque avec le blanc très crémeux ;

– 4 minutes pour des œufs coque avec le blanc légèrement crémeux ;

– 5 minutes pour des œufs coque avec le blanc pris ;

– 8 minutes pour des œufs mollets avec le blanc bien pris et le jaune encore liquide ;

– 11 minutes pour des œufs durs.

Œufs en coque d'oursin

Préparation : 30 min
Cuisson : 7 à 8 min
Pour 4 personnes

8 oursins

4 gros œufs coque

20 g de beurre

sel et poivre du moulin

Ouvrez les oursins en découpant un chapeau aux deux tiers de la hauteur. Récupérez les langues de corail avec une petite cuillère et réservez-les dans un bol.

Choisissez les quatre plus belles coques, lavez l'intérieur à l'eau courante et séchez-les. Répartissez le corail dans ces coques, puis cassez un œuf dans chacune d'elles, ajoutez une noisette de beurre, salez et poivrez.

Versez 1 litre d'eau dans la marmite du cuit-vapeur et amenez à ébullition. Posez les oursins dans le panier perforé. Couvrez-les avec du papier cuisson, ajustez le couvercle et faites cuire 7 ou 8 minutes : le blanc doit être pris, et le jaune encore coulant. Servez chaud, avec des toasts.

Petits clafoutis de tomates cerises au chèvre frais

Préparation : 15 min
Cuisson : 30 min
Pour 4 personnes

500 g de tomates cerises

200 g de fromage de chèvre frais

2 œufs + 2 jaunes

1 cuil. à soupe de Maïzena

15 cl de crème liquide

Beurrez quatre petits plats à gratin pouvant être posés ensemble dans le panier du cuit-vapeur. Lavez et essuyez les tomates. Émiettez le fromage. Versez 75 cl d'eau dans la marmite du cuit-vapeur et amenez à ébullition.

Battez les œufs et les deux jaunes en omelette avec la Maïzena. Délayez petit à petit avec la crème et le lait, en fouettant sans cesser pour obtenir une pâte lisse et assez fluide. Salez et poivrez, ajoutez les herbes et mélangez.

•••

15 cl de lait

1 cuil. à café de thym ou d'origan

beurre (pour les plats)

sel et poivre du moulin

Répartissez les tomates et le fromage dans les ramequins, puis versez la crème par-dessus et posez les plats dans le panier perforé du cuit-vapeur. Couvrez-les de papier cuisson, juste posé dessus, ajustez le couvercle et faites cuire pendant environ 30 minutes. Servez sans attendre.

Petits flans de crevettes vietnamiens

Préparation : 30 min

Cuisson : 20 min

Pour 4 personnes

4 champignons chinois séchés

2 oignons nouveaux

1 tasse à café de vermicelles de riz ou de soja coupés en petits morceaux

250 g de crevettes

4 œufs

1 cuil. à soupe de nuoc-mâm

2 cuil. à café de feuilles de coriandre ciselées

sauce à nems pour servir (facultatif)

huile (pour les moules)

sel et poivre du moulin

Faites tremper les champignons 30 minutes dans un bol d'eau bouillante. Égouttez-les et retirez les pieds, puis pressez fortement les chapeaux pour en extraire toute l'eau et émincez-les finement.

Pelez et hachez finement les petits oignons avec une partie de la tige verte. Trempez les vermicelles 5 minutes dans un bol d'eau chaude pour les ramollir et égouttez-les bien sur du papier absorbant.

Décortiquez les crevettes et hachez-les au couteau. Battez les œufs en omelette avec le nuoc-mâm. Ajoutez tous les autres ingrédients, y compris la coriandre, mélangez bien et répartissez la préparation dans des moules individuels légèrement huilés.

Versez 1 litre d'eau dans la marmite du cuit-vapeur et amenez à ébullition. Disposez les moules côte à côte dans le panier perforé, ajustez le couvercle et faites cuire 20 minutes, jusqu'à ce que la surface soit ferme.

Sortez les flans du cuit-vapeur. Laissez-les tiédir un peu, puis retournez-les pour les démouler. Déposez-les sur une fine couche de riz blanc, arrosez-les d'un peu de sauce à nems et servez.

Tortilla

Préparation : 20 min

Cuisson : 35 à 40 min

Pour 4 personnes

500 g de pommes de terre à chair ferme

1 gros oignon doux

4 œufs

2 cuil. à soupe d'huile d'olive

sel et poivre du moulin

Versez 1 litre d'eau dans la marmite du cuit-vapeur et amenez à ébullition. Épluchez les pommes de terre et l'oignon, coupez-les en fines rondelles et mettez-les dans le panier perforé. Saupoudrez-les d'un peu de sel, puis ajustez le couvercle et faites cuire 10 minutes. Égouttez-les ensuite sur du papier absorbant.

Battez les œufs en omelette avec l'huile d'olive, salez et poivrez. Tapissez de papier sulfurisé le fond d'un moule peu profond, de taille adaptée au cuit-vapeur, et huilez légèrement les côtés du moule et le papier.

Déposez une couche de rondelles de pomme de terre et d'oignon dans le moule, versez par-dessus un peu d'œufs battus, ajoutez une couche de légumes, puis des œufs, et ainsi de suite jusqu'à épuisement des ingrédients.

Posez le moule dans le panier perforé. Couvrez-le de papier cuisson, ajustez le couvercle et faites cuire de 25 à 30 minutes, selon l'épaisseur de la tortilla. Laissez tiédir quelques instants et démoulez. Servez chaud ou froid.

Coquillages et crustacés A à Z

Bouchées d'escargots aux épinards

Préparation : 30 min
Cuisson : 5 min
Pour 4 à 6 personnes

24 escargots

2 échalotes

24 feuilles d'épinard de taille moyenne

100 g de beurre

1 cuil. à soupe de persil plat ciselé

sel et poivre du moulin

Pelez et hachez très finement les échalotes. Malaxez le beurre avec le persil, l'ail, du sel et du poivre, jusqu'à obtention d'une pâte homogène.

Rincez et égouttez les escargots. Lavez les feuilles d'épinard et coupez les tiges. Versez 1 litre d'eau dans la marmite du cuit-vapeur. Posez les épinards quelques instants dans le panier perforé, juste le temps de les assouplir, sans les cuire complètement. Étalez-les sur du papier absorbant.

Enveloppez chaque escargot avec une noisette de beurre persillé dans une feuille d'épinard. Maintenez ces petites bouchées avec une pique en bois et rangez-les dans un plat de taille adaptée au cuit-vapeur. Ajustez le couvercle et faites cuire de 4 à 5 minutes. Servez chaud.

Bouchées thaïes au crabe

Préparation : 30 min
Cuisson : 15 min
Pour 6 personnes

300 g de chair de crabe
2 gousses d'ail
2 oignons nouveaux
100 g de châtaignes d'eau
100 g de queues de crevettes crues décortiquées
1 cuil. à soupe de sauce soja
1 cuil. à soupe de sauce d'huîtres
1 cuil. à café d'huile de sésame
24 carrés de pâte à wonton (dans les épiceries asiatiques)
quelques feuilles de laitue
poivre blanc moulu

Pelez et écrasez les gousses d'ail. Coupez la tige verte des petits oignons et hachez finement le blanc. Rincez les châtaignes d'eau, égouttez-les et émincez-les. Hachez finement la chair des crevettes.

Mélangez le crabe, les crevettes, les châtaignes d'eau, l'ail, les oignons, les sauces et l'huile de sésame ; poivrez légèrement et malaxez jusqu'à ce que l'ensemble soit parfaitement homogène.

Posez 1 cuillerée à soupe de farce au centre de chaque carré de pâte et remontez les angles pour former des petites bourses. Pressez bien pour faire adhérer la pâte sur la garniture, puis serrez l'ouverture avec les doigts, mais sans la fermer complètement de façon à laisser apparaître la farce.

Versez 1 litre d'eau dans la marmite du cuit-vapeur et amenez à ébullition. Étalez quelques feuilles de laitue dans le fond du panier perforé. Posez les bouchées les unes à côté des autres sur la salade, ajustez le couvercle et faites cuire 15 minutes (procédez en plusieurs fois si votre cuit-vapeur n'est pas assez grand). Servez chaud.

Boulettes de crevettes

Préparation : 30 min
Cuisson : 5 min
Pour 4 personnes

Rincez les crevettes, épongez-les et hachez-les finement au couteau. Mettez-les dans un grand bol avec le porc haché, le blanc d'œuf, la sauce soja, la coriandre et le sucre.

400 g de crevettes crues décortiquées

100 g de porc haché

1 blanc d'œuf

1 cuil. à soupe de sauce soja claire

1 cuil. à soupe de feuilles de coriandre finement ciselées

½ cuil. à café de sucre en poudre

1 cuil. à café de Maïzena

huile

sel et poivre blanc

Saupoudrez la Maïzena en surface, salez très légèrement et poivrez, puis malaxez l'ensemble à la spatule jusqu'à ce que le mélange soit parfaitement homogène. Humidifiez vos mains et moulez la préparation en boulettes de la taille d'une grosse noix.

Versez 1 litre d'eau dans la marmite du cuit-vapeur et amenez à ébullition. Huilez le fond du panier perforé et posez les boulettes les unes à côté des autres, en veillant à ce qu'elles ne se touchent pas, puis ajustez le couvercle et faites cuire 5 minutes.

Égouttez les boulettes, disposez-les sur un plat chaud et servez-les aussitôt, avec de la sauce aigre-douce et des feuilles de laitue pour les saisir et les déguster comme des nems.

Calamars farcis à l'andalouse

Préparation : 30 min

Cuisson : 20 min

Pour 4 personnes

12 petits calamars de 12 à 15 cm de long

1 poivron rouge

1 poivron vert

2 tomates

huile d'olive

jus de citron

sel et poivre du moulin

Préparez les calamars : tirez les tentacules en entraînant la tête et jetez tout l'intérieur. Rincez soigneusement les poches sous l'eau froide, puis épongez-les. Réservez les tentacules pour une autre utilisation.

Versez 1 litre d'eau dans la marmite du cuit-vapeur et amenez à ébullition. Coupez les poivrons en deux, retirez le pédoncule et les graines. Incisez la base des tomates en croix. Posez ces légumes côte à côte dans le panier perforé, ajustez le couvercle et faites cuire 2 minutes. Sortez alors les tomates, remettez le couvercle et prolongez la cuisson des poivrons de 8 minutes. Retirez-les à leur tour.

•••

Laissez tiédir les tomates et les poivrons, puis pelez-les. Coupez les tomates en deux et retirez les graines. Taillez tous les légumes en très fine julienne, mettez cette dernière dans un bol avec 2 cuillerées à soupe d'huile d'olive, du sel et du poivre, et remuez bien. Farcissez les calamars de ce mélange et fermez l'ouverture avec une pique en bois.

Versez 1 litre d'eau dans la marmite du cuit-vapeur et amenez à ébullition. Découpez une feuille de papier sulfurisé un peu plus petite que le panier perforé. Placez-la dans le fond de ce dernier, percez-la plusieurs fois et enduisez-la d'huile d'olive à l'aide d'un pinceau. Posez les calamars farcis dessus, les uns à côté des autres, et badigeonnez-les à leur tour d'huile d'olive. Salez et poivrez légèrement, ajustez le couvercle et faites cuire 10 minutes.

Égouttez les calamars, disposez-les sur un plat chaud et arrosez-les d'un filet d'huile d'olive et de quelques gouttes de jus de citron. Servez aussitôt.

Calamars farcis à la viande et aux épices

Préparation : 30 min

Cuisson : 30 min

Pour 4 personnes

12 petits calamars de 12 à 15 cm de long

400 g de coulis de tomates (voir page 424)

Préparez les calamars : tirez les tentacules en entraînant la tête et jetez tout l'intérieur. Rincez soigneusement les poches sous l'eau froide, puis épongez-les. Réservez les tentacules pour une autre utilisation.

1 pincée de piment fort

2 cuil. à soupe de jus de citron

1 cuil. à soupe de feuilles de coriandre ciselées (pour servir)

sel

POUR LA FARCE :

200 g de bœuf haché

1 gousse d'ail

1 cuil. à soupe de feuilles de persil plat ciselées

1 cuil. à soupe de feuilles de coriandre ciselées

½ cuil. à café de ras al-hanout

¼ de cuil. à café de cannelle moulue

¼ de cuil. à café de gingembre en poudre

1 pincée de piment fort

Mélangez tous les ingrédients de la farce jusqu'à ce que l'ensemble soit bien homogène. Remplissez les poches des calamars de ce mélange et fermez l'ouverture avec une pique en bois.

Pimentez le coulis de tomates à votre goût et versez-le dans un plat supportant la chaleur et de taille adaptée au cuit-vapeur. Rangez les calamars côte à côte dans la sauce.

Versez 1 litre d'eau dans la marmite du cuit-vapeur et amenez à ébullition. Posez le plat dans le panier perforé, ajustez le couvercle et faites cuire environ 30 minutes, en retournant une fois les calamars, à mi-cuisson.

Arrosez du jus de citron et parsemez de la coriandre au dernier moment, puis servez aussitôt, dans le plat de cuisson.

Calamars tièdes au basilic

Préparation : 15 min

Marinade : 1 h

Cuisson : 3 ou 4 min

Pour 4 personnes

1 kg de petits calamars

2 gousses d'ail

½ citron

5 cuil. à soupe d'huile d'olive

3 cuil. à soupe de basilic ciselé

sel et poivre du moulin

Videz les calamars et jetez tout l'intérieur ainsi que les cartilages. Lavez-les soigneusement, épongez-les et recoupez les plus gros en morceaux (gardez-les entiers s'ils sont assez petits), en conservant les tentacules.

Pelez et hachez très finement les gousses d'ail. Mettez-les dans un plat légèrement creux avec le jus du demi-citron, 3 cuillerées à soupe d'huile d'olive et 2 de basilic ciselé. Mélangez bien, puis mettez les calamars dans le plat, salez, poivrez et retournez-les plusieurs fois pour bien les imbiber de marinade. Couvrez et laissez macérer 1 heure au réfrigérateur. •••

Versez 1 litre d'eau dans la marmite du cuit-vapeur et amenez à ébullition. Étalez les calamars dans le panier perforé, ajustez le couvercle et faites-les cuire 3 ou 4 minutes. Dès qu'ils blanchissent, ils sont cuits. Sortez-les et égouttez-les bien, puis ajoutez le reste d'huile, parsemez le basilic et servez tiède.

Carpaccio de saint-jacques mi-cuites à l'orange

Préparation : 15 min

Cuisson : 2 min

Pour 4 personnes

12 noix de coquille Saint-Jacques (sans corail)

2 poignées de mâche

1 cuil. à soupe de zeste d'orange finement râpé

sel et poivre du moulin

POUR L'ASSAISONNEMENT :

1 cuil. à soupe de vinaigre de cidre

3 cuil. à soupe de jus d'orange frais

3 cuil. à soupe d'huile de tournesol

sel et poivre du moulin

Préparez la vinaigrette : faites fondre un peu de sel dans le vinaigre et, en fouettant à la fourchette, ajoutez le jus de d'orange et l'huile. Donnez quelques tours de moulin à poivre, puis réservez.

Triez, lavez et essorez la mâche. Versez 1 litre d'eau dans la marmite du cuit-vapeur et amenez à ébullition.

Rincez et épongez les noix de coquille Saint-Jacques. Coupez chacune d'elles en trois dans l'épaisseur, puis étalez-les les unes à côté des autres dans le panier perforé. Salez, poivrez et parsemez de zeste d'orange, puis ajustez le couvercle et faites cuire 2 minutes.

Sortez les coquilles Saint-Jacques du cuit-vapeur. Égouttez-les quelques instants sur du papier absorbant et disposez-les dans les assiettes de service, sur un lit de mâche. Fouettez rapidement la vinaigrette à l'orange pour émulsionner l'ensemble et nappez-en les coquilles Saint-Jacques. Servez tiède.

Carpaccio de saint-jacques mi-cuites à l'orange

Coques aux petits lardons

Préparation : 15 min
Dégorgement : 1 h
Cuisson : 2 ou 3 min

Pour 4 personnes

1,5 kg de coques

200 g de poitrine demi-sel

10 cl de crème fraîche

1 cuil. à soupe de feuilles de persil plat ciselées

sel et poivre du moulin

Mettez les coques à dégorger 1 heure dans un récipient d'eau froide salée pour qu'elles éliminent leur sable, puis rincez-les à grande eau et égouttez-les.

Retirez la couenne et les cartilages de la poitrine demi-sel, taillez-la en très petits lardons et faites-les dorer à sec dans une poêle. Ajoutez la crème et remuez bien, poivrez un peu et retirez du feu.

Versez 50 cl d'eau dans la marmite du cuit-vapeur et amenez à ébullition. Disposez les coques dans le panier perforé, ajustez le couvercle et faites-les cuire 2 ou 3 minutes, jusqu'à ce qu'elles soient toutes ouvertes. Sortez-les avec une écumoire et mettez-les dans un plat creux bien chaud.

Remettez la poêle contenant la crème et les lardons sur feu vif et ajoutez une petite louche de l'eau de cuisson des coques. Donnez un bouillon, puis versez sur le plat de coquillages, parsemez de persil et servez aussitôt.

Crevettes à la menthe

Préparation : 15 min
Cuisson : 6 à 8 min

Pour 4 personnes

1 kg de grosses crevettes crues

3 gousses d'ail

1 botte de menthe

50 g d'amandes

Pelez et écrasez les gousses d'ail. Rincez et épongez la menthe, retirez les grosses tiges et ciselez finement les feuilles. Broyez les amandes au robot pour leur donner la consistance du poivre mignonnette. Faites fondre le sel dans le jus de citron, puis ajoutez l'ail, les amandes et le persil ; remuez jusqu'à ce que le mélange soit onctueux.

1 cuil. à café de sel

le jus d'un citron

Versez 1 litre d'eau dans la marmite du cuit-vapeur et amenez à ébullition. Rincez les crevettes à l'eau fraîche, puis égouttez-les et étalez-les dans le panier perforé en veillant à ce qu'elles ne se chevauchent pas trop (procédez en deux fois si nécessaire). Ajustez le couvercle et faites cuire de 6 à 8 minutes, jusqu'à ce qu'elles soient toutes roses.

Égouttez les crevettes sur du papier absorbant, puis mettez-les dans un plat légèrement creux, arrosez-les uniformément de sauce et laissez-les refroidir avant de déguster.

Crevettes au gingembre et au sésame

Préparation : 20 min

Marinade : 1 h

Cuisson : 6 à 8 min

Pour 4 personnes

1 kg de grosses crevettes crues

1 cuil. à soupe de graines de sésame

2 cuil. à soupe de sauce soja

2 cuil. à soupe d'huile de tournesol

1 grosse noix de gingembre frais

quelques gouttes d'huile de sésame

Pelez et hachez finement le gingembre. Retirez la tête des crevettes et décortiquez ces dernières en ne laissant que l'extrémité de la queue. Rincez-les, épongez-les avec du papier absorbant et mettez-les dans un plat creux avec l'huile, la sauce soja, le gingembre et l'huile. Remuez bien, couvrez et laissez mariner 1 heure au réfrigérateur.

Versez 1 litre d'eau dans la marmite du cuit-vapeur et amenez à ébullition. Découpez une feuille de papier sulfurisé un peu plus petite que le panier perforé et placez-la dans le fond de celui-ci. Posez les crevettes dessus, ajustez le couvercle et faites-les cuire de 6 à 8 minutes selon leur taille, jusqu'à ce que leur chair rosisse et ne soit plus translucide.

•••

Faites dorer les graines de sésame à sec dans une poêle. Transférez les crevettes dans un plat creux bien chaud. Arrosez-les avec le reste de la marinade et quelques gouttes d'huile de sésame, puis parsemez-les de graines de sésame et servez.

Gambas à la catalane

Préparation : 30 min

Marinade : 1 h

Cuisson : 10 min

Pour 4 personnes

12 ou 16 gambas, selon la taille

1 gousse d'ail

3 cuil. à soupe d'huile d'olive

1 cuil. à café de paprika en poudre

piment d'Espelette ou de Cayenne (selon le goût)

sel

Pelez et hachez finement la gousse d'ail. Décortiquez les gambas en ne leur laissant que l'extrémité de la queue, rincez-les et épongez-les.

Mélangez l'huile, l'ail et le paprika dans un plat creux. Posez les gambas dans le plat, pimentez à votre goût et salez. Retournez-les plusieurs fois pour bien les imprégner de marinade, puis couvrez le plat et laissez mariner 1 heure au réfrigérateur.

Découpez quatre carrés de papier sulfurisé et répartissez les gambas au milieu. Formez des papillotes et fermez-les hermétiquement, sans serrer les gambas, en repliant plusieurs fois les bords.

Versez 1 litre d'eau dans la marmite du cuit-vapeur et amenez à ébullition. Posez les papillotes côte à côte dans le panier perforé, ajustez le couvercle et faites cuire une dizaine de minutes. Servez chaud, dans les papillotes.

Gambas au coco

Préparation : 30 min
Cuisson : 10 min
Pour 4 personnes

12 ou 16 gambas, selon la taille
3 oignons nouveaux
1 tomate
10 cl de lait de coco
sel et poivre du moulin

Pelez et hachez finement les petits oignons avec leur tige verte. Coupez la tomate en deux, retirez les graines et coupez la chair en très petits dés. Retirez la tête des gambas et décortiquez ces dernières en ne laissant que l'extrémité de la queue. Rincez-les bien et épongez-les avec du papier absorbant.

Découpez quatre carrés de papier sulfurisé et posez trois ou quatre gambas sur chacun. Arrosez-les d'un peu de lait de coco, ajoutez les dés de tomate et l'oignon haché, salez et poivrez. Formez des papillotes et fermez-les hermétiquement, sans serrer les gambas, en repliant plusieurs fois les bords.

Versez 1 litre d'eau dans la marmite du cuit-vapeur et amenez à ébullition. Posez les papillotes côte à côte dans le panier perforé, ajustez le couvercle et faites cuire 10 minutes. Servez chaud, dans les papillotes.

Gambas en vapeur de persil

Préparation : 30 min
Cuisson : 6 à 8 min
Pour 4 personnes

12 ou 16 gambas, selon la taille
1 gros bouquet de persil plat
2 gousses d'ail
10 cl d'huile d'olive
1 cuil. à soupe de persil ciselé

Rincez et égouttez le bouquet de persil. Pelez et hachez les gousses d'ail. Laissez la tête des gambas et décortiquez la queue, à l'exception de l'éventail de l'extrémité. Rincez-les, puis épongez-les avec du papier absorbant.

Versez 1 litre d'eau dans la marmite du cuit-vapeur et amenez à ébullition. Étalez le bouquet de persil dans le fond du panier perforé, posez les gambas les unes à côté des autres, salez et poivrez légèrement. •••

½ citron

1 cuil. à soupe de chapelure

sel et poivre du moulin

Ajustez le couvercle et faites cuire de 6 à 8 minutes, selon la taille des gambas.

Pendant ce temps, mélangez l'huile d'olive, le jus du demi-citron et le persil ciselé dans un bol. Fouettez vivement à la fourchette, salez et poivrez.

Sortez les gambas du cuit-vapeur, égouttez-les sur du papier absorbant et disposez-les sur un plat chaud. Arrosez d'huile au persil, parsemez de chapelure et servez aussitôt.

Homard au beurre d'estragon

Préparation : 20 min

Cuisson : environ 10 min

Pour 4 personnes

2 homards d'environ 750 g pièce

3 ou 4 tiges d'estragon

100 g de beurre ramolli

sel et poivre du moulin

Rincez et séchez l'estragon. Détachez des tiges la valeur de 3 cuillerées à soupe de feuilles et ciselez-les finement. Mélangez-les au beurre, avec un peu de sel et de poivre, en malaxant jusqu'à ce que l'ensemble soit homogène.

Coupez les homards en deux dans la longueur, retirez la poche de gravier et le boyau dorsal. Détachez les pinces et brisez-les sans les écraser, puis salez et poivrez le côté chair.

Versez 1 litre d'eau dans la marmite du cuit-vapeur et amenez à ébullition. Placez les tiges d'estragon dans le fond du panier perforé. Posez les demi-homards par-dessus, carapace vers le bas, ajustez le couvercle et faites cuire environ 10 minutes.

Égouttez rapidement les homards sur du papier absorbant et disposez-les sur un plat chaud, toujours sur le côté carapace. Coupez le beurre à l'estragon en petits morceaux, répartissez-les sur la chair et laissez-les fondre, puis servez sans attendre.

Homard au naturel

Préparation : 20 min

Cuisson : 10 min

Pour 4 personnes

2 homards d'environ 750 g pièce

10 cl de crème fraîche

100 g de beurre demi-sel

1 grosse pincée de quatre-épices

sel et poivre du moulin

Coupez les homards vivants en deux dans la longueur, retirez la poche de gravier et le boyau dorsal. Détachez les pinces et cassez-les sans les écraser. Salez et poivrez le côté chair.

Versez 1 litre d'eau dans la marmite du cuit-vapeur et amenez à ébullition. Posez les demi-homards dans le panier perforé, carapace vers le bas, ajustez le couvercle et faites cuire environ 10 minutes.

Faites chauffer la crème dans une petite casserole placée au bain-marie. Coupez le beurre en petits morceaux, puis incorporez-le à la crème en fouettant vivement. Salez, poivrez et ajoutez le quatre-épices.

Égouttez rapidement les homards sur du papier absorbant et disposez-les sur un plat chaud, côté chair vers le haut. Nappez-les de sauce et servez aussitôt.

Homard sauce chien

Préparation : 20 min

Infusion : 1 h

Cuisson : environ 10 min

Pour 4 personnes

2 homards d'environ 750 g pièce

1 oignon

3 oignons nouveaux

2 gousses d'ail

Pressez les citrons. Pelez et hachez finement l'oignon et les oignons nouveaux. Épluchez et écrasez les gousses d'ail. Retirez les graines du piment et émincez-le aussi finement que possible. Mélangez tous ces ingrédients dans un bol avec le jus de citron et l'huile. Faites bouillir 25 cl d'eau et versez-la sur la préparation. Remuez bien, couvrez et laissez infuser 1 heure.

•••

½ piment rouge

2 citrons verts

3 cuil. à soupe d'huile de tournesol

sel et poivre

Coupez les homards en deux dans la longueur, retirez la poche de gravier et le boyau dorsal. Détachez les pinces et brisez-les sans les écraser, salez et poivrez le côté chair.

Versez 1 litre d'eau dans la marmite du cuit-vapeur et amenez à ébullition. Posez les demi-homards dans le panier perforé, carapace vers le bas, ajustez le couvercle et faites cuire environ 10 minutes.

Égouttez bien les homards et posez-les sur un plat chaud, légèrement creux, chair vers le haut. Arrosez-les de la sauce et laissez reposer 5 minutes avant de servir.

Huîtres à la fondue de poireaux

Préparation : 20 min

Cuisson : 15 min

Pour 4 personnes

24 huîtres creuses

1 blanc de poireau

25 g de beurre

20 cl de crème fraîche

2 poignées d'algues (chez le poissonnier)

sel et poivre du moulin

Fendez le blanc de poireau en deux dans la longueur et lavez-le soigneusement, en écartant bien les feuilles. Séchez-le, puis hachez-le finement et faites-le fondre à feu doux dans une poêle avec le beurre, jusqu'à ce qu'il soit bien tendre. Ajoutez la crème, salez, poivrez et mélangez. Laissez encore quelques instants sur le feu pour que la crème épaississe un peu.

Rincez les algues, puis étalez-les dans le fond du panier perforé du cuit-vapeur. Ouvrez les huîtres et retirez la valve supérieure. Videz-les de leur eau, coupez le pied loin de la coquille et laissez la chair dans la partie creuse. Calez-les au fur et à mesure sur les algues et mettez 1 cuillerée de fondue de poireau sur chacune.

Versez 1 litre d'eau dans la marmite du cuit-vapeur et amenez à ébullition. Posez le panier perforé au-dessus, ajustez le couvercle et faites cuire 6 ou 7 minutes : les huîtres ne doivent pas cuire complètement. Servez chaud, sur un grand plat.

Huîtres à l'asiatique

Préparation : 20 min
Cuisson : 5 min (ou 10 min)

Pour 4 personnes, en entrée

16 huîtres creuses

1 noisette de gingembre frais

½ petit piment

2 cuil. à café de haricots noirs fermentés

1 cuil. à café d'huile de sésame

3 cuil. à soupe d'huile de tournesol

1 cuil. à soupe de coriandre ciselée

2 poignées d'algues (chez le poissonnier)

Rincez les algues. Étalez-les sur deux assiettes supportant la chaleur et de taille adaptée au cuit-vapeur. Ouvrez les huîtres, retirez la valve supérieure et laissez la chair dans la partie creuse. Disposez-les sur les assiettes, en les calant sur les algues.

Pelez le gingembre et retirez les graines du piment ; hachez-les tous les deux très finement. Rincez et égouttez les haricots noirs. Mélangez-les dans un bol avec le piment, le gingembre et l'huile de sésame. Faites chauffer l'huile de tournesol dans une petite casserole. Quand elle commence à fumer, versez-la sur les haricots et mélangez.

Versez 1 litre d'eau dans la marmite du cuit-vapeur et amenez à ébullition. Placez les assiettes d'huîtres dans deux paniers superposés, ajustez le couvercle et faites cuire environ 5 minutes. Si votre appareil ne permet pas de cuire simultanément toutes les huîtres, faites-le en deux fois.

Versez 1 cuillerée de sauce sur chaque huître, parsemez d'un peu de coriandre et servez chaud.

Huîtres en crème de ciboulette

Préparation : 30 min
Cuisson : 6 ou 7 min

Pour 4 personnes

24 huîtres creuses

2 poignées d'algues (chez le poissonnier)

25 cl de crème fraîche épaisse

2 cuil. à soupe de ciboulette ciselée

poivre du moulin

Rincez les algues et étalez-les dans le fond du panier perforé du cuit-vapeur. Ouvrez les huîtres et retirez la valve supérieure. Videz-les de leur eau, coupez le pied loin de la coquille et laissez la chair dans la partie creuse. Calez-les au fur et à mesure sur les algues.

Mélangez la crème et la ciboulette, puis versez-en 1 cuillerée sur chaque huître et poivrez légèrement.

Versez 1 litre d'eau dans la marmite du cuit-vapeur et amenez à ébullition. Posez le panier perforé au-dessus, ajustez le couvercle et faites cuire 6 ou 7 minutes : les huîtres ne doivent pas cuire complètement. Servez chaud, sur un grand plat.

Huîtres en eau tomatée

Préparation : 20 min
Cuisson : 4 min

Pour 4 personnes, en entrée

16 huîtres creuses

1 échalote

2 poignées d'algues (chez le poissonnier)

2 cuil. à soupe de coulis de tomates très fluide

1 cuil. à soupe de sauce soja

1 cuil. à soupe de vinaigre de xérès

Pelez et hachez très finement l'échalote. Rincez les algues et étalez-les dans le fond du panier perforé du cuit-vapeur, puis posez la moitié des huîtres dessus, en les calant bien pour qu'elles ne risquent pas de basculer en s'ouvrant.

Versez 1 litre d'eau dans la marmite du cuit-vapeur et amenez à ébullition. Placez le panier perforé contenant les huîtres au-dessus de l'eau bouillante, ajustez le couvercle et faites cuire environ 2 minutes, juste le temps que les coquillages s'entrouvrent. Ouvrez les autres huîtres en procédant de la même manière.

Retirez la valve supérieure de chacun des coquillages. Videz l'eau dans un petit saladier, puis récupérez les huîtres en coupant le pied loin de la coquille et mettez-les dans une assiette. Ajoutez dans le saladier le coulis de tomates, la sauce soja, le vinaigre et l'échalote, mélangez et répartissez dans quatre petits bols. Ajoutez quatre huîtres dans chacun et réservez au frais jusqu'au moment de servir.

Langouste à la créole

Préparation : 30 min
Cuisson : 20 à 25 min

Pour 4 personnes

2 langoustes d'environ 700 g pièce

2 oignons nouveaux

10 g de beurre

1 cuil. à soupe de curry en poudre

10 cl de lait de coco

20 cl de crème fraîche

sel et poivre du moulin

Pelez et hachez finement les oignons. Faites-les fondre doucement avec le beurre dans une petite casserole, jusqu'à ce qu'ils soient bien tendres. Ajoutez le curry, le lait de coco et la crème, et mélangez bien. Salez et poivrez, puis laissez cuire quelques minutes à feu doux, pour que cette sauce épaississe un peu.

Versez 1 litre d'eau dans la marmite du cuit-vapeur et amenez à ébullition. Posez les langoustes dans le panier perforé, ajustez le couvercle et faites-les cuire de 12 à 15 minutes.

Coupez les crustacés en deux dans la longueur. Retirez la chair de la queue et coupez-la en médaillons, puis récupérez la chair à l'intérieur de la carapace et taillez-la en petits dés. Remettez l'ensemble dans les demi-carapaces et faites réchauffer 3 ou 4 minutes au-dessus de la vapeur.

Servez dans un plat chaud, en nappant de sauce.

Langouste au beurre de citron vert

Préparation : 15 min

Cuisson : 15 min

Pour 4 personnes

1 langouste d'environ 1,2 kg

2 citrons verts

120 g de beurre

sel et poivre du moulin

Prélevez finement le zeste des citrons. Pressez les fruits et récupérez le jus.

Versez 1 litre d'eau dans la marmite du cuit-vapeur et amenez à ébullition. Coupez la langouste dans la longueur, salez et poivrez sa chair. Posez-la dans le panier perforé, carapace vers le bas. Parsemez un peu de zeste de citron sur la chair, puis ajustez le couvercle et faites cuire 15 minutes.

Pendant ce temps, coupez le beurre en petits morceaux et mettez-le dans une casserole avec le jus de citron et le reste du zeste. Faites-le fondre à feu doux, puis versez-le dans une saucière chaude en veillant à laisser les dépôts blanchâtres au fond de la casserole. Salez et poivrez.

Égouttez les demi-langoustes sur du papier absorbant et posez-les sur un plat chaud. Versez un peu de beurre au citron sur la chair et servez, avec le reste de sauce à part.

Langouste sauce verte

Préparation : 30 min

Cuisson : 12 ou 20 min

Pour 4 personnes

2 langoustes de 700 g ou 1 langouste de 1,2 kg

POUR LA SAUCE :

1 jaune d'œuf

Versez 1 litre d'eau dans la marmite du cuit-vapeur et amenez à ébullition. Posez les langoustes dans le panier perforé, ajustez le couvercle et faites-les cuire, 12 minutes s'il s'agit de deux petites, 20 minutes s'il s'agit d'une grosse. Coupez les langoustes en deux dans la longueur et mettez-les à refroidir.

1 cuil. à café de moutarde

20 cl d'huile de tournesol

10 cl de crème liquide

3 cuil. à soupe de fines herbes mélangées (ciboulette, cerfeuil, estragon), ciselées

sel et poivre du moulin

Mélangez le jaune d'œuf et la moutarde dans un bol, puis versez l'huile en filet, en fouettant sans cesse pour que l'ensemble épaississe. Ajoutez la crème et les herbes, salez, poivrez et mélangez bien. Disposez les langoustes sur un plat et servez, avec la sauce à part.

Langoustines à l'estragon

Préparation : 30 min

Cuisson : 5 ou 6 min

Pour 4 personnes

12 grosses langoustines (ou 16 moyennes)

50 cl de fumet de poisson (fait à partir de bouillon déshydraté)

2 tomates moyennes

3 cuil. à soupe de crème liquide

1 cuil. à soupe de feuilles d'estragon

4 feuilles d'estragon (pour le décor)

sel et poivre du moulin

Ôtez la tête des langoustines et décortiquez la queue, en coupant les anneaux à l'aide de ciseaux et en conservant l'éventail de l'extrémité. Incisez légèrement chaque langoustine sur le dos et retirez la veine dorsale.

Versez le fumet dans la marmite du cuit-vapeur et amenez à ébullition. Incisez les tomates en croix, posez-les dans le panier perforé, ajustez le couvercle et faites cuire 2 minutes.

Sortez les tomates et remplacez-les par les langoustines. Salez-les légèrement, remettez le couvercle et faites-les cuire 3 ou 4 minutes, selon leur taille. Laissez-les refroidir sur du papier absorbant.

Pelez les tomates, coupez-les en deux et épépinez-les. Coupez la chair en morceaux et mettez-la dans le bol d'un robot avec 4 cuillerées à soupe du fumet de cuisson des langoustines et les feuilles d'estragon. Mixez jusqu'à obtention d'un coulis lisse et fluide, puis ajoutez la crème, salez, poivrez et donnez quelques impulsions pour bien mélanger. Mettez au réfrigérateur jusqu'au moment de servir.

•••

Versez le coulis glacé dans les assiettes de service, disposez les langoustines dessus et décorez d'une feuille d'estragon.

Langoustines aux asperges vertes

Préparation : 30 min

Cuisson : 8 min

Pour 4 personnes

12 grosses langoustines (ou 16 moyennes)

12 asperges vertes

120 g de beurre demi-sel

½ citron

poivre du moulin

Ôtez la tête des langoustines et décortiquez la queue, en coupant les anneaux à l'aide de ciseaux et en conservant l'éventail de l'extrémité. Incisez légèrement chaque langoustine sur le dos et retirez la veine dorsale.

Coupez toutes les asperges à la même longueur en retirant la partie dure à la base, puis pelez-les.

Versez 1 litre d'eau dans la marmite du cuit-vapeur et amenez à ébullition. Mettez les asperges dans le panier perforé, ajustez le couvercle et faites cuire 4 minutes. Posez les langoustines à côté des asperges, remettez le couvercle et poursuivez la cuisson 4 minutes.

Faites fondre le beurre à feu doux dans une petite casserole et retirez toutes les impuretés en surface. Ajoutez le jus de citron, donnez un tour de moulin à poivre et versez le beurre fondu dans une saucière bien chaude, en laissant le dépôt blanchâtre qui s'est formé au fond de la casserole.

Disposez les langoustines et les asperges sur un plat chaud. Servez aussitôt, avec le beurre citronné à part.

Maquereaux en salade thaïe

Préparation : 20 min
Cuisson : 8 min
Pour 4 personnes

- 2 maquereaux de 250 g pièce
- 2 poignées de feuilles de salades mélangées
- 2 tiges de citronnelle
- 3 échalotes rouges
- 1 noix de gingembre frais
- 1 piment rouge
- 1 cuil. à soupe de feuilles de menthe ciselées
- 1 cuil. à soupe de feuilles de coriandre ciselées
- 4 cuil. à soupe de jus de citron vert
- 1 cuil. à soupe de nuoc-mâm

Videz les maquereaux, rincez-les soigneusement à l'eau fraîche et épongez-les. Rincez et essorez les salades. Coupez la partie verte des tiges de citronnelle et hachez très finement le blanc. Pelez et émincez finement les échalotes et le gingembre. Retirez les graines du piment et émincez-le aussi très finement.

Versez 1 litre d'eau dans la marmite du cuit-vapeur et amenez à ébullition. Posez les poissons dans le panier perforé, saupoudrez-les d'un peu de sel, ajustez le couvercle et faites-les cuire 8 minutes, ou jusqu'à ce que la chair se détache facilement de l'arête centrale.

Égouttez les poissons sur du papier absorbant. Laissez-les tiédir, puis retirez-leur la tête et levez les filets. Éliminez les arêtes et recoupez les filets transversalement en petites bandes.

Mélangez tous les ingrédients de l'assaisonnement dans un plat creux. Ajoutez les morceaux de maquereau, remuez délicatement et servez sur un grand plat recouvert des feuilles de salade.

Marinière de moules aux fines herbes

Préparation : 30 min
Cuisson : 4 à 6 min
Pour 4 personnes

- 1,5 kg de moules
- 3 échalotes

Grattez les moules, lavez-les et disposez-les dans le panier perforé.

Pelez et hachez finement les échalotes. Mettez-les dans la marmite du cuit-vapeur avec le vin blanc et amenez à ébullition. •••

15 cl de vin blanc sec

100 g de beurre

3 cuil. à soupe de fines herbes mélangées (cerfeuil, persil, ciboulette), finement ciselées

poivre du moulin

Posez le panier perforé au-dessus, ajustez bien le couvercle et faites cuire de 4 à 6 minutes, ou jusqu'à ce que toutes les coquilles soient ouvertes. Remuez avec une grande cuillère en bois, en prenant soin de ne pas vous brûler et en remettant le couvercle aussitôt après.

Quand les moules sont ouvertes, sortez-les du cuit-vapeur. Jetez les coquillages restés fermés et mettez les autres dans un plat creux.

Versez le jus de cuisson des moules dans une casserole en le filtrant à l'aide d'une passoire et faites-le réduire de moitié sur feu vif.

Retirez du feu, incorporez le beurre fractionné en petits morceaux en fouettant vivement, puis ajoutez les herbes. Donnez quelques tours de moulin à poivre et mélangez. Versez la sauce sur les moules, remuez bien et servez aussitôt.

Moules à la marocaine

Préparation : 30 min

Cuisson : 4 à 6 min

Pour 4 personnes

32 moules d'Espagne

2 ou 3 gousses d'ail

10 cl de jus de citron

3 cuil. à soupe de feuilles de persil plat ciselées

2 cuil. à soupe d'huile d'olive

½ cuil. à café de cumin moulu

½ cuil. à café de paprika

1 pincée de piment fort

Grattez les moules, lavez-les et disposez-les dans le panier perforé. Pelez et écrasez les gousses d'ail.

Versez la moitié du jus de citron et 10 cl d'eau dans la marmite du cuit-vapeur, ajoutez une gousse d'ail écrasée et amenez à ébullition. Dès que le liquide bout, posez le panier perforé au-dessus, ajustez bien le couvercle et faites cuire de 4 à 6 minutes, ou jusqu'à ce que toutes les coquilles soient ouvertes. Remuez une ou deux fois avec une grande cuillère en bois, en prenant soin de ne pas vous brûler et en remettant le couvercle aussitôt après.

poivre du moulin

Quand les moules sont ouvertes, retirez le panier du cuit-vapeur. Jetez celles qui restent fermées. Rangez les moules dans un plat creux, en les calant les unes contre les autres.

Versez le jus de cuisson des moules dans un bol en le filtrant à l'aide d'une passoire. Ajoutez le persil, l'huile d'olive, le reste du jus de citron et d'ail, le cumin et le paprika. Pimentez à votre goût, remuez et versez le mélange sur les moules. Servez chaud ou tiède.

Moules au curry

Préparation : 30 min

Cuisson : environ 10 min

Pour 4 personnes

1,5 kg de moules

20 cl de crème liquide

1 cuil. à soupe de curry en poudre

1 cuil. à soupe de feuilles de coriandre ciselées (pour servir)

sel et poivre du moulin

Versez la crème dans une petite casserole, ajoutez le curry, salez et poivrez. Faites cuire à feu doux jusqu'à ce que cette sauce épaississe et devienne onctueuse. Gardez au chaud.

Versez 50 cl d'eau dans la marmite du cuit-vapeur et amenez à ébullition. Grattez et lavez les moules. Étalez-les dans le panier perforé, ajustez le couvercle et faites cuire de 4 à 6 minutes, jusqu'à ce que toutes soient ouvertes.

Jetez celles qui restent fermées. Enlevez une des valves de chaque coquillage et laissez la chair dans l'autre.

Rangez les moules dans un plat creux ou des assiettes chaudes, en les calant les unes contre les autres. Nappez-les de sauce chaude, puis parsemez-les de coriandre et servez aussitôt.

Moules en papillote

Préparation : 30 min
Cuisson : 20 min
Pour 4 personnes

1,5 kg de moules
1 petit poivron rouge
1 gousse d'ail
1 branche de céleri
1 petit piment rouge
2 cuil. à soupe d'huile d'olive
4 cuil. à soupe de sauce teriyaki
1 cuil. à café de poivre du Sichuan concassé

Versez 1 litre d'eau dans la marmite du cuit-vapeur et amenez à ébullition. Coupez le poivron en deux, retirez le pédoncule et les graines. Placez-le dans le panier perforé, ajustez le couvercle et faites cuire 10 minutes.

Égouttez-le, laissez-le tiédir, puis pelez-le et coupez la chair en petits dés. Pelez et hachez finement la gousse d'ail. Lavez le céleri et taillez-le en fins bâtonnets. Retirez les graines du piment et émincez-le très finement. Faites revenir l'ail, le piment, le poivron et le céleri pendant 1 minute à feu vif avec l'huile d'olive.

Grattez et lavez les moules. Découpez quatre grands carrés de papier sulfurisé. Posez le quart des moules au centre de chacun. Répartissez les légumes sur les coquillages, arrosez avec 1 cuillerée de sauce teriyaki et parsemez de poivre concassé. Formez des papillotes en relevant les bords de la feuille et fermez-les hermétiquement avec de la ficelle de cuisine, sans serrer les ingrédients à l'intérieur.

Posez les papillotes côte à côte dans le panier perforé, remettez le couvercle et faites cuire 10 minutes. Vérifiez à travers le papier que les coquillages sont bien ouverts, puis servez dans les papillotes. Laissez chacun ouvrir la sienne et éliminer les moules encore fermées.

Moules vapeur en vinaigrette thaïe

Préparation : 30 min

Cuisson : 8 min

Pour 4 personnes

1,5 kg de moules

1 litre de bouillon de légumes (fait à partir de bouillon déshydraté)

feuilles de coriandre (pour servir)

8 oignons nouveaux

POUR L'ASSAISONNEMENT :

2 oignons nouveaux

2 gousses d'ail

1 noix de gingembre

2 cuil. à soupe d'huile de tournesol

1 cuil. à soupe de sauce d'huîtres

1 cuil. à soupe de sauce soja

Pelez et hachez finement les oignons nouveaux, l'ail et le gingembre. Faites-les revenir 2 minutes à feu vif avec l'huile dans une poêle en remuant sans arrêt. Retirez du feu, ajoutez la sauce d'huîtres et la sauce soja. Mélangez bien et réservez.

Grattez et lavez les moules. Versez le bouillon dans la marmite du cuit-vapeur et amenez à ébullition. Étalez les moules dans le panier perforé, ajustez le couvercle et faites cuire environ 6 minutes, ou jusqu'à ce que tous les coquillages soient ouverts. Mettez-les dans un grand plat creux, en jetant au fur et à mesure les moules encore fermées.

Prélevez une petite louche du bouillon de cuisson des moules et mélangez-le au contenu de la poêle. Versez cette sauce sur les moules, remuez et servez aussitôt, ou laissez refroidir.

Nage de saint-jacques au curry doux

Préparation : 30 min

Cuisson : 5 min

Pour 5 personnes

12 ou 16 noix de coquille Saint-Jacques

75 cl de fumet de poisson (fait à partir de bouillon déshydraté)

Versez le fumet dans la marmite du cuit-vapeur et amenez à ébullition. Rincez et épongez les coquilles Saint-Jacques. Posez-les dans le panier perforé, salez et poivrez légèrement, ajustez le couvercle et faites-les cuire 5 minutes. Répartissez-les ensuite dans des assiettes chaudes.

•••

3 cuil. à soupe de crème fraîche

1 cuil. à café de poudre de curry doux

1 cuil. à soupe de feuilles de coriandre ciselées

sel et poivre du moulin

Versez 50 cl du liquide de cuisson dans une casserole, ajoutez la crème et le curry, et donnez un bouillon. Retirez du feu et nappez les coquillages de ce bouillon très chaud, qui va finir de les cuire. Parsemez de coriandre et servez aussitôt.

Nems de crevettes à la coriandre

Préparation : 30 min

Cuisson : 8 min

Pour 4 personnes

500 g de grosses crevettes crues

2 oignons nouveaux

10 cl de lait de coco

2 cuil. à soupe de jus de citron vert

½ cuil. à café de purée de piments

1 cuil. à soupe de feuilles de coriandre finement ciselées

1 blanc d'œuf

8 galettes de riz de 18 cm de diamètre

sel et poivre du moulin

Retirez la tête des crevettes et décortiquez les queues. Rincez-les, puis séchez-les avec du papier absorbant et hachez-les au couteau. Pelez et hachez finement les petits oignons avec une partie de leur tige verte. Réunissez dans un grand bol les crevettes hachées, le lait de coco, le jus de citron, la purée de piments, la coriandre, les petits oignons et le blanc d'œuf. Salez, poivrez et remuez jusqu'à ce que le mélange soit bien homogène.

Trempez une galette de riz dans l'eau chaude pour l'assouplir. Étalez-la sur le plan de travail et posez 2 cuillerées de préparation à la crevette, en longueur, sur la partie inférieure. Rabattez le bas de la galette sur cette garniture, repliez l'un après l'autre les deux côtés, puis enroulez la galette autour de la farce, en serrant bien, pour former un petit cylindre. Confectionnez les autres nems de la même façon.

•••

Nems de crevettes à la coriandre

Versez 1 litre d'eau dans le panier du cuit-vapeur et amenez à ébullition. Posez les petits rouleaux côte à côte dans le panier perforé, ajustez le couvercle et faites cuire environ 8 minutes. Servez sur un lit de salade, avec de la sauce aigre-douce.

Nems d'escargots à la tomate

Préparation : 30 min

Marinade : 2 h

Cuisson : 5 min

Pour 4 personnes

24 gros escargots (en conserve)

1 grosse tomate bien mûre

2 petites gousses d'ail

50 g de pignons

16 feuilles de basilic ciselées

3 cuil. à soupe d'huile d'olive

8 galettes de riz

sel et poivre du moulin

Coupez la tomate en deux, retirez les graines et taillez-la en tout petits dés. Pelez et écrasez les gousses d'ail. Concassez finement les pignons au pilon.

Rincez les escargots et égouttez-les sur du papier absorbant. Mettez-les dans un plat creux avec les dés de tomate, l'ail, le basilic, les pignons et l'huile d'olive. Salez et poivrez. Remuez bien, couvrez et laissez mariner 2 heures au réfrigérateur.

Trempez une galette de riz pendant quelques secondes dans l'eau chaude pour la ramollir, puis étalez-la sur un torchon humide. Posez, au niveau du tiers inférieur, trois escargots côte à côte et un peu de garniture. Repliez le bas sur les escargots, puis rabattez les deux côtés et enroulez la galette autour, en serrant bien, pour former un petit cylindre. Confectionnez les autres nems de la même façon.

Versez 1 litre d'eau dans la marmite du cuit-vapeur et amenez à ébullition. Posez les nems dans le panier perforé, ajustez le couvercle et faites cuire 5 minutes. Servez chaud, sur un lit de salade.

Petites terrines de gambas au poivron

Préparation : 30 min

Cuisson : environ 35 min

Pour 4 personnes

- 300 g de queues de gambas
- 2 poivrons rouges
- 3 œufs + 2 jaunes
- 1 cuil. à soupe de concentré de tomates
- 30 g de farine
- 30 cl de crème liquide
- beurre pour les moules
- piment de Cayenne
- sel

Versez 1 litre d'eau dans la marmite du cuit-vapeur et amenez à ébullition. Faites cuire les gambas 2 minutes à la vapeur, puis laissez-les refroidir sur du papier absorbant.

Coupez les poivrons en deux et retirez-leur le pédoncule ainsi que les graines. Placez-les dans le panier perforé, ajustez le couvercle et faites-les cuire 10 minutes. Sortez-les du cuit-vapeur et égouttez-les, puis laissez-les tiédir et pelez-les. Mixez un des poivrons en purée très fine au robot et coupez le second en dés.

Battez les œufs en omelette et incorporez progressivement les jaunes, le concentré de tomates, la farine et la crème. Ajoutez alors la purée de poivrons, du sel et un peu de piment. Répartissez la moitié de la préparation dans quatre moules individuels, disposez par-dessus les gambas et les dés de poivron, puis recouvrez avec le reste du mélange.

Posez les moules les uns à côté des autres dans le panier perforé, couvrez-les avec du papier sulfurisé et remettez le couvercle. Faites cuire de 20 à 25 minutes, jusqu'à ce que la surface soit ferme sous la pression. Laissez reposer quelques instants avant de démouler. Servez chaud ou froid.

Praires au beurre persillé

Préparation : 30 min
Cuisson : 7 ou 8 min
Pour 4 personnes, en entrée

32 praires
20 g de mie de pain rassis
2 échalotes
100 g de beurre
3 cuil. à soupe de feuilles de persil plat ciselées
sel et poivre du moulin

Lavez et brossez les praires. Broyez la mie de pain en grosse chapelure au robot. Épluchez et hachez finement les échalotes. Faites-les fondre avec 20 g de beurre dans une poêle portée sur feu doux, jusqu'à ce qu'elles soient tendres et translucides. Retirez du feu.

Versez 1 litre d'eau dans la marmite et amenez à ébullition. Mettez les praires dans le panier perforé, ajustez le couvercle et faites cuire 2 ou 3 minutes, jusqu'à ce qu'elles soient ouvertes.

Pendant ce temps, remettez la poêle sur feu moyen. Ajoutez le reste du beurre et faites-le fondre jusqu'à ce qu'il commence à mousser, sans le laisser prendre couleur. Ajoutez le persil et mélangez.

Transférez les praires dans un plat creux bien chaud. Parsemez la chapelure sur les coquillages, puis versez le contenu de la poêle et remuez bien. Servez aussitôt.

Raviolis chinois aux crevettes

Préparation : 30 min
Cuisson : 20 min
Pour 6 personnes

24 carrés de pâte à wonton (dans les épiceries asiatiques)
quelques feuilles de laitue

Pelez et hachez finement les petits oignons. Rincez et émincez finement les châtaignes d'eau. Décortiquez les crevettes. Réservez douze queues et fendez-les en deux dans la longueur. Hachez finement les autres au couteau, mettez-les dans un grand bol avec tous les autres ingrédients de la farce et malaxez jusqu'à ce que la préparation soit parfaitement homogène.

POUR LA FARCE :

2 oignons nouveaux

6 châtaignes d'eau

500 g de petites crevettes roses crues

200 g de viande de porc très finement hachée

2 cuil. à café de sauce soja claire

2 cuil. à café de vin de riz ou de xérès sec

1 cuil. à café d'huile de sésame

1 blanc d'œuf

1 cuil. à café de sucre en poudre

Posez 1 cuillerée à soupe de farce au centre de chaque carré de pâte et remontez les angles pour former des petites aumônières. Pressez bien pour faire adhérer la pâte sur la garniture, puis serrez l'ouverture avec les doigts, sans la fermer complètement de façon à laisser apparaître la farce. Posez une demi-crevette sur chaque ravioli.

Versez 1 litre d'eau dans la marmite du cuit-vapeur et amenez à ébullition. Étalez quelques feuilles de laitue dans le fond du panier perforé. Posez les aumônières les unes à côté des autres, ajustez le couvercle et faites cuire 20 minutes. Servez chaud, avec de la sauce aigre-douce.

Rouleaux de courgette aux langoustines

Préparation : 40 min

Cuisson : environ 15 min

Pour 4 personnes

2 courgettes de taille moyenne

12 belles langoustines

sel

POUR LE COULIS :

1 gros poivron rouge

10 cl de crème fleurette

piment en poudre (facultatif)

sel et poivre du moulin

Versez 1 litre d'eau dans la marmite du cuit-vapeur et amenez à ébullition. Coupez le poivron en deux, retirez le pédoncule et les graines. Posez-le dans le panier perforé et faites-le cuire 10 minutes, puis laissez-le tiédir un peu et pelez-le. Mettez la chair dans le bol d'un blender et mixez-la en purée très fine. Ajoutez la crème, salez, pimentez à votre goût et mélangez, en donnant encore quelques impulsions. Diluez ce coulis avec un peu d'eau si nécessaire.

Lavez les courgettes et retirez les extrémités. Coupez douze longues lamelles régulières d'environ 2 mm d'épaisseur. Étalez-les dans le panier perforé, saupoudrez-les d'un peu de sel et ajustez le couvercle. Faites cuire 2 ou 3 minutes, juste le temps de les assouplir, puis égouttez-les sur du papier absorbant.

Retirez la tête des langoustines et décortiquez celles-ci, en conservant l'éventail de la queue. Rincez-les, posez-les dans le panier perforé, remettez le couvercle et faites-les cuire 2 ou 3 minutes. Laissez-les ensuite refroidir sur du papier absorbant.

Enroulez chacune des langoustines dans une lamelle de courgette. Disposez ces petits rouleaux sur des assiettes, nappez-les d'un peu de coulis et servez.

Saint-jacques à la citronnelle

Préparation : 15 min

Marinade : 1 h

Cuisson : 6 à 8 min

Pour 4 personnes

12 ou 6 noix de coquille Saint-Jacques

1 tige de citronnelle

4 cuil. à soupe de sauce soja

½ citron

3 cuil. à soupe d'huile de tournesol

30 g de beurre

Coupez l'extrémité de la tige de citronnelle et émincez-la très finement. Mélangez la sauce soja, le jus du demi-citron, l'huile et la citronnelle dans un plat creux de taille adaptée au cuit-vapeur.

Rincez et épongez les noix de coquille Saint-Jacques. Mettez-les dans la marinade et remuez plusieurs fois pour bien les en enrober. Couvrez, puis laissez mariner 1 heure au réfrigérateur.

Versez 1 litre d'eau dans la marmite du cuit-vapeur et amenez à ébullition. Posez le plat dans le panier perforé, ajustez le couvercle et faites cuire de 6 à 8 minutes.

Disposez les coquilles Saint-Jacques sur un plat chaud. Coupez le beurre en petits morceaux et faites-le fondre dans le jus de cuisson laissé dans le fond du plat. Versez sur les coquilles et servez aussitôt, accompagné de riz blanc ou de fines nouilles chinoises.

Saint-jacques à la truffe

Préparation : 20 min

Cuisson : 8 min

Pour 4 personnes

12 belles noix de coquille Saint-Jacques

1 belle truffe

60 g de beurre

sel et poivre du moulin

Coupez douze fines rondelles dans la truffe et hachez le reste. Faites fondre le beurre à feu doux dans une petite casserole, retirez l'écume en surface et versez-le dans un bol en laissant les dépôts blanchâtres dans le fond. Ajoutez la truffe hachée et laissez infuser.

Rincez et épongez les noix de coquille Saint-Jacques. Fendez-les en deux dans l'épaisseur sans séparer les deux moitiés, puis glissez une lamelle de truffe à l'intérieur.

Versez 1 litre d'eau dans la marmite du cuit-vapeur et amenez à ébullition. Posez les coquilles Saint-Jacques côte à côte dans le panier perforé. Saupoudrez-les légèrement de sel, ajustez le couvercle et faites-les cuire environ 8 minutes. Égouttez-les quelques instants sur du papier absorbant et disposez-les sur des assiettes chaudes.

Réchauffez le beurre à la truffe, versez-le sur les noix de coquille Saint-Jacques et servez sans attendre.

Saint-jacques à la vapeur d'endive

Préparation : 20 min
Marinade : 30 min
Cuisson : 8 min

Pour 4 personnes

16 noix de coquille Saint-Jacques

1 noisette de gingembre frais

1,5 cuil. à soupe de sauce soja

1,5 cuil. à soupe d'huile de tournesol

2 ou 3 endives, selon leur taille

sel et poivre du moulin

Rincez et épongez les noix de coquille Saint-Jacques. Pelez et hachez finement le gingembre. Mélangez la sauce soja, l'huile et le gingembre dans un plat creux. Posez les coquilles Saint-Jacques dans le plat, retournez-les plusieurs fois pour bien les enrober et laissez-les mariner 30 minutes au frais.

Coupez largement la base des endives et séparez les feuilles. Rincez-les, puis étalez les plus grandes en double épaisseur sur un plat ou une assiette supportant la chaleur et de taille adaptée au cuit-vapeur.

Posez les coquilles Saint-Jacques sur les endives, arrosez-les de la marinade, salez très légèrement (il faut tenir compte de la sauce soja) et poivrez. Recouvrez d'une autre couche de feuilles d'endive et placez le plat dans le panier perforé. Ajustez le couvercle et faites cuire environ 8 minutes. Servez les coquilles Saint-Jacques chaudes, sur un lit d'endives.

Saint-jacques au fenouil

Préparation : 30 min
Cuisson : 16 à 18 min

Pour 4 personnes

16 noix de coquille Saint-Jacques

2 petits bulbes de fenouil

Parez les bulbes de fenouil et émincez-les en fines lamelles. Versez 1 litre d'eau dans la marmite du cuit-vapeur et amenez à ébullition. Étalez les lamelles de fenouil dans le panier perforé, saupoudrez-les légèrement de sel, ajustez le couvercle et faites cuire 8 minutes. Égouttez-les à l'issue de la cuisson.

4 cuil. à soupe d'huile d'olive

12 feuilles de basilic ciselées

sel et poivre du moulin

Rincez et épongez les noix de coquille Saint-Jacques. Découpez quatre carrés de papier sulfurisé, huilez la surface et répartissez les lamelles de fenouil au milieu. Posez ensuite quatre coquilles Saint-Jacques sur chaque feuille. Arrosez-les du reste d'huile, salez, poivrez et parsemez les feuilles de basilic. Formez des papillotes et fermez-les hermétiquement, sans serrer, en repliant plusieurs fois les bords.

Placez les papillotes côte à côte dans le panier perforé, remettez le couvercle et faites cuire de 8 à 10 minutes. Servez chaud, en laissant chacun ouvrir sa papillote.

Saint-jacques aux champignons

Préparation : 20 min

Cuisson : 8 à 10 min

Pour 4 personnes

12 ou 16 noix de coquille Saint-Jacques

150 g de champignons de Paris (ou de champignons des bois)

80 g de beurre

sel et poivre du moulin

Rincez et épongez les noix de coquille Saint-Jacques. Coupez le pied terreux des champignons, nettoyez-les et émincez-les.

Découpez quatre carrés de papier sulfurisé. Beurrez-les légèrement, puis répartissez les champignons et les coquilles Saint-Jacques au milieu. Ajoutez le reste du beurre, détaillé en petits morceaux, salez légèrement et poivrez. Formez des papillotes et fermez-les hermétiquement, sans serrer, en repliant plusieurs fois les bords.

Placez les papillotes côte à côte dans le panier perforé, remettez le couvercle et faites cuire de 8 à 10 minutes. Servez chaud, en laissant chacun ouvrir sa papillote.

Saint-jacques en crème d'échalotes

Préparation : 20 min

Cuisson : 8 à 10 min

Pour 4 personnes

16 noix de coquille Saint-Jacques

2 échalotes

20 g de beurre + un peu pour les moules

20 cl de crème fraîche

sel et poivre du moulin

Épluchez et hachez finement les échalotes. Faites-les fondre à feux doux avec le beurre dans une casserole, jusqu'à ce qu'elles soient tendres et translucides. Ajoutez la crème et laissez cuire cette sauce doucement quelques instants pour qu'elle épaississe légèrement.

Versez 1 litre d'eau dans la marmite du cuit-vapeur et amenez à ébullition. Beurrez quatre ramequins. Posez quatre noix de coquille Saint-Jacques dans chacun d'eux et nappez-les de sauce à l'échalote. Posez les ramequins côte à côte dans le panier perforé. Recouvrez-les de papier cuisson, ajustez le couvercle et faites cuire de 8 à 10 minutes. Laissez reposer quelques instants, puis servez.

Saint-jacques en crème verte

Préparation : 20 min

Cuisson : 9 à 12 min

Pour 4 personnes

16 noix de coquilles Saint-Jacques

2 cœurs de laitue + quelques grandes feuilles

20 cl de crème fraîche

sel et poivre du moulin

Versez 1 litre d'eau dans la marmite du cuit-vapeur et amenez à ébullition. Posez les cœurs de laitue dans le panier perforé, saupoudrez-les très légèrement de sel, ajustez le couvercle et faites cuire 3 minutes. Égouttez-les, puis mixez-les en purée fine à l'aide d'un blender.

Faites cuire la crème quelques minutes à feu très doux pour qu'elle épaississe légèrement. Ajoutez la purée de laitue, salez, poivrez et mélangez bien.

Rincez et épongez les noix de coquille Saint-Jacques. Recouvrez le fond du panier du cuit-vapeur de feuilles de laitue. Posez les noix dessus, salez et poivrez, puis remettez le couvercle et faites cuire de 6 à 8 minutes.

Sortez les noix du cuit-vapeur et égouttez-les quelques instants sur du papier absorbant. Nappez des assiettes chaudes de crème de laitue, disposez les coquilles Saint-Jacques dessus et servez chaud.

Salade de calamars aux noix de cajou

Préparation : 20 min

Cuisson : 2 ou 3 min

Pour 4 personnes

1 kg de petits calamars

1 petite mangue verte

1 carotte

4 échalotes rouges

50 g de noix de cajou

quelques feuilles de laitue (pour servir)

1 cuil. à soupe de feuilles de coriandre

POUR L'ASSAISONNEMENT :

1 cuil. à café de purée de piments

5 cuil. à soupe de jus de citron vert

1 cuil. à soupe de nuoc-mâm

1 cuil. à soupe d'huile de tournesol

Pelez et râpez finement la mangue verte et la carotte. Épluchez et émincez les échalotes en très fines lamelles. Faites griller à sec les noix de cajou dans une poêle antiadhésive, puis concassez-les grossièrement et réservez.

Videz les calamars et jetez tout l'intérieur ainsi que les cartilages. Lavez-les soigneusement, épongez-les et recoupez les plus gros en morceaux (gardez-les entiers s'ils sont assez petits), en conservant les tentacules.

Versez 1 litre d'eau dans la marmite du cuit-vapeur et amenez à ébullition. Étalez les calamars dans le panier perforé, ajustez le couvercle et faites cuire 2 ou 3 minutes. Dès qu'ils blanchissent, égouttez-les et laissez-les refroidir sur du papier absorbant.

Mélangez tous les ingrédients de l'assaisonnement dans un plat creux, puis ajoutez la mangue, la carotte et les calamars.

•••

Remuez bien et répartissez la sauce dans les assiettes de service, sur des feuilles de laitue. Parsemez les noix de cajou, les lamelles d'échalote et la coriandre avant de servir.

Salade de crevettes à la mangue

Préparation : 20 min

Cuisson : 2 ou 3 min

Pour 4 personnes

750 g de crevettes crues de taille moyenne

1 mangue bien mûre

3 échalotes rouges

2 gousses d'ail

1 poignée de feuilles de salades mélangées

1 petit piment rouge

4 cuil. à soupe de jus de citron vert

1,5 cuil. à soupe de sauce soja

Pelez la mangue, prélevez la chair autour du noyau et taillez-la en très fines lanières. Épluchez les échalotes et émincez-les en fines rondelles. Pelez et hachez les gousses d'ail. Lavez et essorez les salades. Retirez les graines du piment, puis émincez-le très finement.

Décortiquez les crevettes, ôtez-leur la tête, rincez-les et épongez-les. Versez 1 litre d'eau dans le panier du cuit-vapeur. Posez les crevettes dans le panier perforé, salez un peu, puis ajustez le couvercle et faites cuire 2 ou 3 minutes. Sortez-les et égouttez-les sur du papier absorbant.

Mélangez le jus de citron, la sauce soja et l'ail dans un grand bol, ajoutez les crevettes ainsi que la mangue et remuez bien. Disposez dans un plat, sur un lit de salade, et parsemez d'échalote, de piment et de coriandre avant de servir.

Salade de crevettes au pamplemousse

Préparation : 30 min
Cuisson : 2 ou 3 min
Macération : 1 h

Pour 4 personnes

1 gros pamplemousse rose

750 g de crevettes crues moyennes

2 échalotes rouges

½ piment rouge

2 cuil. à soupe de nuoc-mâm

1 cuil. à soupe de feuilles de coriandre ciselées + quelques feuilles (pour le décor)

1 cuil. à soupe de noix de coco râpée, sèche

Pelez le pamplemousse à vif, en retirant toute la peau blanche avec l'écorce. Détachez ensuite les quartiers en glissant un couteau tranchant de part et d'autre des membranes qui les séparent. Travaillez au-dessus d'une assiette creuse de façon à récupérer le jus.

Décortiquez les crevettes, ôtez-leur la tête, rincez-les et épongez-les. Versez 1 litre d'eau dans le panier du cuit-vapeur. Posez les crevettes dans le panier perforé, salez-les un peu, puis ajustez le couvercle et faites-les cuire 2 ou 3 minutes. Sortez-les et égouttez-les sur du papier absorbant.

Épluchez les échalotes et émincez-les en fines lamelles. Ôtez les graines du piment et hachez-le. Mettez les quartiers de pamplemousse et les crevettes dans un plat creux avec le jus de pamplemousse, le nuoc-mâm, les échalotes, la coriandre et le piment. Remuez délicatement, couvrez et réservez 1 heure au réfrigérateur.

Au dernier moment, parsemez de noix de coco et décorez de feuilles de coriandre.

Salade de fruits de mer à la citronnelle

Préparation : 40 min

Macération : 1 h

Cuisson : environ 8 min

Pour 4 personnes

400 g de crevettes crues de taille moyenne

300 g de calamars

500 g de moules

1 tige de citronnelle

2 petites échalotes rouges

½ piment rouge (ou plus, selon le goût)

1 petite noix de gingembre frais

5 cuil. à soupe de jus de citron vert

1 cuil. à soupe de nuoc-mâm

quelques feuilles de laitue

quelques petites feuilles de menthe (pour le décor)

Coupez l'extrémité de la tige de citronnelle pour ne garder que le blanc ; hachez-le finement. Épluchez les échalotes et émincez-les en fines lamelles. Retirez les graines du piment et hachez-le. Pelez et râpez le gingembre.

Décortiquez les crevettes, ôtez-leur la tête, rincez-les et épongez-les. Videz les calamars et jetez tout l'intérieur ainsi que les cartilages. Lavez-les soigneusement, épongez-les et recoupez les plus gros en anneaux (gardez les plus petits entiers), en conservant les tentacules. Brossez et lavez les moules.

Versez 1 litre d'eau dans le panier du cuit-vapeur. Posez les crevettes dans le panier perforé, salez un peu, puis ajustez le couvercle et faites-les cuire 2 minutes. Sortez-les et égouttez-les sur du papier absorbant.

Faites alors cuire les calamars 2 minutes, juste le temps qu'ils blanchissent. Mettez-les à refroidir avec les crevettes.

Terminez par les moules : étalez-les dans le panier du cuit-vapeur. Remettez le couvercle et faites-les cuire 3 ou 4 minutes, jusqu'à ce qu'elles soient ouvertes. Retirez-les avec une écumoire et mettez-les à refroidir dans un plat, puis décoquillez-les ; jetez celles qui restent fermées.

Mélangez tous les fruits de mer dans un plat creux. Arrosez-les du jus de citron et du nuoc-mâm, puis ajoutez la citronnelle et le gingembre. Mélangez bien, couvrez et laissez macérer 1 heure au réfrigérateur.

Disposez la salade sur un grand plat recouvert de quelques feuilles de laitue, puis parsemez de lamelles d'échalote et de piment. Décorez de feuilles de menthe et servez.

Salade de moules aux poivrons

Préparation : 40 min

Cuisson : environ 15 min

Pour 4 personnes

1,5 kg de moules

2 poivrons rouges

1 cuil. à café de moutarde semi-forte

1 cuil. à soupe de vinaigre de vin blanc

4 cuil. à soupe d'huile d'olive

1 cuil. à soupe de basilic ciselé + quelques feuilles (pour le décor)

sel et poivre du moulin

Versez 25 cl d'eau dans la marmite du cuit-vapeur et amenez à ébullition. Coupez les poivrons en deux, retirez le pédoncule et les graines. Placez-les dans le panier perforé, ajustez le couvercle et faites-les cuire pendant 10 minutes. Égouttez-les et laissez-les tiédir, puis pelez-les. Coupez la chair en lanières et étalez celles-ci sur un plat.

Grattez et lavez les moules. Mettez-les dans le panier perforé à la place du poivron, ajustez bien le couvercle et faites-les cuire de 4 à 6 minutes, jusqu'à ce que les coquilles soient ouvertes. Remuez une ou deux fois avec une grande cuillère en bois, en prenant soin de ne pas vous brûler et en remettant le couvercle aussitôt après. Retirez le panier du cuit-vapeur et jetez les moules qui restent fermées. Laissez refroidir les autres et décoquillez-les.

Mélangez la moutarde et le vinaigre dans un bol. Salez et poivrez légèrement, puis versez l'huile en filet, en fouettant vivement. Ajoutez 3 cuillerées à soupe du jus de cuisson des moules et le basilic, et fouettez à nouveau. Posez les moules sur le lit de poivrons, arrosez le plat de sauce et décorez-le de feuilles de basilic.

Terrine de saint-jacques aux poireaux

Préparation : 30 min
Cuisson : 6 min + 1 h

Pour 4 personnes

12 noix de coquille Saint-Jacques (sans corail)

3 blancs de poireau

3 œufs + 2 jaunes

50 g de farine

30 cl de crème liquide

beurre (pour le moule)

sel et poivre du moulin

Lavez les blancs de poireau à l'eau courante, en écartant bien les feuilles, puis taillez-les en grosses rondelles. Rincez les coquilles Saint-Jacques, épongez-les et coupez-les en deux dans l'épaisseur.

Versez 1,5 litre d'eau dans le panier du cuit-vapeur et amenez à ébullition. Étalez les poireaux dans le panier perforé, saupoudrez-les d'un peu de sel, ajustez le couvercle et faites-les cuire 6 minutes, puis égouttez-les.

Battez les œufs en omelette et incorporez progressivement les jaunes, la farine et la crème. Ajoutez les poireaux, salez, poivrez et mélangez. Beurrez un moule à cake. Versez la moitié de la préparation dans le moule, puis disposez les demi-noix de coquille Saint-Jacques et recouvrez-les avec l'autre moitié de la préparation.

Posez le moule dans le panier perforé. Couvrez de papier sulfurisé, remettez le couvercle et faites cuire environ 1 heure, ou jusqu'à ce qu'une lame fine plantée dans la terrine ressorte sèche. Laissez reposer quelques instants avant de démouler. Servez chaud ou froid.

Tourteaux-mayonnaise

Préparation : 20 min
Réfrigération : 15 min
Cuisson : 10 à 15 min

Pour 4 personnes

2 tourteaux d'environ 800 g pièce (ou 4 plus petits)

Placez les tourteaux pendant 15 minutes au congélateur.

Versez 1 litre d'eau dans la marmite du cuit-vapeur et amenez à ébullition. Posez les crabes dans le panier perforé, ajustez le couvercle et faites cuire de 10 à 15 minutes selon leur taille. Sortez-les à l'aide d'une écumoire et laissez-les tiédir.

Pour faciliter le service, détachez le dessous du coffre du reste de la carapace, sans le séparer complètement, et brisez pinces et pattes, en veillant à ne pas les écraser.

Disposez les tourteaux sur un plat de service et servez, tiède ou à température ambiante. Accompagnez d'un bol de mayonnaise ou d'une vinaigrette aux fines herbes.

Anchois frais en papillotes

Préparation : 20 min
Cuisson : 16 à 18 min

Pour 4 personnes

24 anchois frais
½ poivron rouge
2 gousses d'ail
beurre (pour les papillotes)
piment fort en poudre
sel

Videz les anchois en leur retirant la tête, rincez-les et essuyez-les avec soin. Retirez le pédoncule et les graines du poivron. Versez 1 litre d'eau dans la marmite du cuit-vapeur et amenez à ébullition.

Posez le poivron dans le panier perforé, ajustez le couvercle et faites cuire 10 minutes. Retirez-le et laissez-le refroidir, puis pelez-le et taillez la chair en très petits dés. Pelez et émincez finement les gousses d'ail.

Découpez quatre grands carrés de papier sulfurisé et beurrez largement la moitié de la surface, sans aller jusqu'aux bords. Rangez six anchois sur la partie beurrée, puis répartissez le poivron et l'ail sur les poissons, salez et saupoudrez d'une pincée de piment. Formez des papillotes en repliant les feuilles sur les anchois et fermez-les hermétiquement, sans serrer, en repliant les bords.

Rangez les papillotes côte à côte dans le panier perforé. Faites cuire de 6 à 8 minutes, puis servez chaud, dans les papillotes.

Ballotins de lieu aux épinards

Préparation : 20 min
Marinade : 1 h
Cuisson : environ 10 min

Pour 4 personnes

500 g de filet de lieu, sans peau et sans arêtes

4 cuil. à soupe de sauce yakitori (dans les épiceries asiatiques)

12 grandes feuilles d'épinard

sel

Lavez et épongez les filets de poisson, puis coupez-les en douze morceaux de taille égale, mettez-les dans un plat creux avec la sauce yakitori et retournez-les plusieurs fois pour bien les imprégner. Couvrez et laissez mariner 1 heure au réfrigérateur.

Rincez les feuilles d'épinard. Posez-les dans le panier perforé, ajustez le couvercle et faites cuire 2 ou 3 minutes, juste le temps de les assouplir. Égouttez-les sur du papier absorbant et laissez-les tiédir légèrement.

Étalez les feuilles d'épinard et retirez les grosses côtes. Posez un morceau de lieu sur chacune, rabattez deux côtés opposés de la feuille sur le poisson, puis roulez pour former un petit paquet. Liez avec de la ficelle de cuisine.

Versez 1 litre d'eau dans le panier du cuit-vapeur et amenez à ébullition. Rangez les ballotins côte à côte dans le panier perforé, remettez le couvercle et faites cuire de 6 à 8 minutes. Servez chaud, avec du riz blanc ou des petites nouilles chinoises.

Bar à la cantonaise

Préparation : 20 min
Marinade : 1 h
Cuisson : 15 à 20 min

Pour 4 personnes

1 bar de 1,2 à 1,5 kg (ou 2 bars plus petits)

3 champignons chinois parfumés

Faites tremper les champignons 20 minutes dans de l'eau tiède. Égouttez-les et pressez-les bien, puis retirez les pieds et émincez finement les chapeaux. Mélangez tous les ingrédients de la marinade dans un bol.

Rincez et épongez soigneusement le bar. Pratiquez trois ou quatre incisions en diagonale

1 cuil. à soupe de gingembre finement émincé

50 g de jambon coupé en lanières

2 brins de ciboule coupés en fines lanières

50 g de pousses de bambou finement émincées

2 cuil. à café de Maïzena

POUR LA MARINADE :

2 brins de ciboule hachés

1 gousse d'ail écrasée

3 cuil. à soupe de sauce soja claire

2 cuil. à soupe de vin de riz ou de xérès sec

3 cuil. à soupe de bouillon de volaille

sur les flancs du poisson et glissez-y le gingembre, les champignons et le jambon. Posez-le dans un plat de taille adaptée au cuit-vapeur et arrosez-le de marinade. Laissez-le macérer 1 heure au réfrigérateur, en le retournant une fois.

Versez 1 litre d'eau dans la marmite du cuit-vapeur et amenez à ébullition. Mettez le plat dans le panier perforé. Parsemez des lanières de ciboule et des pousses de bambou, ajustez le couvercle et faites cuire de 15 à 20 minutes, selon la taille des poissons.

Dans une petite casserole, délayez la Maïzena avec 1 cuillerée d'eau dans une petite casserole. Sortez le plat du cuit-vapeur et versez le jus de cuisson dans la casserole. Faites bouillir 1 ou 2 minutes, en remuant, pour obtenir une sauce onctueuse. Nappez-en le poisson après avoir retiré la peau et levé les filets.

Bar à l'anis

Préparation : 20 min

Marinade : 1 h

Cuisson : 6 à 8 min

Pour 4 personnes

4 filets de bar de 150 à 200 g pièce

1 cuil. à soupe d'anis en grains

1 cuil. à café d'anis moulu

½ cuil. à café de poivre blanc

le jus d'un demi-citron

Rincez les filets de bar et vérifiez qu'il ne reste pas d'arêtes, puis essuyez-les avec du papier absorbant et mettez-les dans un plat creux.

Mélangez l'anis en grains et l'anis moulu, du sel, le poivre, le jus de citron et l'huile d'olive. Versez sur le poisson, retournez plusieurs fois les filets pour les imprégner de marinade, puis couvrez et laissez mariner 1 heure au frais.

Parez les bulbes de fenouil en supprimant les feuilles dures extérieures et coupez-les en fines lamelles.

1 cuil. à soupe d'huile d'olive

2 petits bulbes de fenouil

1 petit citron

sel

Pelez le citron à vif (retirez toute la peau blanche avec le zeste) et taillez-le en rondelles.

Versez 1 litre d'eau dans la marmite du cuit-vapeur et amenez à ébullition. Recouvrez le fond du panier perforé des lamelles de fenouil, répartissez les rondelles de citron et posez les filets de bar par-dessus. Salez et poivrez, ajustez le couvercle et faites cuire de 6 à 8 minutes, selon l'épaisseur des morceaux.

Sortez délicatement les filets de bar du cuit-vapeur, égouttez-les rapidement sur du papier absorbant et posez-les sur un plat chaud. Disposez les lamelles de fenouil autour et servez aussitôt, en arrosant avec le reste de la marinade.

Bar à la vapeur de citronnelle

Préparation : 15 min

Cuisson : 6 à 8 min

Pour 4 personnes

4 pavés de bar avec la peau, de 180 à 200 g pièce

1 carotte

1 petite tige de céleri

1 blanc de poireau

2 tiges de citronnelle

sel et poivre du moulin

POUR SERVIR :

4 cuil. à soupe d'huile d'olive

2 cuil. à soupe de jus de citron vert

Épluchez et lavez les légumes, puis coupez-les en très fins bâtonnets de 6 à 7 cm de long. Retirez l'extrémité et la feuille extérieure des tiges de citronnelle ; fendez-les en deux dans la longueur. Rincez et épongez les pavés de bar.

Versez 1 litre d'eau dans la marmite du cuit-vapeur et amenez à ébullition. Recouvrez le fond du panier perforé des bâtonnets de légume, ajoutez les demi-tiges de citronnelle et posez les filets de bar par-dessus, peau vers le bas. Salez, poivrez, ajustez le couvercle et faites cuire de 6 à 8 minutes selon l'épaisseur des morceaux.

Sortez délicatement le poisson du cuit-vapeur et égouttez-le sur du papier absorbant. Retirez les tiges de citronnelle, étalez les légumes

1 pincée de gingembre en poudre

sel et poivre blanc

sur un plat chaud et disposez les pavés de bar dessus. Fouettez vivement l'huile d'olive et le jus de citron vert pour les émulsionner. Ajoutez le gingembre, salez et poivrez, puis arrosez le bar de cette sauce avant de servir.

Bar-portion au naturel

Préparation : 10 min

Cuisson : 15 à 20 min

Pour 4 personnes

4 bars de 300 g pièce

60 g de beurre

½ citron

sel et poivre du moulin

Videz les bars, écaillez-les, et lavez-les, puis épongez-les avec soin. Salez et poivrez l'intérieur ainsi que l'extérieur. Pressez le demi-citron. Faites fondre le beurre à feu très doux dans une petite casserole.

Découpez quatre grands carrés de papier sulfurisé et badigeonnez-les de beurre au centre, puis posez un bar sur chacun. Arrosez les poissons avec le reste du beurre fondu et un peu de jus de citron, enveloppez-les et fermez les papillotes, sans serrer, en repliant plusieurs fois les bords de chaque feuille.

Versez 1,5 litre d'eau dans la marmite du cuit-vapeur et amenez à ébullition. Placez les papillotes côte à côte dans le panier perforé, ajustez le couvercle et faites cuire de 15 à 20 minutes. Servez chaud, dans les papillotes.

Boulettes de poisson à la marocaine

Préparation : 30 min

Cuisson : 10 min

Pour 4 personnes

500 g de filets d'un poisson blanc sans peau

2 oignons nouveaux

1 pincée de pistils de safran

1 œuf

1 cuil. à soupe de feuilles de persil plat ciselées

1 cuil. à soupe de coriandre ciselée

50 g de chapelure fraîche

un peu d'huile

150 g de coulis de tomates (voir p. 424)

sel et poivre du moulin

Pelez et hachez les oignons. Faites tremper le safran 5 minutes dans 1 cuillerée à soupe d'eau chaude.

Coupez les filets de poisson en morceaux et mettez-les dans le bol d'un robot avec l'œuf, les oignons, le persil, la coriandre et la chapelure. Ajoutez le safran et son eau de trempage, une toute petite cuillerée à café de sel et donnez quelques tours de moulin à poivre. Broyez l'ensemble, en raclant de temps à autre la paroi du bol avec une spatule. Mouillez vos mains et fractionnez la pâte obtenue en boules de la taille d'une noix.

Versez 1 litre d'eau dans la marmite du cuit-vapeur et amenez à ébullition. Découpez une feuille de papier sulfurisé un peu plus petite que le panier perforé, huilez-la, placez-la dans le fond et percez-la en plusieurs endroits. Posez les boulettes de poisson les unes à côté des autres dans le panier, puis ajustez le couvercle et faites cuire 10 minutes. Servez très chaud, nappé de coulis de tomates.

Cabillaud au beurre vert

Préparation : 15 min

Cuisson : 8 min

Pour 4 personnes

4 pavés de cabillaud, sans peau, de 180 à 200 g pièce

Pressez le citron. Malaxez le beurre avec les herbes ciselées et la moutarde jusqu'à ce que l'ensemble soit parfaitement homogène, puis salez, poivrez et incorporez peu à peu le jus de citron.

80 g de beurre ramolli

4 cuil. à soupe d'un mélange d'herbes finement ciselées (ciboulette, cerfeuil et coriandre)

1 cuil. à soupe de moutarde verte

1 citron vert

sel et poivre blanc

Versez 1,5 litre d'eau dans la marmite du cuit-vapeur et amenez à ébullition. Rincez et épongez les pavés de cabillaud. Placez-les côte à côte dans le panier perforé. Saupoudrez d'un peu de sel, ajustez le couvercle et faites cuire environ 8 minutes (un peu plus longtemps si les morceaux sont très épais).

Sortez délicatement les pavés de cabillaud du cuit-vapeur et égouttez-les quelques instants sur du papier absorbant. Placez-les sur des assiettes chaudes, puis déposez 1 cuillerée de beurre vert sur chacun et servez.

Cabillaud au citron vert

Préparation : 20 min

Cuisson : 6 à 12 min

Pour 4 personnes

de 600 à 800 g de filet de cabillaud

3 citrons verts

10 cl d'huile d'olive

ciboulette ciselée (pour le décor)

sel et poivre du moulin

Brossez les citrons sous un filet d'eau froide et essuyez-les. Prélevez finement le zeste de l'un d'eux en le frottant sur une râpe fine placée au-dessus d'un bol. Pressez ce citron et l'un des deux autres pour récupérer leur jus. Pelez le troisième citron à vif en retirant toute la peau blanche avec l'écorce et coupez-le en fines rondelles.

Versez 1 litre d'eau dans la marmite du cuit-vapeur et amenez à ébullition. Rincez et épongez le filet de cabillaud. Étalez les rondelles de citron dans le fond du papier perforé et posez le cabillaud dessus. Salez et poivrez, puis parsemez le zeste en surface, ajustez le couvercle et faites cuire de 6 à 12 minutes, selon l'épaisseur du poisson.

•••

Chauffez légèrement l'huile d'olive et le jus de citron dans une petite casserole, salez et poivrez. Juste avant de retirer du feu, fouettez vivement pour émulsionner le mélange.

Sortez délicatement le cabillaud du cuit-vapeur, égouttez-le sur du papier absorbant et déposez-le sur un plat chaud. Arrosez d'huile d'olive citronnée, parsemez de ciboulette et servez aussitôt.

Cabillaud aux petits légumes et à l'estragon

Préparation : 20 min

Cuisson : 10 à 14 min

Pour 4 personnes

4 pavés de cabillaud sans peau, de 180 à 200 g pièce

2 carottes

1 petit navet

2 blancs de poireau

100 g de céleri-rave

beurre ramolli

4 cuil. à soupe de crème fraîche

4 feuilles d'estragon ciselé

sel et poivre du moulin

Épluchez et lavez les légumes, puis séchez-les soigneusement avec du papier absorbant et taillez-les en petits dés. Rincez et épongez les pavés de cabillaud.

Versez 1 litre d'eau dans la marmite du cuit-vapeur et amenez à ébullition. Étalez les petits légumes dans le panier perforé. Saupoudrez-les d'un peu de sel, ajustez le couvercle et faites cuire 2 minutes. Sortez-les et égouttez-les.

Découpez quatre carrés de papier sulfurisé et beurrez-les largement au centre. Posez un pavé de cabillaud sur chacun, salez et poivrez, puis ajoutez les petits légumes et 1 cuillerée de crème. Formez des papillotes et fermez-les, sans serrer, en repliant plusieurs fois les bords.

Placez-les côte à côte dans le panier perforé, remettez le couvercle et faites cuire de 8 à 12 minutes, en fonction de l'épaisseur des pavés. Servez chaud, en laissant chacun ouvrir sa papillote.

Cabillaud aux poireaux

Préparation : 20 min
Cuisson : 12 à 14 min
Pour 4 personnes

4 pavés de cabillaud sans peau, de 180 à 200 g pièce
3 ou 4 blancs de poireau
4 échalotes
20 g de beurre
2 cuil. à soupe de concentré de tomates
15 cl de vin blanc sec
15 cl de bouillon de volaille
sel et poivre du moulin

Fendez les blancs de poireau en quatre dans la longueur et lavez-les avec soin à l'eau courante en écartant bien les feuilles. Rincez et épongez les pavés de cabillaud.

Épluchez et émincez les échalotes. Faites-les fondre à feu doux avec le beurre dans une casserole jusqu'à ce qu'elles commencent à dorer. Ajoutez le concentré de tomates, le vin blanc et le bouillon, et faites réduire de moitié à feu vif. Salez, poivrez et gardez au chaud.

Versez 1 litre d'eau dans la marmite du cuit-vapeur et amenez à ébullition. Posez les poireaux dans le panier perforé. Saupoudrez-les d'un peu de sel, ajustez le couvercle et faites cuire 4 minutes. Placez le poisson sur les poireaux, puis remettez le couvercle et poursuivez la cuisson de 8 à 10 minutes, en fonction de l'épaisseur des pavés.

Sortez les pavés de cabillaud du cuit-vapeur et égouttez-les rapidement sur du papier absorbant. Faites de même pour les poireaux. Disposez poisson et légumes sur un plat, et arrosez de sauce bien chaude avant de servir.

Cabillaud en crème de cocos

Préparation : 10 min
Cuisson : environ 10 min
Pour 4 personnes

4 pavés de cabillaud sans peau, de 180 à 200 g pièce

Versez les haricots dans une passoire, rincez-les à l'eau courante et laissez-les égoutter. Mettez-les dans le bol d'un robot et mixez-les avec juste assez de bouillon pour obtenir une purée lisse et fluide. Chauffez-la à feu très doux.

•••

200 g de haricots blancs au naturel (en conserve)

20 cl de bouillon de volaille

2 petites échalotes

1 cuil. à soupe de vinaigre balsamique

1 cuil. à soupe de sauce yakitori

2 cuil. à soupe d'huile d'olive

1 cuil. à soupe d'huile de tournesol

sel et poivre du moulin

Lavez et épongez les pavés de cabillaud. Versez 1,5 litre d'eau dans la marmite du cuit-vapeur et amenez à ébullition. Placez les pavés de cabillaud côte à côte dans le panier perforé, salez et poivrez. Ajustez le couvercle et faites cuire environ 8 minutes (prolongez un peu si les pavés sont très épais).

Pelez et hachez très finement les échalotes, puis mettez-les dans un bol avec le vinaigre, la sauce yakitori et l'huile. Fouettez vivement pour émulsionner le mélange.

Sortez délicatement les pavés de cabillaud du cuit-vapeur et égouttez-les quelques instants sur du papier absorbant. Nappez quatre assiettes chaudes de crème de cocos, posez un pavé de cabillaud sur chacune, arrosez d'un peu de sauce et servez aussitôt.

Carpe à la vietnamienne

Préparation : 20 min

Trempage : 30 min

Cuisson : 10 à 20 min

Pour 4 personnes

800 g de filets de carpe (ou d'un autre poisson blanc), ou 1 carpe de 1,2 kg, vidée et ébarbée

8 champignons chinois séchés

1 petite carotte

1 noix de gingembre frais

1 gousse d'ail

80 g de vermicelles de riz

4 oignons nouveaux

Faites tremper les champignons 30 minutes dans l'eau bouillante. Égouttez-les et pressez-les fortement. Supprimez les pieds et émincez les têtes en fines lamelles. Faites tremper les vermicelles 15 minutes dans de l'eau chaude, égouttez-les et coupez-les en morceaux.

Épluchez la carotte et le gingembre, puis taillez-les en fins bâtonnets. Pelez et hachez finement la gousse d'ail. Hachez finement les oignons nouveaux. Mélangez tous ces ingrédients dans un bol avec la viande hachée, la sauce soja et le nuoc-mâm.

Versez 1 litre d'eau dans la marmite du cuit-vapeur et amenez à ébullition. Rincez et

50 g de viande de porc hachée

2 cuil. à soupe de sauce soja

2 cuil. à soupe de nuoc-mâm

6 cuil. à soupe de lait de coco

2 cuil. à soupe de coriandre ciselée

sel et poivre du moulin

épongez le poisson. Étalez un papier sulfurisé dans le fond du panier perforé et percez-le plusieurs fois. Posez le poisson dessus, salez et poivrez légèrement, puis ajoutez le contenu du bol.

Ajustez le couvercle et faites cuire de 10 à 20 minutes, selon qu'il s'agit d'un poisson entier ou de filets, et selon l'épaisseur de ces derniers. Servez sur un plat chaud. Au dernier moment, arrosez de lait de coco et parsemez de coriandre ciselée.

Carrelet aux oignons nouveaux

Préparation : 15 min

Cuisson : 12 à 15 min

Pour 4 personnes

2 carrelets de 500 g pièce (préparés par le poissonnier)

6 gousses d'ail

1 petit piment rouge (facultatif)

8 oignons nouveaux

3 cuil. à soupe de jus de citron vert

2 cuil. à soupe de sauce soja

poivre blanc moulu

Épluchez les gousses d'ail, coupez-les en deux et retirez le germe. Fendez le piment en deux dans la longueur, puis retirez les graines et hachez-le finement. Pelez les oignons nouveaux et ne coupez que l'extrémité de la tige.

Versez 1,5 litre d'eau dans la marmite du cuit-vapeur et amenez à ébullition. Rincez les carrelets et épongez-les, puis posez-les dans un plat de taille adaptée au cuit-vapeur. Répartissez l'ail, les oignons et le piment en surface, puis arrosez de jus de citron et de sauce soja. Poivrez un peu. Placez le plat dans le panier perforé, ajustez le couvercle et faites cuire de 12 à 15 minutes selon leur épaisseur.

Sortez délicatement les poissons du cuit-vapeur. Retirez la peau brune et levez les filets. Arrosez du jus de cuisson, poivrez un peu et servez.

Choucroute de la mer

Préparation : 20 min

Cuisson : environ 1 h 15

Pour 4 personnes

800 g de filets de poissons blancs à chair ferme (cabillaud, lotte, lieu)

1 kg de choucroute crue

400 g de petites pommes de terre à chair ferme

10 graines de genièvre

1 cuil. à soupe de graines de cumin

20 cl de crème fraîche

Rincez abondamment la choucroute dans plusieurs eaux successives. Mettez-la ensuite dans une passoire et lavez-la à l'eau courante jusqu'à ce que celle-ci s'écoule claire, puis pressez-la bien entre les mains. Épluchez et lavez les pommes de terre.

Versez 2 litres d'eau dans la marmite du cuit-vapeur et amenez à ébullition. Éparpillez uniformément la choucroute dans le panier perforé et répartissez-y les graines de genièvre et la moitié du cumin. Salez et poivrez. Ajustez le couvercle et faites cuire environ 50 minutes. Glissez les pommes de terre dans le chou et poursuivez la cuisson une dizaine de minutes.

Rincez les filets de poisson et coupez-les en morceaux d'environ 100 g. Essuyez-les avec du papier absorbant, salez-les et posez-les sur la choucroute ou dans un second panier perforé placé au-dessus. Remettez le couvercle et faites cuire de 10 à 12 minutes.

Versez la crème dans une petite casserole avec le reste du cumin. Salez, poivrez et laissez épaissir légèrement quelques minutes à feu très doux. Disposez la choucroute et le poisson sur un plat chaud, et servez la crème chaude séparément.

Colin aux baies roses et à l'aneth

Préparation : 20 min
Cuisson : 8 à 10 min

Pour 4 personnes

4 tranches de colin de 200 g pièce

2 cuil. à soupe de baies de poivre rose

4 cuil. à soupe d'huile d'olive

2 cuil. à soupe d'huile de tournesol

2 cuil. à soupe de jus de citron

1 cuil. à café de gingembre frais râpé

1 cuil. à soupe d'aneth ciselé

sel et poivre du moulin

Broyez la moitié des baies roses au pilon ou au mixer. Mettez-les dans un bol avec les deux huiles, le gingembre et le jus de citron. Salez et poivrez, puis mélangez en fouettant.

Rincez et épongez les tranches de colin. Découpez quatre carrés de papier sulfurisé et badigeonnez-en le centre de marinade. Posez une tranche de colin sur feuille, arrosez le poisson avec le reste de marinade et formez des papillotes. Fermez-les, sans serrer, en repliant plusieurs fois les bords.

Versez 1 litre d'eau dans la marmite du cuit-vapeur et amenez à ébullition. Placez les papillotes côte à côte dans le panier perforé, ajustez le couvercle et faites cuire de 8 à 10 minutes selon l'épaisseur des tranches de colin. Entrouvrez les papillotes et parsemez l'aneth avant de servir.

Colin aux herbes

Préparation : 20 min
Cuisson : 6 à 8 min

Pour 4 personnes

800 g de filets de colin

1 litre de court-bouillon (fait à partir de bouillon déshydraté)

3 tiges de persil plat

sel

Rincez et épongez les filets de colin. Versez le court-bouillon dans la marmite du cuit-vapeur et amenez à ébullition. Posez le persil dans le fond du panier perforé, puis mettez dessus les filets de colin les uns à côté des autres et saupoudrez-les d'un peu de sel. Ajustez le couvercle et faites cuire 6 à 8 minutes selon l'épaisseur des morceaux.

•••

POUR LA SAUCE :

1 oignon nouveau

1,5 cuil. à soupe de persil plat finement ciselé

2 cuil. à café de thym frais

le zeste d'un demi-citron finement râpé

5 cl de jus de citron frais

4 cuil. à soupe d'huile d'olive

poivre du moulin

Pendant ce temps préparez la sauce : pelez l'oignon, hachez-le finement avec sa tige et mélangez-le à tous les autres ingrédients.

Égouttez quelques instants les filets de colin sur du papier absorbant et disposez-les sur un plat. Délayez la sauce avec 1 cuillerée à soupe du court-bouillon de cuisson. Arrosez le poisson de ce mélange et donnez quelques tours de moulin à poivre. Laissez refroidir complètement avant de servir.

Colin sauce gribiche

Préparation : 20 min

Cuisson : 25 à 30 min

Pour 4 personnes

800 g de colin

sel et poivre du moulin

POUR LA SAUCE GRIBICHE :

1 œuf

25 cl d'huile de tournesol

2 cuil. à soupe de vinaigre

1 cuil. à soupe de cornichons hachés

3 cuil. à soupe d'herbes mélangées (ciboulette, estragon, cerfeuil)

Versez 1,5 litre d'eau dans la marmite du cuit-vapeur et amenez à ébullition. Mettez l'œuf dans le panier perforé, ajustez le couvercle et faites-le cuire de 8 à 10 minutes pour qu'il soit à peine dur. Refroidissez-le et écalez-le, puis coupez-le en deux. Récupérez le jaune et mettez-le dans un bol ; coupez le blanc en très petits dés.

Rincez bien le morceau de colin. Placez-le à son tour dans le panier perforé et saupoudrez-le de sel et de poivre. Remettez le couvercle et faites cuire de 15 à 20 minutes selon l'épaisseur du morceau, ou jusqu'à ce que la chair se détache facilement de l'arête centrale.

Préparez la sauce pendant la cuisson du poisson. Écrasez le jaune d'œuf en pâte très fine, puis versez l'huile en filet, sans cesser de fouetter, comme pour monter une mayonnaise. Ajoutez le vinaigre, les cornichons, les herbes ciselées et le blanc d'œuf. Salez, poivrez et mélangez bien.

Égouttez le colin quelques instants sur du papier absorbant. Enlevez la peau ainsi que les arêtes, disposez les filets sur un plat et laissez refroidir. Servez, avec la sauce à part.

Couscous aux petits maquereaux

Préparation : 30 min
Cuisson : 10 à 15 min

Pour 4 personnes

8 petits maquereaux de 150 à 200 g pièce (lisettes)

1 oignon

4 petites carottes

2 petites courgettes

1 petit navet

1 morceau de branche de céleri

200 g de couscous précuit

75 cl de bouillon de volaille

2 cuil. à soupe de concentré de tomates

1 petit bouquet garni

sel et poivre du moulin

POUR LA SAUCE :

1 cuil. à café de harissa

le jus d'un demi-citron

5 cl d'huile d'olive

1 cuil. à soupe de coriandre ciselée

sel

Étêtez et videz les maquereaux si le poissonnier ne l'a pas fait. Rincez-les et épongez-les soigneusement. Mélangez les ingrédients de la sauce dans un bol, en fouettant vivement à la fourchette.

Pelez l'oignon et coupez-le en deux. Épluchez et lavez les autres légumes, puis coupez-les en grosses rondelles ou en tronçons. Faites gonfler la semoule en suivant les instructions portées sur l'emballage. Égrenez-la à la fourchette.

Versez le bouillon dans la marmite du cuit-vapeur et ajoutez le concentré de tomates, l'oignon et le bouquet garni. Amenez à ébullition, puis ajoutez les légumes, attendez la reprise de l'ébullition et laissez cuire 4 minutes.

Étalez la semoule dans un panier du cuit-vapeur et mettez les maquereaux les uns à côté des autres dans un second. Posez les deux paniers sur la marmite, celui contenant les poissons sous l'autre. Ajustez le couvercle et faites cuire de 6 à 12 minutes, selon la taille des maquereaux.

•••

Versez la semoule dans un grand plat creux et creusez un puits au centre pour y mettre les légumes. Disposez les maquereaux autour, arrosez la graine d'un peu de bouillon et servez, avec la sauce.

Daurade à la tomate et au romarin

Préparation : 20 min

Cuisson : 20 à 25 min

Pour 4 personnes

1 daurade de 1,2 kg (ou 2 de 600 à 700 g pièce)

3 tomates

1 oignon

4 cuil. à soupe d'huile d'olive

1 cuil. à soupe de concentré de tomates

2 petites branches de romarin

sel et poivre du moulin

Demandez au poissonnier d'écailler et de vider la daurade en lui laissant la tête. Rincez-la bien à l'extérieur comme à l'intérieur, puis épongez-la. Coupez les tomates en rondelles épaisses. Épluchez et émincez l'oignon. Huilez largement un plat creux de taille adaptée au cuit-vapeur. Étalez les lamelles d'oignon et les rondelles de tomate dans le fond. Salez et poivrez.

Délayez le concentré de tomates avec le reste de l'huile d'olive et enduisez toute la surface de la daurade de ce mélange à l'aide d'un pinceau. Salez et poivrez le poisson, puis glissez une branche de romarin dans la cavité. Posez-le dans le plat, sur les tomates, arrosez éventuellement avec le reste de la marinade, puis éparpillez les feuilles de la seconde tige de romarin.

Versez 1,5 litre d'eau dans le panier du cuit-vapeur et amenez à ébullition. Placez le plat dans le panier perforé et couvrez-le de papier cuisson, puis ajustez le couvercle et faites cuire de 20 à 25 minutes. Servez aussitôt, dans le plat de cuisson.

Daurade au fenouil

Préparation : 15 min

Cuisson : 15 min

Pour 4 personnes

2 daurades de 600 à 700 g pièce (ou 4 de 300 à 350 g)

quelques branches de fenouil (fraîches ou sèches)

1 cuil. à café de graines de fenouil

1 petit oignon

6 cuil. à soupe d'huile d'olive

1 cuil. à café de pastis

sel et poivre du moulin

Demandez au poissonnier d'écailler et de vider les poissons en leur laissant la tête. Rincez-les et séchez-les avec du papier absorbant. Salez et poivrez l'intérieur des daurades, puis glissez une petite branche de fenouil et la moitié des graines dans chacune d'elles.

Épluchez l'oignon et coupez-le en fines rondelles. Fouettez vivement l'huile d'olive avec le pastis, un peu de sel et de poivre.

Versez 1,5 litre d'eau dans la marmite du cuit-vapeur et amenez à ébullition. Recouvrez le fond du panier perforé de branches de fenouil, puis étalez les rondelles d'oignon. Enduisez les daurades d'huile d'olive anisée. Posez-les sur les oignons, ajustez le couvercle et faites cuire 15 minutes.

Égouttez les daurades sur du papier absorbant. Retirez la peau, levez les filets et mettez-les sur un plat chaud. Arrosez du reste d'huile d'olive à l'anis et servez.

Daurade au gingembre et à la citronnelle

Préparation : 20 min

Marinade : 1 h

Cuisson : 15 min

Pour 4 personnes

4 petites daurades de 300 g pièce, vidées et écaillées

1 tige de citronnelle

Rincez les daurades et épongez-les. Coupez l'extrémité verte de la tige de citronnelle, retirez les feuilles extérieures et hachez-la.

Mélangez dans un plat creux la sauce soja, l'huile, la citronnelle et le gingembre, râpé et en poudre.

●●●

5 cuil. à soupe de sauce soja

3 cuil. à soupe d'huile de tournesol

1 cuil. à soupe de gingembre frais râpé

2 grosses pincées de poudre de gingembre

4 grandes feuilles de cœur de laitue

huile de sésame

Posez les daurades dans le plat et retournez-les plusieurs fois pour les enrober de marinade. Couvrez et laissez mariner 1 heure au frais.

Découpez quatre grands carrés de papier sulfurisé et badigeonnez largement le centre de marinade à l'aide d'un pinceau. Posez une feuille de laitue et une daurade sur chaque feuille. Arrosez du reste de la marinade, enveloppez les poissons et fermez les papillotes, sans serrer, en repliant plusieurs fois les bords.

Versez 1,5 litre d'eau dans la marmite du cuit-vapeur et amenez à ébullition. Placez les papillotes côte à côte dans le panier perforé, ajustez le couvercle et faites cuire environ 15 minutes. Sortez les papillotes, entrouvrez-les et arrosez les poissons de quelques gouttes d'huile de sésame, puis servez.

Daurade farcie à la chermoula

Préparation : 20 min

Marinade : 1 h

Cuisson : 15 à 20 min

Pour 4 personnes

2 daurades de 600 à 700 g pièce (ou 4 de 300 à 350 g)

2 tomates

2 cuil. à soupe d'huile d'olive (pour le plat)

POUR LA CHERMOULA :

2 belles gousses d'ail

½ cuil. à café de gros sel

2 cuil. à soupe de persil plat ciselé

Demandez au poissonnier d'écailler et de vider les poissons en leur laissant la tête. Rincez-les et épongez-les avec du papier absorbant. Coupez les tomates en rondelles.

Préparez la chermoula : épluchez et écrasez les gousses d'ail ; mixez-les avec le sel et les herbes, en incorporant petit à petit l'huile, le jus de citron et un peu d'eau jusqu'à obtention d'une purée épaisse mais fluide ; ajoutez les épices et mélangez.

Posez les daurades dans un plat creux. Répartissez les deux tiers de la chermoula à l'intérieur des poissons, puis badigeonnez-les avec le reste. Couvrez et laissez mariner 1 heure.

2 cuil. à soupe de coriandre ciselée

4 cuil. à soupe d'huile d'olive

le jus de 2 citrons

1 cuil. à café de paprika

1 cuil. à café de cumin moulu

2 ou 3 grosses pincées de piment fort (facultatif)

Versez 1 litre d'eau dans la marmite du cuit-vapeur et amenez à ébullition. Découpez deux grands carrés de papier sulfurisé. Huilez largement la surface sans aller jusqu'aux bords, posez une daurade sur chacun et recouvrez-la de rondelles de tomate. Formez des papillotes et fermez-les hermétiquement, sans serrer, en repliant plusieurs fois les bords.

Posez les papillotes côte à côte dans le panier perforé, ajustez le couvercle et faites cuire de 15 à 20 minutes selon la taille des poissons. Servez chaud, dans les papillotes.

Daurade farcie aux petits lardons

Préparation : 30 min

Cuisson : environ 20 min

Pour 4 personnes

2 daurades de 600 à 700 g pièce

150 g de poitrine demi-sel

1 oignon

1 gousse d'ail

50 g de céleri-branche

4 cuil. à soupe d'huile d'olive

60 g de mie de pain

1 cuil. à soupe de ciboulette ciselée

3 feuilles de menthe ciselées

1 blanc d'œuf

Demandez au poissonnier d'écailler les poissons, de les vider et de retirer l'arête centrale en laissant les daurades entières.

Retirez la couenne et les cartilages de la poitrine, puis taillez-la en fins lardons. Épluchez et hachez finement l'oignon et l'ail. Émincez très finement le céleri. Faites fondre les lardons avec l'oignon, l'ail et le céleri à feu très doux dans l'huile d'olive.

Quand ils sont très tendres, transférez le tout dans un bol. Ajoutez la mie de pain et les herbes, salez et poivrez, puis travaillez l'ensemble avec une spatule en bois. Ajoutez le blanc d'œuf et mélangez à nouveau. Remplissez les daurades de cette farce et fermez l'ouverture avec des piques en bois.

•••

50 g de beurre

sel et poivre du moulin

Versez 1,5 litre d'eau dans la marmite du cuit-vapeur et amenez à ébullition. Huilez légèrement le fond du panier perforé, posez les daurades côte à côte et saupoudrez-les de sel. Ajustez le couvercle et faites cuire de 12 à 15 minutes.

En fin de cuisson, faites fondre le beurre à feu doux dans une petite casserole. Sortez délicatement les daurades du cuit-vapeur, égouttez-les quelques instants sur du papier absorbant et mettez-les sur un plat chaud. Arrosez-les de beurre fondu et servez.

Effeuillée de cabillaud en vinaigrette acidulée

Préparation : 20 min

Cuisson : 6 à 8 min

Pour 4 personnes

500 g de filet de cabillaud, sans peau et sans arêtes

100 g de mâche

3 cuil. à soupe d'huile d'olive

1 cuil. à soupe de coriandre ciselée

sel et poivre du moulin

POUR LA VINAIGRETTE :

3 cuil. à soupe d'huile d'olive

1 cuil. à soupe de sauce soja

3 cuil. à soupe de jus d'orange

Triez et lavez la mâche, puis essorez-la et séchez-la. Rincez le filet de cabillaud sous l'eau froide.

Versez 1 litre d'eau dans la marmite du cuit-vapeur et amenez à ébullition. Huilez un peu le fond du panier perforé, posez-y le cabillaud et saupoudrez-le de sel. Ajustez le couvercle et faites cuire de 6 à 8 minutes, selon l'épaisseur des morceaux.

Égouttez le poisson sur du papier absorbant et laissez tiédir, puis effeuillez la chair en détachant les lamelles les unes des autres.

Réunissez les ingrédients de la vinaigrette dans un bol, salez et mixez quelques instants pour émulsionner l'ensemble.

Répartissez les feuilles de mâche sur le tour des assiettes de service et disposez le cabillaud

3 cuil. à soupe de jus de pamplemousse

1 cuil. à soupe de jus de citron vert

1 pincée de piment de Cayenne

½ cuil. à café de coriandre moulue

effeuillé au centre. Nappez de vinaigrette et parsemez de coriandre au dernier moment.

Escalopes de saumon en crème tomatée

Préparation : 20 min

Cuisson : 8 à 10 min

Pour 4 personnes

de 600 à 800 g de filet de saumon, sans peau

2 tomates

1,5 cuil. à café de ketchup

le jus d'un demi-citron

4 cuil. à soupe de crème fraîche

2 cuil. à soupe d'un mélange de fines herbes ciselées (cerfeuil, ciboulette)

sel et poivre du moulin

Versez 1 litre d'eau dans le panier du cuit-vapeur et amenez à ébullition. Incisez la base des tomates en croix, posez-les dans le panier perforé et ajustez le couvercle. Faites cuire 2 minutes, puis sortez-les et laissez-les tiédir. Pelez-les, coupez-les en deux, retirez les graines et taillez la pulpe en petits dés. Délayez le ketchup avec le jus de citron, puis ajoutez la crème, les dés de tomate et les herbes ciselées. Salez, poivrez et remuez bien.

Rincez et épongez le filet de saumon, puis détaillez-le en quatre escalopes identiques. Posez les escalopes de saumon côte à côte dans le panier perforé, salez et poivrez. Remettez le couvercle et faites cuire de 6 à 8 minutes, selon l'épaisseur des morceaux.

Sortez délicatement les tranches de saumon du cuit-vapeur, égouttez-les quelques instants et posez-les sur un plat chaud. Nappez-les de sauce au dernier moment.

Espadon à l'antillaise

Préparation : 20 min
Marinade : 2 h
Cuisson : environ 20 min

Pour 4 personnes

4 tranches d'espadon sans peau, de 200 g pièce
3 oignons nouveaux
2 gousses d'ail
1 gros oignon
le jus de 3 citrons verts
2 clous de girofle
2 tomates
2 cuil. à soupe d'huile
1 bouquet garni (persil, thym, laurier)
½ cuil. à café de piment
2 cuil. à soupe de concentré de tomates
sel et poivre du moulin

Rincez soigneusement les tranches d'espadon à l'eau fraîche, puis épongez-les. Pelez et hachez finement les oignons nouveaux et l'ail. Hachez séparément le gros oignon.

Dans un plat creux, mélangez les oignons nouveaux et l'ail avec le jus des citrons et les clous de girofle. Posez les tranches de poisson dans le plat, retournez-les plusieurs fois pour bien les imprégner de marinade et laissez macérer 2 heures au réfrigérateur.

Versez 1,5 litre d'eau dans la marmite du cuit-vapeur et amenez à ébullition. Incisez la base des tomates en croix, posez-les dans le panier perforé, ajustez le couvercle et faites-les cuire 2 minutes. Pelez-les, coupez-les en deux et retirez les graines, puis taillez la chair en dés.

Faites fondre l'oignon haché à feu très doux dans l'huile d'olive. Quand il est bien tendre, ajoutez le bouquet garni, le piment, les tomates et le concentré de tomates. Salez, poivrez et laissez mijoter quelques minutes à feu doux.

Versez cette sauce au fond d'un plat de taille adaptée au cuit-vapeur et posez les tranches d'espadon par-dessus. Récupérez la marinade et versez-la sur le poisson. Placez le plat dans le panier perforé, couvrez-le de papier sulfurisé, puis remettez le couvercle et faites cuire de 12 à 15 minutes. Servez chaud, dans le plat de cuisson.

Espadon à l'antillaise

Espadon à la provençale

Préparation : 20 min
Cuisson : 12 min
Pour 4 personnes

4 tranches d'espadon sans peau, de 200 g pièce

4 tomates moyennes

2 gousses d'ail

4 cuil. à soupe d'huile d'olive

½ cuil. à café de feuilles de thym

12 feuilles de basilic ciselées

sel et poivre du moulin

Versez 1,5 litre d'eau dans la marmite du cuit-vapeur et amenez à ébullition. Incisez la base des tomates en croix, posez-les dans le panier perforé, ajustez le couvercle et faites cuire 2 minutes. Retirez-les aussitôt et pelez-les, puis coupez-les en deux, retirez les graines et taillez la chair en petits dés. Pelez et hachez les gousses d'ail.

Découpez quatre carrés de papier sulfurisé et huilez largement le centre. Répartissez-y les tomates et les morceaux d'espadon, salez et poivrez. Saupoudrez d'un peu de thym et de basilic, ajoutez l'ail et arrosez avec le reste de l'huile. Formez des papillotes et fermez-les hermétiquement, sans serrer, en repliant plusieurs fois les bords.

Posez les papillotes côte à côte dans le panier perforé, ajustez le couvercle et faites cuire environ 10 minutes. Servez aussitôt, dans les papillotes.

Espadon mariné à la turque

Préparation : 20 min
Trempage : 1 h
Marinade : 2 h
Cuisson : 8 à 10 min
Pour 4 personnes

de 600 à 800 g de filet d'espadon, sans peau

16 très petites feuilles de laurier fraîches

Faites tremper les feuilles de laurier 1 heure dans un bol d'eau bouillante. Égouttez-les et séchez-les.

Rincez l'espadon, épongez-le et coupez-le en cubes réguliers de 3 cm de côté. Enfilez-les sur des brochettes en les alternant avec les feuilles de laurier. Mélangez l'huile d'olive, le jus de citron, le paprika, du sel et du poivre dans un plat creux. Posez les brochettes dans

4 cuil. à soupe d'huile d'olive

le jus d'un citron

1 cuil. à café de paprika

huile (pour le plat)

sel et poivre du moulin

POUR LA SAUCE :

3 gousses d'ail

½ cuil. à café de sel

15 cl de tahin

le jus de 2 citrons

le plat et retournez-les plusieurs fois pour bien imprégner le poisson de marinade. Couvrez et réservez au moins 2 heures au réfrigérateur.

Pelez les gousses d'ail et écrasez-les au pilon avec le sel dans un mortier pour les réduire en pommade, puis ajoutez le tahin et mélangez vivement. Versez petit à petit le jus de citron et éventuellement un peu d'eau, en continuant à remuer, jusqu'à ce que la sauce soit lisse et onctueuse. Gardez au réfrigérateur.

Versez 1,5 litre d'eau dans la marmite du cuit-vapeur et amenez à ébullition. Huilez un plat pouvant aller dans le panier du cuit-vapeur, rangez-y les brochettes, arrosez-les de la marinade et placez le plat dans le panier perforé. Couvrez avec du papier cuisson, puis ajustez le couvercle et faites cuire de 8 à 10 minutes. Servez chaud, accompagné de la sauce.

Filet de lieu à la thaïlandaise

Préparation : 20 min

Cuisson : 20 min

Pour 4 personnes

500 g de filet de lieu, sans peau et sans arêtes

1 grande feuille de chou chinois

1 petit oignon haché

2 gousses d'ail hachées

½ cuil. à café de zeste de citron râpé

½ cuil. à café de curcuma

½ cuil. à café de purée de piments

Rincez le poisson, épongez-le et mettez-le dans un plat creux. Lavez et séchez la feuille de chou, puis posez-la dans le fond d'un plat de taille adaptée au cuit-vapeur.

Mettez l'oignon, l'ail, le zeste de citron, le curcuma, la purée de piments, le nuoc-mâm, un peu de sel et du poivre dans le bol d'un robot. Mixez l'ensemble en purée fine, puis ajoutez la moitié de la crème de noix de coco ainsi que l'œuf, en remuant vivement. Versez la préparation sur le poisson et retournez-le plusieurs fois pour qu'il en soit bien enrobé.

•••

2 cuil. à soupe de nuoc-mâm

15 cl de crème de noix de coco

1 œuf battu

3 cuil. à soupe d'oignons nouveaux hachés

2 cuil. à soupe de coriandre finement ciselée

sel et poivre du moulin

Posez le lieu sur la feuille de chou et nappez-le du reste de marinade et de crème de noix de coco. Parsemez les oignons hachés et la coriandre ciselée.

Versez 1,5 litre d'eau dans la marmite du cuit-vapeur et amenez à ébullition. Placez le plat dans le panier perforé et couvrez-le d'une feuille de papier cuisson. Ajustez le couvercle et faites cuire environ 20 minutes, puis sortez le plat du cuit-vapeur et laissez tiédir.

Filet de saumon à l'aneth

Préparation : 15 min

Cuisson : 8 à 14 min

Pour 4 personnes

600 g de filet de saumon, sans peau

1 gros bouquet d'aneth

1 cuil. à soupe de paprika

1 cuil. à café de sucre en poudre

2 cuil. à soupe d'huile de tournesol

sel et poivre du moulin

POUR LA SAUCE :

15 cl de crème fraîche

1 cuil. à soupe de moutarde semi-forte

1 cuil. à soupe d'aneth ciselé

sel et poivre du moulin

Rincez et épongez le filet de saumon et l'aneth. Mélangez le paprika et le sucre avec l'huile.

Versez 1 litre d'eau dans le panier du cuit-vapeur et amenez à ébullition. Étalez la moitié de l'aneth dans le fond du panier perforé, puis posez le saumon dessus et arrosez-le d'huile au paprika que vous étalerez avec un pinceau. Salez, poivrez et recouvrez avec le reste de l'aneth. Ajustez le couvercle et faites cuire de 8 à 14 minutes, selon l'épaisseur du poisson.

En fin de cuisson, chauffez la crème à feu doux avec la moutarde et l'aneth ciselé. Salez et poivrez. Sortez délicatement le saumon du cuit-vapeur, égouttez-le quelques instants sur du papier absorbant et mettez-le sur un plat chaud, puis servez, avec la crème chaude à part.

Filets de daurade à la malaysienne

Préparation : 15 min
Trempage : 30 min
Cuisson : 8 à 10 min

Pour 4 personnes

- 4 filets de daurade de 200 g pièce
- 4 champignons noirs séchés
- 1 petit piment rouge
- huile de sésame
- 2 cuil. à soupe de sauce soja
- 1 bol de laitue ciselée
- 2 oignons nouveaux, pelés et hachés
- 2 cuil. à soupe de feuilles de coriandre
- sel et poivre du moulin

Faites tremper les champignons 30 minutes dans un bol d'eau bouillante. Égouttez-les, supprimez les queues et coupez les têtes en fines lamelles. Fendez le piment en deux, retirez les graines et émincez-le finement. Rincez et épongez les filets de daurade.

Versez 1 litre d'eau dans la marmite du cuit-vapeur et amenez à ébullition. Enduisez de quelques gouttes d'huile de sésame le fond d'un plat de taille adapté au cuit-vapeur.

Déposez-y les filets de daurade, recouvrez-les de lamelles de champignon, parsemez le piment et arrosez de sauce soja. Couvrez le plat de papier cuisson et placez-le dans le panier perforé, puis ajustez le couvercle et faites cuire de 8 à 10 minutes.

Servez le poisson dans le plat de cuisson, après l'avoir entouré de laitue ciselée et parsemé des oignons hachés et de la coriandre.

Filets de daurade au beurre citronné

Préparation : 15 min
Cuisson : 8 min

Pour 4 personnes

- 4 filets de daurade de 200 g pièce
- 1 citron non traité

Brossez le citron sous un filet d'eau froide, puis essuyez-le et prélevez finement le zeste en le frottant contre une râpe fine posée au-dessus d'un bol. Pressez le citron. Rincez les filets de poissons et vérifiez qu'il ne reste pas d'arêtes.

●●●

100 g de beurre

sel et poivre du moulin

Versez 1 litre d'eau dans la marmite du cuit-vapeur et amenez à ébullition. Posez les filets de poisson côte à côte dans le panier perforé. Salez et poivrez, puis parsemez un peu de zeste de citron. Ajustez le couvercle et faites cuire environ 8 minutes.

Coupez le beurre en petits morceaux, mettez-le dans une casserole avec le jus de citron et faites-le fondre à feu doux. Versez-le doucement dans une saucière chaude, en laissant les dépôts blanchâtres au fond de la casserole. Salez et poivrez.

Sortez délicatement les filets de daurade du cuit-vapeur. Égouttez-les quelques instants sur du papier absorbant, puis posez-les sur un plat chaud et arrosez-les d'un peu de beurre citronné.

Filets de grenadier à la vapeur de chou

Préparation : 20 min

Cuisson : 8 à 10 min

Pour 4 personnes

750 g de filets de grenadier

1 noix de gingembre frais

8 oignons nouveaux

2 ou 3 feuilles de chou chinois

2 cuil. à soupe d'huile de tournesol

2 cuil. à soupe d'huile de sésame

Rincez et épongez les filets de grenadier, puis coupez-les en quatre portions identiques. Pelez et hachez très finement le gingembre et les petits oignons. Lavez les feuilles de chou.

Versez 1 litre d'eau dans la marmite du cuit-vapeur et amenez à ébullition. Étalez les feuilles de chou dans le panier perforé, posez les morceaux de poisson dessus et saupoudrez-les de sel. Ajustez le couvercle et faites cuire de 8 à 10 minutes, selon leur épaisseur.

Faites dorer les oignons et le gingembre dans une petite casserole portée sur feu moyen

2 cuil. à soupe de sauce soja

avec l'huile de tournesol. Retirez du feu, puis ajoutez l'huile de sésame et la sauce soja.
Égouttez quelques instants les morceaux de poisson sur du papier absorbant. Mettez-les sur un plat chaud, arrosez-les de sauce et servez sans attendre.

Filets de grondin en persillade

Préparation : 15 min
Cuisson : 8 à 10 min

Pour 4 personnes

de 600 à 800 g de filets de grondin, sans peau et sans arêtes

2 gousses d'ail

80 g de beurre ramolli

1,5 cuil. à soupe de persil plat ciselé

2 cuil. à soupe de grosse chapelure

huile

sel et poivre du moulin

Pelez et écrasez les gousses d'ail. Coupez le beurre en morceaux et malaxez-le à la fourchette avec le persil, l'ail, la chapelure, un peu de sel et de poivre jusqu'à obtention d'un mélange homogène.
Coupez quatre carrés de papier sulfurisé et huilez le centre. Posez un filet de poisson sur chacun et enduisez-le largement de beurre persillé, puis formez des papillotes et fermez-les hermétiquement, sans serrer, en repliant plusieurs fois les bords.
Versez 1 litre d'eau dans la marmite du cuit-vapeur et amenez à ébullition. Posez les papillotes côte à côte dans le panier perforé, ajustez le couvercle et faites cuire de 8 à 10 minutes. Servez dans les papillotes, avec des pommes vapeur.

Filets de limande au beurre de cidre

Préparation : 20 min
Cuisson : 8 min
Pour 4 personnes

4 filets de limande de 180 à 200 g pièce
2 échalotes
5 cl de vinaigre de cidre
20 cl de cidre brut
3 cuil. à soupe de crème fraîche
140 g de beurre, coupé en très petits morceaux
quelques brins de ciboulette ciselés (pour le décor)
sel et poivre du moulin

Rincez et épongez les filets de limande. Épluchez et hachez très finement les échalotes, puis mettez-les dans une petite casserole avec le vinaigre et le cidre, et faites réduire de moitié à feu vif.

Versez 1 litre d'eau dans la marmite du cuit-vapeur et amenez à ébullition. Posez les filets de limande côte à côte dans le panier perforé, saupoudrez-les de sel et donnez quelques tours de moulin à poivre. Ajustez le couvercle et faites cuire environ 8 minutes.

Mélangez la crème au cidre réduit. Baissez le feu, puis incorporez rapidement le beurre, en fouettant vivement. Salez et poivrez.

Sortez délicatement les filets de limande du cuit-vapeur et égouttez-les quelques instants sur du papier absorbant. Posez-les sur un plat chaud, nappez de sauce et parsemez de ciboulette, puis servez sans attendre (avec, par exemple, des pommes-fruits cuites).

Filets de merlan à la compotée d'oignons

Préparation : 15 min
Cuisson : environ 1 h
Pour 4 personnes

4 filets de merlan sans la peau, de 200 g pièce

Épluchez et émincez finement les oignons. Mettez-les dans une casserole avec le beurre, le vinaigre, le vin rouge et le sucre, et chauffez doucement en remuant jusqu'à ce que ce dernier soit complètement fondu.

300 g d'oignons

20 g de beurre

3 cuil. à soupe de vinaigre de xérès

20 cl de vin rouge

60 g de sucre en poudre

sel et poivre du moulin

Amenez ensuite à ébullition, puis baissez le feu et faites cuire environ 50 minutes à feu très doux, en remuant et en ajoutant un peu d'eau de temps en temps si nécessaire. Quand les oignons sont bien confits, salez et poivrez à votre goût. Gardez au chaud.

Versez 1 litre d'eau dans la marmite du cuit-vapeur et amenez à ébullition. Salez les filets de limande, poivrez-les et posez-les dans le panier perforé. Ajustez le couvercle et faites cuire de 6 à 8 minutes.

Égouttez rapidement les filets de limande sur du papier absorbant. Déposez-les sur des assiettes chaudes, disposez les oignons à côté et servez chaud.

Filets de merlan au bouillon et aux fines herbes

Préparation : 15 min

Cuisson : 5 min

Pour 4 personnes

4 filets de merlan de 200 g pièce, sans la peau

75 cl de bouillon de volaille

2 cuil. à soupe de crème fraîche

50 g de beurre coupé en petits morceaux

3 cuil. à soupe de fines herbes ciselées mélangées (cerfeuil, ciboulette, persil plat)

sel et poivre du moulin

Versez le bouillon et 25 cl d'eau dans la marmite du cuit-vapeur, et amenez à ébullition. Rincez les filets de merlan, épongez-les et coupez chacun d'eux en trois longues bandes. Posez-les dans le panier perforé, salez et poivrez légèrement. Ajustez le couvercle et faites cuire 2 minutes, puis maintenez au chaud.

Versez 25 cl du bouillon de cuisson dans une petite casserole en le filtrant, ajoutez la crème et donnez un bouillon. Retirez du feu, puis incorporez le beurre petit à petit en fouettant vivement et ajoutez les fines herbes.

•••

Répartissez les lanières de merlan dans des assiettes creuses bien chaudes, versez le bouillon aux herbes dessus et servez aussitôt.

Filets d'empereur à la créole

Préparation : 20 min

Cuisson : 2 ou 3 min

Pour 4 personnes

4 morceaux de filet d'empereur de 180 à 200 g pièce

250 g d'ananas frais épluché

1 mangue

1 papaye

1 noisette de gingembre frais râpé

2 oignons nouveaux

10 cl de lait de coco

10 cl de jus de citron vert

sel et poivre du moulin

Épluchez l'ananas, la mangue et la papaye. Retirez graines et noyau, puis taillez la chair en dés. Mélangez-les délicatement et ajoutez le gingembre, puis étalez cette salade dans un plat creux peu profond. Poivrez un peu.

Versez 1 litre d'eau dans la marmite du cuit-vapeur et amenez à ébullition. Rincez et épongez les filets d'empereur, puis salez-les et poivrez-les. Posez-les côte à côte dans le panier perforé, ajustez le couvercle et faites-les cuire 2 ou 3 minutes.

Pelez et hachez finement les petits oignons. Fouettez le lait de coco avec le jus de citron. Laissez tiédir le poisson quelques instants sur du papier absorbant, puis disposez-le sur les fruits. Arrosez le plat du lait de coco au citron et parsemez les oignons hachés juste avant de servir.

Filets d'empereur en feuille de bananier

Préparation : 30 min

Marinade : 1 h

Cuisson : 10 min

Pour 4 personnes

Rincez et essuyez soigneusement les filets d'empereur. Mélangez dans un plat creux l'huile, le jus de citron, le vinaigre, le sucre, le piment et les épices. Mettez les morceaux de

4 morceaux de filet d'empereur de 180 g pièce

2 cuil. à soupe d'huile de tournesol + un peu pour les papillotes

le jus de 2 citrons verts

2 cuil. à soupe de vinaigre de vin blanc

1 cuil. à café de sucre en poudre

1 cuil. à café de cumin moulu

1 cuil. à café de coriandre moulue

½ cuil. à café de purée de piments

huile de tournesol

sel

1 feuille de bananier fraîche

poisson dans le plat et retournez-les plusieurs fois pour bien les imprégner de marinade. Couvrez et laissez mariner 1 heure au frais.

Lavez la feuille de bananier, essuyez-la et découpez dedans quatre carrés de 30 cm de côté. Étalez-les sur le plan de travail, huilez le centre, posez un filet d'empereur sur chacun et arrosez-le de marinade. Salez légèrement, puis rabattez deux côtés opposés de la feuille sur le poisson et formez des petits paquets en repliant les deux autres côtés. Ficelez-les avec du raphia ou maintenez-les à l'aide de piques en bois.

Versez 1 litre d'eau dans la marmite du cuit-vapeur et amenez à ébullition. Posez les papillotes dans le panier perforé, ajustez le couvercle et faites cuire environ 10 minutes. Servez aussitôt, en laissant chacun ouvrir sa papillote.

Filets de sole à la rhubarbe

Préparation : 20 min

Cuisson : 6 à 11 min

Pour 4 personnes

4 gros filets de sole (ou 8 plus petits)

200 g de rhubarbe

2 cuil. à café de sucre en poudre

80 g de beurre, en petits morceaux

1 jaune d'œuf

sel et poivre du moulin

Lavez la rhubarbe et enlevez la base de chaque tige. Taillez-la en très petits morceaux et faites-la cuire une dizaine de minutes à feu très doux dans une casserole, avec 1 cuillerée d'eau et le sucre. Mixez-la ensuite en purée fine et gardez-la au chaud.

Versez 1 litre d'eau dans la marmite du cuit-vapeur et amenez à ébullition. Rincez et épongez les filets de sole, salez-les et poivrez-les. Posez-les dans le panier perforé, ajustez le couvercle et faites-les cuire de 6 à 11 minutes, en fonction de leur taille. •••

Portez la casserole sur feu très doux et incorporez le beurre en fouettant vivement. Mettez hors du feu, puis ajoutez le jaune d'œuf, sans cesser de remuer, salez et poivrez. Transférez la rhubarbe dans un plat creux peu profond, très chaud, et posez les filets de sole dessus, après les avoir égouttés sur du papier absorbant.

Filets de sole au gingembre

Préparation : 15 min
Cuisson : 6 à 11 min

Pour 4 personnes

600 g de filets de sole

1 noix de gingembre frais

2 oignons nouveaux

2 gousses d'ail

3 cuil. à soupe de sauce soja

1 cuil. à soupe d'huile de tournesol

2 cuil. à café d'huile de sésame

fleur de sel

Rincez les filets de sole, épongez-les et frottez la surface d'un peu de fleur de sel. Pelez et émincez très finement le gingembre. Pelez les petits oignons en conservant la tige verte, puis taillez-les en très fines lanières dans le sens de la longueur. Pelez les gousses d'ail et émincez-les en fines lamelles.

Versez 1 litre d'eau dans la marmite du cuit-vapeur et amenez à ébullition. Posez les filets de sole côte à côte dans le panier perforé. Parsemez-les de gingembre, ajustez le couvercle et faites cuire de 6 à 11 minutes, selon l'épaisseur des morceaux.

Égouttez rapidement la sole sur du papier absorbant, mettez-la sur un plat chaud et éparpillez les lanières d'oignon dessus.

Faites revenir les lamelles d'ail quelques instants dans une poêle avec l'huile de tournesol et l'huile de sésame. Quand elles sont bien dorées, versez le mélange sur le poisson et servez aussitôt.

Filets de sole en écailles de courgette

Préparation : 15 min

Cuisson : 8 min

Pour 4 personnes

4 filets de sole sans peau, de 180 g pièce

4 petites courgettes fines

huile d'olive

½ citron

quelques brins de ciboulette ciselés

sel et poivre du moulin

Rincez et épongez les filets de poisson, puis salez et poivrez les deux côtés. Posez-les dans un plat légèrement huilé, de taille adaptée au cuit-vapeur.

Lavez les courgettes, essuyez-les, retirez-leur les extrémités et coupez-les en fines rondelles. Recouvrez toute la surface des filets de sole de rondelles de courgette, en les faisant se chevaucher comme des écailles. Salez très légèrement. Placez le plat dans le panier du cuit-vapeur, ajustez le couvercle et faites cuire environ 8 minutes.

Servez directement dans le plat ou posez délicatement les filets de sole sur du papier absorbant et laissez-les égoutter quelques instants avant de les mettre sur un plat chaud. Arrosez-les d'un filet d'huile d'olive et de quelques gouttes de jus de citron, puis parsemez de ciboulette et servez.

Filets de turbot, crème de champignons

Préparation : 20 min

Cuisson : environ 15 min

Pour 4 personnes

4 tronçons de turbot de 300 g pièce

Coupez le bout terreux des pieds des champignons. Lavez ces derniers sans les faire tremper et séchez-les. Faites-les revenir à feu vif dans une poêle avec le beurre jusqu'à ce qu'ils aient rendu toute leur eau de végétation.

•••

400 g de champignons de Paris

20 g de beurre

10 cl de crème fraîche

quelques pluches de persil plat (pour le décor)

sel et poivre du moulin

Transférez-les alors dans le bol d'un robot, mixez-les en purée très fine et versez celle-ci dans une petite casserole. Ajoutez la crème, mélangez, salez et poivrez. Faites chauffer jusqu'à ce que le mélange frémisse, puis gardez au chaud sur feu très doux.

Versez 1 litre d'eau dans la marmite du cuit-vapeur et amenez à ébullition. Rincez les morceaux de turbot, épongez-les, salez-les et poivrez-les. Posez-les dans le panier perforé, ajustez le couvercle et faites cuire de 8 à 10 minutes, jusqu'à ce que la chair se détache facilement de l'arête centrale.

Égouttez quelques instants les pavés de turbot sur du papier absorbant, puis retirez la peau. Mettez-les sur un plat chaud, nappez de sauce, décorez de quelques pluches de persil et servez.

Gigot de lotte aux épices douces

Préparation : 15 min

Macération : 1 h

Cuisson : 15 à 20 min

Pour 4 personnes

1 queue de lotte de 800 g

1 cuil. à soupe de coriandre moulue

1 cuil. à soupe de cumin moulu

2 doses de safran

huile d'olive

sel et poivre du moulin

Rincez et épongez la queue de lotte. Étalez la coriandre, le cumin et le safran dans un plat, puis roulez plusieurs fois le poisson dans le mélange pour bien l'en enrober. Salez, poivrez et mettez au réfrigérateur pendant 1 heure.

Pendant ce temps, versez le jus d'orange et l'huile d'olive dans une petite casserole, ajoutez le zeste, le gingembre et le piment de Cayenne, salez et laissez macérer 1 heure.

Versez 1,5 litre d'eau dans la marmite du cuit-vapeur et amenez à ébullition. Huilez un plat

POUR LA SAUCE :

le jus et le zeste finement râpé d'une orange non traitée

4 cuil. à soupe d'huile d'olive

½ cuil. à café de gingembre en poudre

1 pincée de piment de Cayenne

sel et poivre du moulin

de taille adaptée au cuit-vapeur et placez-y la lotte. Posez le plat dans le panier perforé, ajustez le couvercle et faites cuire de 15 à 20 minutes selon l'épaisseur du morceau, jusqu'à ce que la chair se détache facilement de l'arête centrale.

En fin de cuisson, portez la casserole de sauce sur feu doux. Égouttez quelques instants la queue de lotte sur du papier absorbant et mettez-la dans un plat chaud, puis arrosez-la de sauce au moment de servir.

Goujonnettes de limande à la coriandre

Préparation : 15 min

Cuisson : environ 10 min

Pour 4 personnes

600 g de gros filets de limande, sans peau

½ cuil. à café de graines de coriandre

1 litre de fumet de poisson (fait à partir de bouillon déshydraté)

6 cuil. à soupe de crème fraîche

1 cuil. à soupe de feuilles de coriandre ciselées

sel et poivre du moulin

Rincez et épongez les filets de limande, puis taillez-les en goujonnettes (c'est-à-dire en lanières). Écrasez les graines de coriandre.

Versez 30 cl du fumet de poisson dans une petite casserole et faites-le réduire de moitié à feu vif. Ajoutez la crème, les graines écrasées, du sel et du poivre. Donnez un bouillon, puis baissez le feu et maintenez au chaud.

Versez le reste du fumet dans la marmite du cuit-vapeur et amenez à ébullition. Étalez les lanières de limande dans le panier perforé, ajustez le couvercle et faites cuire 2 ou 3 minutes.

Sortez délicatement les filets de poisson du cuit-vapeur et répartissez-le dans des assiettes creuses chaudes. Versez le bouillon dessus, parsemez de coriandre ciselée et servez aussitôt.

Grosses rillettes de maquereaux

Préparation : 15 min
Cuisson : 5 à 7 min
Repos : 2 h

Pour 4 personnes

400 g de filets de maquereau

4 cuil. à soupe de crème fraîche épaisse

1 cuil. à soupe de ciboulette ciselée

sel et poivre du moulin

Versez 1 litre d'eau dans la marmite du cuit-vapeur et amenez à ébullition. Rincez et épongez les filets de maquereau. Posez-les dans le panier perforé et saupoudrez-les d'un peu de sel, puis ajustez le couvercle et faites-les cuire de 5 à 7 minutes, selon leur épaisseur.

Égouttez le poisson sur du papier absorbant, mettez-le dans un plat et retirez toute la peau, les arêtes et les parties brunes. Laissez refroidir complètement, puis écrasez grossièrement à la fourchette en incorporant la crème au fur et à mesure. Ajoutez la ciboulette et rectifiez l'assaisonnement.

Mettez dans une petite terrine et placez au réfrigérateur au moins 2 heures. Servez avec des quartiers de citron et du pain grillé.

Harengs aux pommes

Préparation : 20 min
Cuisson : 10 à 12 min

Pour 4 personnes

4 harengs frais de 250 à 300 g pièce

2 pommes

le jus d'un demi-citron

1 pincée de noix de muscade

20 g de beurre

4 cuil. à soupe de crème fraîche

sel et poivre du moulin

Écaillez et videz les harengs, puis lavez-les et épongez-les avec soin. Épluchez les pommes, taillez-les en petits dés et mettez-les au fur et à mesure dans un grand bol avec le jus de citron. Ajoutez alors la noix de muscade et remuez bien.

Versez 1 litre d'eau dans la marmite du cuit-vapeur et amenez à ébullition. Coupez quatre carrés de papier sulfurisé, beurrez largement le centre et répartissez-y les dés de pomme. Posez les harengs dessus, ajoutez 1 cuillerée de crème sur chacun, salez et poivrez. Formez des papillotes et fermez-les hermétiquement, en repliant plusieurs fois les bords.

Placez les papillotes côte à côte dans le panier perforé, ajustez le couvercle et faites cuire de 10 à 12 minutes. Servez chaud, dans les papillotes.

Harengs farcis en papillotes

Préparation : 30 min
Cuisson : 10 à 12 min

Pour 4 personnes

4 harengs frais de 250 à 300 g pièce

80 g de beurre ramolli + un peu pour les papillotes

4 cuil. à soupe de grosse chapelure

1 cuil. à soupe de moutarde semi-forte

1 cuil. à soupe de persil plat ciselé

sel et poivre du moulin

Écaillez les harengs, incisez-les le long du dos et retirez l'arête centrale, après l'avoir sectionnée au niveau de la tête et de la queue. Videz-les également par le dos, puis rincez-les et épongez-les avec du papier absorbant.

Malaxez le beurre en lui incorporant peu à peu la chapelure, la moutarde et le persil. Salez et poivrez. Quand le mélange est bien homogène, remplissez-en l'intérieur des poissons.

Versez 1 litre d'eau dans la marmite du cuit-vapeur et amenez à ébullition. Découpez quatre carrés de papier sulfurisé, beurrez largement le centre et posez un hareng sur chacun. Salez et poivrez légèrement, puis formez des papillotes et fermez-les hermétiquement, en repliant plusieurs fois les bords.

Placez les papillotes côte à côte dans le panier perforé, remettez le couvercle et faites cuire de 10 à 12 minutes. Servez chaud, dans les papillotes.

Lieu à la noix de coco et au sésame

Préparation : 20 min
Cuisson : 10 à 12 min
Pour 4 personnes

4 pavés de lieu jaune (ou d'un autre poisson blanc) sans peau, de 180 à 200 g pièce

2 gousses d'ail

1 noix de gingembre

30 g de noix de coco râpée séchée

le jus d'un demi-citron

2 cuil. à soupe de graines de sésame

1 cuil. à café de curcuma

3 cuil. à soupe de coriandre ciselée

huile

sel et poivre du moulin

Pelez et émincez les gousses d'ail et le gingembre. Réunissez la noix de coco, l'ail et le gingembre dans le bol d'un robot, et mixez avec juste assez d'eau (de 10 à 15 cl) pour obtenir une purée fine. Mélangez-la au jus de citron, au sésame, au curcuma et à la coriandre. Salez et poivrez.

Rincez et épongez le poisson. Coupez quatre carrés de papier sulfurisé, huilez le centre et posez-y les pavés de lieu, puis étalez sur ces derniers le mélange à la noix de coco. Formez des papillotes et fermez-les hermétiquement, sans serrer, en repliant plusieurs fois les bords.

Versez 1 litre d'eau dans la marmite du cuit-vapeur et amenez à ébullition. Posez les papillotes côte à côte dans le panier perforé, ajustez le couvercle et faites cuire de 10 à 12 minutes. Servez chaud, dans les papillotes.

Lieu aux endives

Préparation : 30 min
Cuisson : environ 30 min
Pour 4 personnes

4 pavés de lieu jaune sans peau, de 180 à 200 g pièce

600 g d'endives

20 g de beurre

Versez 1 litre d'eau dans le panier du cuit-vapeur et amenez à ébullition.

Lavez les endives et retirez le cône dur du cœur avec la pointe d'un couteau, puis mettez-les dans le panier perforé. Ajustez le couvercle et faites-les cuire 3 ou 4 minutes.

Sortez les endives du cuit-vapeur, égouttez-les et coupez-les en lanières. Faites-les fondre une quinzaine de minutes à feu doux dans

2 cuil. à soupe de crème fraîche

sel et poivre du moulin

une poêle avec le beurre, en remuant de temps en temps. Salez et poivrez, ajoutez la crème et mélangez.

Vérifiez qu'il ne reste pas d'arêtes dans les pavés de lieu, rincez-les et épongez-les. Coupez quatre carrés de papier sulfurisé. Étalez les endives au centre et posez les pavés de lieu par-dessus. Salez et poivrez légèrement, puis formez des papillotes et fermez-les hermétiquement, en repliant plusieurs fois les bords.

Placez les papillotes côte à côte dans le panier perforé, remettez le couvercle et faites cuire de 10 à 12 minutes. Servez chaud, dans les papillotes.

Lotte à la pomme et au curry

Préparation : 20 min

Cuisson : 8 min

Pour 4 personnes

800 g de filet de lotte sans peau

2 pommes granny smith

le jus d'un citron

2 échalotes

20 cl de vinaigre de cidre

1 cuil. à café de curry en poudre

15 cl de crème liquide

pluches de coriandre (pour le décor)

sel et poivre du moulin

Rincez et épongez la lotte, puis coupez-la en cubes réguliers de 3 ou 4 cm de côté. Pelez les pommes, coupez-les en cubes de même taille et arrosez-les aussitôt de jus de citron. Épluchez et hachez finement les échalotes.

Versez le vinaigre dans une petite casserole, ajoutez les échalotes et faites réduire à feu vif pour ne conserver qu'une cuillerée à soupe de liquide. Ajoutez alors le curry, la crème, du sel et du poivre, puis mélangez bien. Maintenez cette sauce au chaud sur feu très doux.

Versez 1 litre d'eau dans la marmite du cuit-vapeur et amenez à ébullition. Salez et poivrez les cubes de lotte, puis enfilez-les sur des brochettes en bois, en les alternant avec les cubes de pomme.

•••

Huilez légèrement le fond du panier perforé. Posez les brochettes côte à côte dans le panier, ajustez le couvercle et faites cuire 8 minutes.

Sortez les brochettes et égouttez-les sur du papier absorbant. Mettez-les sur un plat chaud, puis nappez-les de sauce, parsemez-les de pluches de coriandre et servez.

Lotte à la vanille et à la patate douce

Préparation : 20 min

Cuisson : 10 à 12 min

Pour 4 personnes

4 médaillons de lotte de 200 g pièce

300 g de patates douces

80 g de beurre

1 gousse de vanille

sel et poivre du moulin

Épluchez les patates douces et coupez-les en fines rondelles. Lavez-les et séchez-les.

Faites fondre le beurre à feu doux dans une casserole. Fendez la gousse de vanille en deux dans la longueur, puis grattez l'intérieur au-dessus du beurre fondu pour que les graines tombent dans le beurre. Recoupez chaque demi-gousse en deux.

Découpez quatre carrés de papier sulfurisé et badigeonnez-en le centre avec un pinceau trempé dans le beurre vanillé. Répartissez dessus les rondelles de patate douce, en les faisant se chevaucher. Ajoutez les médaillons de lotte, les morceaux de gousse de vanille et le reste du beurre fondu. Formez des papillotes et fermez-les hermétiquement, sans serrer, en repliant plusieurs fois les bords.

Versez 1 litre d'eau dans la marmite du cuit-vapeur et amenez à ébullition. Posez les papillotes côte à côte dans le panier perforé, ajustez le couvercle et faites cuire de 10 à 12 minutes. Servez dans les papillotes.

Lotte au citron confit

Préparation : 15 min
Cuisson : 10 min
Pour 4 personnes

4 médaillons de lotte de 200 g pièce

½ citron confit

2 cuil. à soupe d'huile d'olive

1 cuil. à soupe de paprika

1 cuil. à soupe de coriandre ciselée

sel et poivre du moulin

Rincez et essuyez les médaillons de lotte. Retirez la pulpe et les membranes du citron confit à l'aide d'une petite cuillère, lavez l'écorce à l'eau courante et hachez-la très finement.

Versez 1 litre d'eau dans la marmite du cuit-vapeur et amenez à ébullition. Huilez un plat pouvant aller dans le panier, éparpillez la moitié du citron confit dans le fond et posez les médaillons de lotte par-dessus. Salez et poivrez, puis saupoudrez du paprika et de la coriandre. Répartissez le reste du citron confit sur le poisson et arrosez du reste de l'huile.

Placez le plat dans le panier perforé. Couvrez de papier cuisson, ajustez le couvercle et faites cuire environ 10 minutes. Servez chaud.

Lotte au jambon cru

Préparation : 25 min
Cuisson : 15 à 20 min
Pour 4 personnes

1 queue de lotte de 800 g

120 g de jambon cru, en tranches très fines

2 gousses d'ail

1 cuil. à soupe de persil plat ciselé

huile d'olive

sel et poivre du moulin

Demandez au poissonnier de retirer toute la peau et l'arête centrale de la lotte. Rincez-la et épongez-la soigneusement. Épluchez les gousses d'ail, coupez-les en deux et retirez le germe. Enfoncez-les dans la queue de lotte, après y avoir fait des petites incisions.

Reformez la queue de lotte en rapprochant les deux filets, glissez le persil à l'intérieur et maintenez l'ensemble à l'aide de ficelle de cuisine. Badigeonnez la lotte d'huile d'olive, salez un peu et poivrez, puis enveloppez-la complètement dans les tranches de jambon et ficelez le tout comme un petit rôti.

●●●

Versez 1,5 litre d'eau dans le panier du cuit-vapeur et amenez à ébullition. Posez la queue de lotte dans le panier perforé, ajustez le couvercle et faites cuire de 15 à 20 minutes, selon son épaisseur.

Égouttez sur du papier absorbant, déposez sur un plat chaud et retirez les ficelles. Arrosez d'un filet d'huile d'olive et servez.

Lotte au pamplemousse et à la menthe

Préparation : 20 min

Cuisson : environ 15 min

Pour 4 personnes

4 médaillons de lotte de 200 g pièce

1 pamplemousse

2 petites échalotes

100 g de beurre

20 cl de jus de pamplemousse

10 feuilles de menthe ciselées

sel et poivre du moulin

Pelez le pamplemousse à vif : retirez toute la peau blanche avec l'écorce, puis séparez les quartiers en glissant un couteau tranchant de part et d'autre des membranes qui les enveloppent pour ne conserver que la pulpe. Réservez.

Épluchez et hachez finement les échalotes. Faites-les fondre avec une noix de beurre dans une petite casserole portée sur feu doux jusqu'à ce qu'elles soient translucides. Ajoutez le jus de pamplemousse et faites réduire de moitié à feu vif.

Rincez et épongez le poisson. Versez 1 litre d'eau dans la marmite du cuit-vapeur et amenez à ébullition. Posez les médaillons de lotte côte à côte dans le panier perforé et saupoudrez-les d'un peu de sel. Ajustez le couvercle et faites cuire environ 8 minutes, jusqu'à ce que la chair se détache de l'arête centrale. En fin de cuisson, ajoutez les quartiers de pamplemousse pour les chauffer.

Égouttez la lotte quelques instants sur du papier absorbant, puis disposez-la sur un plat chaud et entourez-la des quartiers d'agrume.
Détaillez le beurre en petits morceaux. Retirez la casserole du feu et, en fouettant vivement, incorporez rapidement le beurre. Ajoutez la menthe, salez et poivrez. Nappez la lotte de beurre au pamplemousse et servez sans attendre.

Lotte au sésame

Préparation : 15 min
Cuisson : 8 min

Pour 4 personnes

4 médaillons de lotte de 200 g pièce

1 gousse d'ail

1 oignon nouveau

1 petite noix de gingembre

1,5 cuil. à soupe de graines de sésame

1 cuil. à café d'huile de sésame

le jus d'un citron vert

1 cuil. à soupe de sucre blond

½ cuil. à café de purée de piments

2 cuil. à soupe de sauce soja

2 cuil. à soupe d'huile de tournesol

4 feuilles de laitue

1 cuil. à soupe de feuilles de coriandre ciselées

Pelez et écrasez la gousse d'ail. Hachez finement le petit oignon et le gingembre. Faites dorer les graines de sésame à feu modéré avec l'huile de sésame. Transférez-les dans un bol et ajoutez le jus de citron, le sucre, le piment, la sauce soja, l'huile de tournesol, l'ail, l'oignon et le gingembre. Mélangez bien.
Versez 1 litre d'eau dans la marmite du cuit-vapeur et amenez à ébullition. Rincez et épongez les médaillons de lotte. Étalez les feuilles de laitue dans le fond du panier perforé, puis posez le poisson par-dessus et saupoudrez-le d'un peu de sel. Ajustez le couvercle et faites cuire environ 8 minutes.
Égouttez les morceaux de lotte quelques instants sur du papier absorbant, posez-les sur un plat chaud et arrosez-les de la sauce au sésame avant de servir.

Lotte en brochettes au chorizo

Préparation : 30 min
Marinade : 30 min
Cuisson : 15 à 20 min

Pour 4 personnes

700 g de filet de lotte sans peau

6 cuil. à soupe d'huile d'olive

1 cuil. à café de poudre de piment doux

2 poivrons verts

8 oignons nouveaux

1 petit chorizo

piment d'Espelette (selon le goût)

sel et poivre du moulin

Rincez la lotte, épongez-la et coupez-la en cubes réguliers de 3 ou 4 cm de côté. Posez-les dans un plat creux. Mélangez l'huile d'olive avec le piment en poudre, du sel et du poivre. Versez 2 cuillerées de ce mélange sur les morceaux de lotte, remuez pour qu'ils s'en imprègnent bien et laissez mariner pendant 30 minutes au réfrigérateur.

Coupez les poivrons en deux, et retirez-leur le pédoncule, les graines et les cloisons intérieures. Posez-les dans le panier perforé, ajustez le couvercle et faites cuire 10 minutes. Laissez-les ensuite refroidir, puis retirez la peau et coupez la chair en carrés de 3 cm de côté environ.

Pelez les oignons, supprimez la tige et coupez-les en deux. Tranchez le chorizo en rondelles de 5 mm d'épaisseur. Enfilez les cubes de lotte sur des brochettes en bois, en les alternant avec les rondelles de chorizo, les poivrons et les petits oignons.

Versez 1 litre d'eau dans la marmite du cuit-vapeur et amenez à ébullition. Huilez le fond du panier perforé. Posez les brochettes côte à côte dans le panier, ajustez le couvercle et faites cuire de 6 à 8 minutes.

Égouttez les brochettes sur du papier absorbant et posez-les sur un plat chaud. Arrosez d'huile d'olive pimentée, saupoudrez d'une pincée de piment d'Espelette et servez.

Lotte en rouille

Préparation : 20 min

Cuisson : environ 8 min

Pour 4 personnes

4 médaillons de lotte de 200 g pièce

4 gousses d'ail

1 jaune d'œuf

de 15 à 20 cl d'huile d'olive

1 dose de safran

1 litre de fumet de poisson (fait à partir de bouillon déshydraté)

1 cuil. à café de persil plat ciselé

sel et poivre du moulin

Pelez les gousses d'ail et écrasez-les finement au presse-ail. Mélangez-les au jaune d'œuf dans un bol, salez légèrement et poivrez. Fouettez vivement tout en versant l'huile, d'abord goutte à goutte, puis en filet, pour que la sauce monte comme une mayonnaise. Délayez le safran dans une demi-cuillerée d'eau, ajoutez-le dans la sauce et mélangez soigneusement.

Versez le fumet de poisson dans la marmite du cuit-vapeur et amenez à ébullition. Rincez et épongez les médaillons de lotte, puis salez et poivrez les deux côtés. Huilez légèrement le fond du panier perforé. Déposez les morceaux de poisson côte à côte dans le panier, ajustez le couvercle et faites cuire pendant environ 8 minutes.

Égouttez bien la lotte sur du papier absorbant et mettez-la dans un plat creux. Délayez la rouille avec 15 cl du fumet de cuisson du poisson. Versez le mélange sur la lotte, parsemez le persil et servez aussitôt.

Maquereaux à l'oignon

Préparation : 20 min

Cuisson : 10 à 12 min

Pour 4 personnes

4 maquereaux de 250 à 300 g pièce

1 gros oignon

3 cuil. à soupe d'huile d'olive

1 cuil. à soupe rase de moutarde forte

4 fines tranches de lard demi-sel

1 cuil. à café de thym

sel et poivre du moulin

Épluchez et hachez l'oignon. Faites-le fondre à feu très doux dans une petite casserole, avec 2 cuillerées d'huile d'olive, jusqu'à ce qu'il soit tendre et translucide. Ajoutez la moutarde et mélangez bien.

Découpez quatre grands carrés de papier sulfurisé, étalez-les sur le plan de travail et badigeonnez le centre avec le reste d'huile. Videz les maquereaux, puis rincez-les soigneusement à l'eau fraîche et essuyez-les avec du papier absorbant.

Posez un maquereau sur chaque carré de papier cuisson et enduisez-le du mélange à la moutarde, à l'intérieur comme à l'extérieur. Enroulez une tranche de poitrine autour de chaque poisson, parsemez un peu de thym, salez et poivrez. Formez des papillotes, puis fermez-les hermétiquement, sans les serrer, en repliant plusieurs fois les bords.

Versez 1 litre d'eau dans la marmite du cuit-vapeur et amenez à ébullition. Posez les papillotes dans le panier perforé, ajustez le couvercle et faites cuire de 10 à 12 minutes, selon la taille des poissons. Servez aussitôt, en laissant chacun ouvrir sa papillote.

Mousses de merlan, crème de cresson

Préparation : 30 min
Cuisson : environ 30 min

Pour 4 personnes

400 g de filets de merlan sans peau ni arêtes
2 petites bottes de cresson
3 œufs + 2 blancs
25 cl de crème liquide
beurre pour les moules
sel et poivre du moulin

Versez 2 litres d'eau dans la marmite du cuit-vapeur et amenez à ébullition. Lavez le cresson, équeutez-le et jetez-le au fur et à mesure dans le panier perforé. Faites-le cuire 3 minutes, puis égouttez-le et réservez.

Rincez soigneusement les filets de merlan, épongez-les avec du papier absorbant et réduisez-les en purée fine à l'aide d'un robot. Ajoutez les œufs et les blancs, 10 cl de crème, du sel et du poivre. Mixez alors à nouveau, jusqu'à ce que la préparation soit parfaitement homogène.

Beurrez largement quatre ramequins (ou préparez des moules en silicone) et répartissez-y la préparation. Posez-les côte à côte dans le panier perforé et recouvrez-les d'une feuille de papier sulfurisé, puis remettez le couvercle et faites cuire environ 25 minutes.

Mixez finement le cresson, mélangez-le au reste de la crème, salez et poivrez. Versez l'ensemble dans une petite casserole et laissez épaissir quelques minutes à feu très doux.

Servez les petites mousses nappées de crème de cresson, tiède ou froide.

Nage d'espadon aux petits légumes

Préparation : 20 min

Cuisson : 8 min

Pour 4 personnes

600 g de filet d'espadon sans peau

2 petites carottes

1 petite courgette

100 g de haricots verts

75 cl de fumet de poisson (fait à partir de bouillon déshydraté)

100 g de petits pois frais ou surgelés

1 cuil. à soupe de crème fraîche

60 g de beurre

quelques feuilles de persil plat

sel et poivre du moulin

Épluchez les carottes et taillez-les en bâtonnets. Retirez les extrémités de la courgette, puis coupez-la de la même façon. Effilez les haricots et recoupez-les en petits tronçons. Rincez le filet d'espadon, épongez-le et coupez-le en fines escalopes.

Versez le fumet de poisson dans la marmite du cuit-vapeur et amenez à ébullition. Disposez tous les légumes et le poisson côte à côte dans le panier perforé (ou placez les légumes au-dessus du poisson si votre cuit-vapeur dispose de deux paniers). Ajustez le couvercle, faites cuire 8 minutes et maintenez au chaud.

Prélevez 30 cl de fumet de cuisson et versez-le dans une petite casserole en le filtrant. Ajoutez la crème et donnez un bouillon, puis retirez du feu. Incorporez le beurre en fouettant vivement, salez et poivrez.

Disposez l'espadon ainsi que les petits légumes dans quatre assiettes creuses. Répartissez le bouillon et éparpillez quelques pluches de persil en surface avant de servir.

Nems de thon aux poivrons

Préparation : 20 min

Marinade : 15 min

Cuisson : 16 min

Pour 4 personnes

Rincez et épongez la tranche de thon, puis coupez-la en languettes rectangulaires de 1 cm de côté. Arrosez d'huile d'olive, parsemez d'origan, salez, poivrez et remuez bien. Laissez reposer environ 15 minutes au réfrigérateur.

1 tranche de thon sans peau de 300 g

1 gros poivron, rouge ou vert

3 cuil. à soupe d'huile d'olive

½ cuil. à café d'origan

16 galettes de riz de 16 à 18 cm de diamètre

sel et poivre du moulin

Versez 1 litre d'eau dans le panier du cuit-vapeur et amenez à ébullition. Coupez le poivron en deux, retirez-lui le pédoncule et les graines. Posez-le dans le panier perforé, ajustez le couvercle et faites cuire 10 minutes. Sortez le poivron du cuit-vapeur, pelez-le et taillez la chair en fines lanières.

Trempez une galette de riz dans l'eau chaude pour l'assouplir. Étalez-la sur le plan de travail et déposez quelques lanières de thon et de poivron sur la partie inférieure. Rabattez le bas de la feuille sur cette garniture, puis repliez l'un après l'autre les deux côtés opposés et enroulez la galette en serrant bien, pour former un petit cylindre. Renouvelez l'opération avec les autres galettes et le reste des ingrédients.

Posez les petits rouleaux côte à côte dans le panier perforé, ajustez le couvercle et faites cuire environ 6 minutes. Servez sur un lit de salade, avec de la sauce aigre-douce.

Pain de thon

Préparation : 20 min

Cuisson : environ 50 min

Pour 4 personnes

350 g de thon au naturel

3 gros œufs

100 g de farine

1 sachet de levure chimique

20 cl de crème liquide

beurre (pour le moule)

sel et poivre du moulin

Égouttez le thon, puis émiettez-le grossièrement. Battez les œufs en omelette et incorporez peu à peu la farine et la levure, en fouettant vivement le mélange jusqu'à obtenir une pâte lisse. Ajoutez la crème en remuant énergiquement, puis le thon.

Versez 1,5 litre d'eau dans la marmite du cuit-vapeur et amenez à ébullition. Beurrez un moule à cake, versez-y la préparation et placez-le dans le panier perforé.

●●●

Couvrez avec un papier sulfurisé et ajustez le couvercle. Faites cuire environ 50 minutes, jusqu'à ce qu'une pointe fine piquée dans le cake ressorte sèche.

Sortez le moule du cuit-vapeur et laissez tiédir avant de démouler. Servez froid ou à température ambiante, avec un coulis de tomates aux herbes ou une mayonnaise épicée.

Panaché de poissons au beurre à l'aneth

Préparation : 20 min

Cuisson : environ 15 min

Pour 4 personnes

800 g de filets de poissons variés (turbot, merlan, rouget, daurade), en proportions égales

2 échalotes

5 cl de vinaigre de vin blanc

5 cl de vin blanc sec

1 cuil. à soupe de crème fraîche

200 g de beurre

3 cuil. à soupe d'aneth ciselé + quelques brins (pour le décor)

sel et poivre du moulin

Épluchez et hachez finement les échalotes. Mettez-les dans une petite casserole avec le vinaigre et le vin, et faites réduire à feu vif jusqu'à ce qu'il ne reste qu'une cuillerée à soupe de liquide. Ajoutez la crème, amenez de nouveau à ébullition et mettez la casserole au bain-marie. En fouettant vivement, incorporez petit à petit le beurre. Salez et poivrez, ajoutez l'aneth ciselé et gardez au chaud.

Versez 1 litre d'eau dans la marmite du cuit-vapeur et amenez à ébullition. Rincez et épongez les filets de poisson. Étalez-les dans le panier perforé, ajustez le couvercle et faites cuire environ 10 minutes. Si certains poissons (comme le merlan) vous paraissent cuits avant, sortez-les délicatement.

Égouttez rapidement les filets sur du papier absorbant et disposez-les sur un plat ou des assiettes chaudes. Au dernier moment, nappez de sauce et parsemez de brins d'aneth.

Papillotes de merlan aux carottes

Préparation : 20 min
Cuisson : 10 min
Pour 4 personnes

4 merlans de 300 g pièce, vidés et ébarbés
4 petites carottes tendres
15 cl de crème liquide
beurre pour les papillotes
sel et poivre du moulin

Épluchez et lavez les carottes. Coupez-les en fines rondelles ou en petits dés, puis mettez-les dans une casserole avec la crème et faites cuire durant quelques minutes à feu doux pour qu'elles commencent à s'attendrir et que la crème épaississe légèrement. Salez et poivrez.

Rincez les merlans et épongez-les soigneusement, salez et poivrez les deux faces. Découpez quatre carrés de papier sulfurisé et beurrez largement le centre. Posez sur chacun un merlan, recouvrez-le de carottes et fermez hermétiquement les papillotes, sans serrer, en repliant plusieurs fois les bords.

Versez 1 litre d'eau dans le panier du cuit-vapeur et amenez à ébullition. Posez les papillotes côte à côte dans le panier perforé, ajustez le couvercle et faites cuire environ 10 minutes. Servez chaud, dans les papillotes.

Papillotes de saumon au poivre vert et au genièvre

Préparation : 20 min
Cuisson : 10 min
Pour 4 personnes

4 pavés de saumon de 180 à 200 g pièce, sans peau
1 cuil. à café de grains de poivre vert

Rincez et épongez les pavés de saumon. Écrasez grossièrement le poivre vert et le genièvre au pilon pour leur donner l'aspect du poivre mignonnette. Étalez-les sur une assiette et passez-y les pavés de saumon, des deux côtés, en appuyant fermement.

•••

12 baies de genièvre

20 g de beurre

3 cuil. à soupe de crème fraîche épaisse

1 cuil. à soupe de vin blanc doux (Noilly Prat)

sel

Découpez quatre carrés de papier sulfurisé et beurrez largement le centre. Posez un pavé de saumon sur chacun, salez et fermez hermétiquement les papillotes, sans serrer, en repliant plusieurs fois les bords.

Versez 1 litre d'eau dans le panier du cuit-vapeur et amenez à ébullition. Posez les papillotes côte à côte dans le panier perforé, ajustez le couvercle et faites cuire environ 10 minutes.

Mélangez la crème et le vin blanc doux. Au moment de servir, entrouvrez les papillotes et versez 1 cuillerée de crème sur chaque pavé de saumon.

Pavés de cabillaud en crème de laitue

Préparation : 20 min

Cuisson : 11 min

Pour 4 personnes

4 pavés de cabillaud de 180 à 200 g pièce, sans peau et sans arêtes

2 cœurs de laitue + quelques grandes feuilles

15 cl de crème fraîche

sel et poivre du moulin

Versez 1,5 litre d'eau dans la marmite du cuit-vapeur et amenez à ébullition. Posez les cœurs de laitue dans le panier perforé, saupoudrez-les de sel, ajustez le couvercle et faites cuire 3 minutes.

Égouttez-les et mixez-les en purée fine à l'aide d'un robot. Mélangez la purée de laitue et la crème dans une petite casserole, puis faites épaissir quelques minutes à feu très doux.

Rincez et épongez les pavés de cabillaud. Couvrez le fond du panier du cuit-vapeur de feuilles de laitue. Posez les pavés de cabillaud dessus, salez et poivrez. Remettez le couvercle et faites cuire environ 8 minutes.

Égouttez le poisson quelques instants sur du papier absorbant. Nappez des assiettes chaudes de crème de laitue, disposez les pavés de cabillaud dessus et servez.

Pavés de saumon à la bordelaise

Préparation : 20 min

Cuisson : environ 15 min

Pour 4 personnes

4 pavés de saumon de 180 à 200 g chacun, sans peau

2 échalotes

1 cuil. à soupe de vinaigre de vin rouge

10 cl de vin rouge corsé

1 cuil. à café de concentré de tomates

1 cuil. à soupe de crème fraîche (facultatif)

220 g de beurre

sel et poivre du moulin

Épluchez et hachez finement les échalotes. Mettez-les dans une petite casserole avec le vinaigre et le vin, et faites réduire à feu vif pour qu'il ne reste que 2 ou 3 cuillerées à soupe de liquide.

Ajoutez le concentré de tomates et éventuellement la crème, amenez de nouveau à ébullition et mettez la casserole au bain-marie. En fouettant vivement, incorporez petit à petit le beurre. Salez, poivrez et gardez au chaud.

Versez 1 litre d'eau dans la marmite du cuit-vapeur et amenez à ébullition. Rincez et épongez les pavés de saumon. Posez-les dans le panier perforé, ajustez le couvercle et faites cuire environ 8 minutes. Prolongez un peu s'ils sont très épais ou que vous les souhaitez plus cuits.

Égouttez-les rapidement sur du papier absorbant et disposez-les sur un plat ou sur des assiettes chaudes. Nappez d'un peu de sauce au dernier moment, et servez le reste dans une saucière chaude.

Pavés de saumon, vinaigrette à l'échalote

Préparation : 15 min
Cuisson : 8 min
Pour 4 personnes

4 pavés de saumon de 180 g pièce, sans la peau

100 g d'échalotes

4 cuil. à soupe de ketchup

5 cl de vinaigre de vin rouge

15 cl d'huile de tournesol

1 cuil. à café de Worcestershire sauce

4 gouttes de Tabasco

4 cuil. à soupe d'estragon ciselé

1 cuil. à soupe de cerfeuil ciselé

1 cuil. à soupe de ciboulette ciselée

sel et poivre du moulin

Épluchez et hachez très finement les échalotes. Dans un bol, délayez le ketchup avec le vinaigre, en fouettant. Versez ensuite l'huile en filet, puis ajoutez la Worcestershire sauce, le Tabasco, les échalotes et les herbes ciselées. Salez et poivrez.

Rincez les pavés de saumon, épongez-les et vérifiez qu'il ne reste pas d'arêtes. Posez-les les uns à côté des autres dans le panier perforé et saupoudrez-les de sel. Ajustez le couvercle et faites cuire environ 8 minutes.

Égouttez-les rapidement sur du papier absorbant et posez-les sur un plat chaud. Versez un peu de vinaigrette sur chaque pavé, et servez le reste séparément.

Pavés d'espadon en vinaigrette de légumes

Préparation : 20 min
Cuisson : 15 à 20 min
Pour 4 personnes

4 pavés d'espadon de 180 à 200 g pièce

2 oignons moyens

Épluchez et hachez finement les oignons. Grattez, lavez et râpez les carottes. Coupez le poivron, retirez-lui le pédoncule et les graines, puis émincez-le en tout petits dés. Mettez les légumes dans une casserole avec le vinaigre, l'huile d'olive, 5 cl d'eau, le sucre,

2 petites carottes

1 poivron vert

15 cl de vinaigre de cidre

4 cuil. à soupe d'huile d'olive

2 cuil. à café de sucre en poudre

½ cuil. à café de purée de piments (facultatif)

1 pomme granny smith

le jus d'un citron

quelques pluches de coriandre (pour le décor)

sel et poivre du moulin

la purée de piments et un peu de sel. Amenez à petits frémissements, couvrez et laissez cuire environ 10 minutes.

Versez 1 litre d'eau dans la marmite du cuit-vapeur et amenez à ébullition. Posez les pavés d'espadon côte à côte dans le panier perforé. Saupoudrez-les de sel, ajustez le couvercle et faites-les cuire de 6 à 8 minutes, selon leur épaisseur. Égouttez-les sur du papier absorbant et posez-les sur un plat chaud.

Épluchez et épépinez la pomme. Taillez-la en très petits dés que vous mettrez au fur et à mesure dans un bol avec le jus de citron. Mélangez-les ensuite avec les petits légumes, réchauffez l'ensemble et nappez-en le poisson. Parsemez de coriandre et servez.

Raie au beurre blanc

Préparation : 20 min

Cuisson : 10 à 12 min

Pour 4 personnes

1,2 kg d'aile de raie épaisse

2 échalotes

4 cuil. à soupe de vinaigre de cidre

4 cuil. à soupe de vin blanc sec

150 g de beurre

le jus d'un demi-citron

sel et poivre du moulin

Coupez le beurre en petits morceaux et laissez-le à température ambiante. Rincez soigneusement l'aile de raie à l'eau fraîche, puis coupez-la en quatre morceaux.

Versez 1,5 litre d'eau dans la marmite du cuit-vapeur et amenez à ébullition. Posez les morceaux de raie côte à côte dans le panier perforé. Saupoudrez-les de sel, ajustez le couvercle et faites-les cuire de 10 à 12 minutes, selon leur épaisseur.

Épluchez et hachez les échalotes. Mettez-les dans une petite casserole avec le vinaigre et le vin blanc, et faites réduire à feu vif pour ne conserver que 2 cuillerées à soupe de liquide.

Égouttez les morceaux de raie sur du papier absorbant. Retirez d'abord la peau blanche du dessous, disposez-les sur un plat chaud et ôtez la peau brune du dessus.

Mettez la réduction aux échalotes hors du feu et incorporez le beurre, en fouettant vivement. Nappez-en le poisson et servez.

Raie aux anchois

Préparation : 20 min

Dessalage : 1 h

Cuisson : 10 à 12 min

Pour 4 personnes

1,2 kg d'aile de raie épaisse

100 g d'anchois au sel

100 g de beurre

1 tomate

1 échalote

10 cl de court-bouillon (fait à partir de bouillon déshydraté)

1 cuil. à soupe de persil plat ciselé

sel et poivre du moulin

Faites tremper les filets d'anchois pendant 1 heure dans un grand bol d'eau froide pour les dessaler, en renouvelant l'eau plusieurs fois. Égouttez-les et retirez l'arête centrale, puis rincez-les à nouveau et essuyez-les avec du papier absorbant. Mixez-les avec le beurre pour obtenir une purée homogène. Coupez la tomate en deux, retirez les graines et taillez la pulpe en très petits dés. Épluchez et hachez finement l'échalote.

Versez 1,5 litre d'eau dans la marmite du cuit-vapeur et amenez à ébullition. Posez les morceaux de raie côte à côte dans le panier perforé. Saupoudrez-les de sel, ajustez le couvercle et faites-les cuire de 10 à 12 minutes, selon leur épaisseur. À la fin de la cuisson, faites chauffer le court-bouillon dans une petite casserole.

Égouttez les morceaux de raie sur du papier absorbant. Retirez d'abord la peau blanche du dessous, puis disposez-les sur un plat chaud et ôtez la peau brune du dessus.

Retirez la casserole de court-bouillon du feu et incorporez le beurre aux anchois, en fouettant vivement. Ajoutez les dés de tomate et l'échalote, mélangez et versez sur le poisson. Parsemez de persil et servez.

Rascasse à la vapeur de menthe

Préparation : 15 min

Cuisson : 10 à 12 min

Pour 4 personnes

2 rascasses de 800 g pièce

1 bouquet de menthe fraîche

½ cuil. à café de sucre

5 cl de jus de citron vert

3 cuil. à soupe d'huile de tournesol

2 cuil. à soupe de nuoc-mâm

sel et poivre du moulin

Demandez au poissonnier d'écailler, de vider et d'ébarber largement les rascasses. Rincez-les et épongez-les, puis salez et poivrez l'intérieur et l'extérieur.

Prélevez une quinzaine de feuilles de menthe et ciselez-les finement. Délayez le sucre avec le jus de citron, puis ajoutez l'huile, le nuoc-mâm et la menthe ciselée. Mélangez et laissez infuser pendant la cuisson du poisson.

Versez 1 litre d'eau dans le panier du cuit-vapeur et amenez à ébullition. Mettez le reste des tiges de menthe dans le fond du panier perforé. Posez les poissons dessus, ajustez le couvercle et faites cuire de 10 à 12 minutes.

Égouttez les rascasses sur du papier absorbant. Levez les filets, disposez-les sur un plat chaud et servez-les aussitôt, avec la sauce.

Rascasse au beurre d'escargot

Préparation : 20 min

Cuisson : 15 à 20 min

Pour 4 personnes

4 rascasses de 350 à 400 g pièce

Préparez le beurre d'escargot : épluchez et hachez très finement les échalotes et la gousse d'ail. Mettez-les dans un bol avec le beurre, le persil, du sel et du poivre. Malaxez l'ensemble jusqu'à ce qu'il soit homogène.

●●●

20 g de beurre

sel et poivre du moulin

POUR LE BEURRE D'ESCARGOT :

2 échalotes

1 gousse d'ail

150 g de beurre ramolli

2 cuil. à soupe de persil plat ciselé

sel et poivre du moulin

Écaillez et videz les rascasses si le poissonnier ne l'a pas fait. Lavez-les, puis épongez-les avec du papier absorbant. Répartissez le beurre d'escargot dans la cavité des quatre poissons.

Découpez quatre grands carrés de papier sulfurisé et beurrez le centre. Posez une rascasse sur chacun, salez, poivrez et fermez hermétiquement les papillotes, sans serrer, en repliant plusieurs fois les bords.

Versez 1,5 litre d'eau dans la marmite du cuit-vapeur et amenez à ébullition. Posez les papillotes côte à côte dans le panier perforé, ajustez le couvercle et faites cuire de 15 à 20 minutes. Servez chaud, dans les papillotes, en laissant chacun ouvrir la sienne.

Rougets à la niçoise

Préparation : 30 min

Trempage : 30 min

Cuisson : 10 min

Pour 4 personnes

4 rougets de 250 g pièce

6 filets d'anchois au sel

1 gousse d'ail

80 g d'olives noires dénoyautées

6 cuil. à soupe de pulpe de tomate en dés

4 cuil. à soupe d'huile d'olive

le jus d'un demi-citron

sel et poivre du moulin

Demandez à votre poissonnier d'écailler les rougets et de les vider en laissant le foie à l'intérieur. Rincez-les et épongez-les.

Laissez les anchois tremper 30 minutes dans un bol d'eau froide pour les dessaler. Ouvrez-les en deux et retirez l'arête centrale, puis hachez-les au couteau. Pelez et écrasez la gousse d'ail. Hachez finement les olives.

Faites cuire la pulpe de tomate 5 minutes à feu doux avec 2 cuillerées à soupe d'huile et l'ail. Ajoutez les anchois et les olives, salez très légèrement, donnez quelques tours de moulin à poivre et laissez mijoter quelques instants.

Découpez quatre grands carrés de papier sulfurisé et enduisez le centre avec le reste de l'huile. Posez un rouget sur chacun, recouvrez de sauce tomate, arrosez de quelques gouttes de jus de citron, salez et poivrez. Fermez hermétiquement les papillotes, sans serrer, en repliant plusieurs fois les bords.

Versez 1 litre d'eau dans la marmite du cuit-vapeur et amenez à ébullition. Posez les papillotes côte à côte dans le panier perforé, ajustez le couvercle et faites cuire environ 10 minutes. Servez chaud, dans les papillotes.

Rougets au beurre de curry

Préparation : 30 min

Cuisson : 10 min

Pour 4 personnes

4 rougets de 250 g pièce

4 petits brins de thym

2 cuil. à soupe d'huile d'olive

sel et poivre du moulin

POUR LE BEURRE DE CURRY :

120 g de beurre demi-sel

1 cuil. à café de curry en poudre

1 cuil. à soupe de jus de citron

Coupez le beurre en petits morceaux et laissez-le à température ambiante.

Demandez à votre poissonnier d'écailler les rougets et de les vider en laissant le foie à l'intérieur. Rincez-les et épongez-les. Salez et poivrez la cavité des poissons, puis glissez-y un brin de thym.

Découpez quatre grands carrés de papier sulfurisé, enduisez le centre d'huile d'olive et posez un rouget sur chacun. Salez les poissons et badigeonnez-les avec le reste de l'huile. Fermez hermétiquement les papillotes, sans serrer, en repliant plusieurs fois les bords.

Versez 1 litre d'eau dans la marmite du cuit-vapeur et amenez à ébullition. Posez les papillotes côte à côte dans le panier perforé, ajustez le couvercle et faites cuire 10 minutes.

Écrasez le beurre à la fourchette en incorporant petit à petit le curry et le jus de citron, jusqu'à ce que le mélange soit bien homogène.

•••

Sortez les papillotes du cuit-vapeur, puis posez-les sur un plat. Ouvrez-les, enduisez les rougets de beurre au curry et servez.

Rougets marinés aux herbes

Préparation : 30 min

Cuisson : 8 à 10 min

Pour 4 personnes

4 rougets de 250 g pièce

sel et poivre du moulin

POUR LA MARINADE :

1 gousse d'ail

20 cl d'huile d'olive

le jus d'un citron

2 cuil. à soupe de feuilles de basilic

1 cuil. à soupe de feuilles de cerfeuil

4 feuilles d'estragon

4 brins de ciboulette

Demandez à votre poissonnier d'écailler les rougets et de les vider en laissant le foie à l'intérieur. Rincez-les puis épongez-les.

Versez 1 litre d'eau dans la marmite du cuit-vapeur et amenez à ébullition. Huilez légèrement le fond du panier perforé. Posez les rougets dans le panier, salez et poivrez, puis ajustez le couvercle et faites cuire de 8 à 10 minutes.

Pelez la gousse d'ail. Mettez-la dans le bol d'un robot avec tous les autres ingrédients de la marinade et mixez jusqu'à ce que les herbes soient finement broyées.

Sortez délicatement les poissons du cuit-vapeur et égouttez-les quelques instants sur du papier absorbant. Mettez-les dans un plat creux et laissez tiédir.

Versez uniformément l'huile aux herbes sur les rougets et laissez refroidir complètement avant de réserver au réfrigérateur.

Remettez à température ambiante avant de servir.

Rouleaux de limande à la coréenne

Préparation : 45 min
Trempage : 30 min
Cuisson : environ 10 min

Pour 4 personnes

- 8 filets de limande sans peau, de 80 g pièce
- les chapeaux de 8 champignons parfumés
- 2 cuil. à soupe de Maïzena
- 3 petites carottes
- 120 g de feuilles de cresson
- 200 g de haricots verts
- 2 cuil. à soupe de sauce soja
- 1 cuil. à café d'huile de sésame
- sel et poivre du moulin

POUR LA SAUCE :

- 4 cuil. à soupe de pignons grillés
- 4 cuil. à soupe de vinaigre de riz
- 4 cuil. à soupe de sauce soja
- 1 cuil. à café de purée de piments
- 2 cuil. à café d'huile de sésame

Faites tremper les champignons 30 minutes dans un bol d'eau bouillante, puis égouttez-les et émincez-les en fines lamelles. Étalez la Maïzena dans une assiette. Préparez les légumes. Coupez les carottes en bâtonnets et les haricots en tronçons identiques.

Versez 1 litre d'eau dans le panier du cuit-vapeur. Étalez le cresson dans le panier perforé, ajustez le couvercle et faites cuire 2 minutes. Égouttez-le et épongez-le avec du papier absorbant. Remplacez-le par les carottes et les haricots verts, salez légèrement et faites cuire également 2 minutes. Mettez tous les légumes dans un plat creux, arrosez-les de la sauce soja et de l'huile de sésame, et remuez bien.

Rincez et épongez les filets de limande, puis passez-les d'un seul côté dans la Maïzena et disposez quelques morceaux de chacun des légumes sur le côté fariné. Enroulez les filets de poisson autour de cette garniture et maintenez-les avec des piques en bois. Posez les petits rouleaux debout, les uns à côté des autres, dans le panier perforé, remettez le couvercle et faites cuire environ 5 minutes.

Broyez les pignons au pilon et mélangez-les aux autres ingrédients de la sauce. Sortez délicatement les rouleaux de limande du cuit-vapeur et servez-les sur un plat chaud, accompagnés d'une coupelle de sauce.

Rouleaux de saumon à la vapeur d'oseille

Préparation : 20 min
Cuisson : environ 10 min
Pour 4 personnes

600 g de filet de saumon sans peau

800 g d'oseille

20 g de beurre

2 cuil. à soupe de crème fraîche

sel et poivre du moulin

Équeutez l'oseille, lavez-la et séchez-la. Rincez et épongez le filet de saumon, puis coupez-le en huit escalopes fines. Salez et poivrez les deux côtés, formez des petits rouleaux et liez-les avec un peu de ficelle ou maintenez-les avec des piques en bois.

Faites fondre les trois quarts de l'oseille quelques minutes dans une poêle, avec le beurre. Ajoutez la crème, salez, poivrez et mélangez. Maintenez à feu très doux.

Versez 1 litre d'eau dans la marmite du cuit-vapeur et amenez à ébullition. Étalez le reste de l'oseille dans le fond du panier perforé et posez les rouleaux de saumon dessus, les uns à côté des autres. Ajustez le couvercle et faites cuire de 6 à 8 minutes.

Étalez la fondue d'oseille sur un plat chaud. Égouttez les petits rouleaux de saumon quelques instants sur du papier absorbant, disposez-les sur le lit d'oseille et servez.

Roulés de sole aux amandes

Préparation : 20 min
Cuisson : environ 10 min
Pour 4 personnes

8 filets de sole (d'environ 80 g pièce)

4 cuil. à soupe d'amandes effilées

Rincez et épongez les filets de sole. Roulez-les puis maintenez-les avec des piques en bois ou liez-les avec de la ficelle. Salez et poivrez.

Versez 1 litre d'eau dans la marmite du cuit-vapeur et amenez à ébullition. Posez les rouleaux de sole dans le panier perforé, ajustez le couvercle et faites cuire 8 minutes.

10 cl de crème fraîche

100 g de beurre

1 cuil. à soupe
de persil plat ciselé

1 filet de jus de citron

sel et poivre du moulin

Faites dorer les amandes à sec. Réservez-en un quart pour le décor et concassez grossièrement le reste. Mettez-les dans une petite casserole avec la crème et faites épaissir à feu doux. Hors du feu, incorporez petit à petit le beurre, en fouettant vivement. Salez et poivrez, puis ajoutez le persil et le jus de citron.

Égouttez rapidement les filets de sole sur du papier absorbant et disposez-les sur un plat chaud. Arrosez-les de la sauce, parsemez les amandes effilées et servez aussitôt.

Roussette au coulis de persil

Préparation : 15 min

Cuisson : 7 min

Pour 4 personnes

800 g de roussette
(ou saumonette)

1 bouquet de persil plat

3 cuil. à soupe
de crème fraîche

30 g de beurre

sel et poivre du moulin

Lavez et équeutez le persil. Plongez-le 1 minute dans une casserole d'eau bouillante salée, puis égouttez-le et pressez-le pour extraire le maximum d'eau. Mettez-le dans le bol d'un robot et mixez-le en purée très fine. Ajoutez la crème et donnez encore quelques impulsions, salez et poivrez.

Rincez la roussette, épongez-la et coupez-la en quatre morceaux identiques. Huilez légèrement le fond du panier perforé et posez les morceaux de roussette côte à côte. Saupoudrez de sel, ajustez le couvercle et faites cuire environ 6 minutes.

Réchauffez doucement le coulis, sans le laisser bouillir pour qu'il conserve sa couleur. Retirez du feu et ajoutez le beurre en fouettant vivement. Égouttez la roussette et posez-la sur un plat chaud. Nappez les morceaux d'un peu de sauce et servez, avec le reste de la sauce à part.

Roussette tiède, sauce ravigote

Préparation : 15 min

Cuisson : 4 min

Pour 4 personnes

800 g de roussette (ou saumonette)

sel et poivre du moulin

POUR LA SAUCE RAVIGOTE :

1 cuil. à café de moutarde forte

5 cl de bon vinaigre de vin

15 cl d'huile de tournesol

2 oignons nouveaux finement hachés

2 cuil. à soupe de fines herbes ciselées mélangées (persil, cerfeuil, ciboulette)

1 cuil. à café de câpres

sel et poivre du moulin

Préparez la sauce : délayez la moutarde avec le vinaigre, puis versez l'huile en fouettant avec une fourchette. Salez et poivrez, ajoutez les oignons, les herbes et les câpres, et mélangez bien.

Versez 1 litre d'eau dans la marmite du cuit-vapeur et amenez à ébullition. Rincez et épongez les filets de roussette, puis coupez-les en tronçons de 3 ou 4 cm. Huilez légèrement le fond du panier perforé, posez les morceaux de roussette côte à côte et saupoudrez-les de sel. Ajustez le couvercle et faites cuire environ 4 minutes.

Égouttez le poisson sur du papier absorbant et laissez-le tiédir quelques instants avant de le disposer sur un plat et de servir, avec la sauce présentée séparément.

Roussette vigneronne

Préparation : 20 min

Cuisson : 10 à 15 min

Pour 4 personnes

800 g de roussette (ou saumonette)

2 échalotes

20 cl de porto

10 cl de vinaigre de vin rouge

30 cl de vin rouge corsé

Épluchez et hachez finement les échalotes. Mettez-les dans une petite casserole avec le porto et le vinaigre, et faites réduire à feu vif pour ne conserver que 3 ou 4 cuillerées de liquide. Ajoutez le vin rouge et faites réduire à nouveau des trois quarts. Gardez au chaud.

Versez 1 litre d'eau dans la marmite du cuit-vapeur et amenez à ébullition. Rincez la roussette, épongez-la et coupez-la en tronçons de 3 cm. Huilez légèrement le

100 g de beurre

sel et poivre du moulin

fond du panier perforé. Posez les morceaux de roussette dans le panier, côte à côte, et saupoudrez-les de sel. Ajustez le couvercle et faites cuire environ 4 minutes, puis égouttez le poisson quelques instants sur du papier absorbant. Disposez-le sur un plat chaud.

Coupez le beurre en morceaux. Hors du feu, incorporez-le à la sauce très chaude, en fouettant vivement. Salez et poivrez. Nappez la roussette de sauce et servez aussitôt.

Salade chaude de lotte aux pignons

Préparation : 20 min

Cuisson : 7 à 10 min

Pour 4 personnes

700 g de filet de lotte sans peau

30 g de pignons

150 g de salades mélangées

1 cuil. à soupe de pluches de cerfeuil

sel et poivre du moulin

POUR LA VINAIGRETTE :

1,5 cuil. à soupe de vinaigre de vin

3 cuil. à soupe d'huile de noix

2 cuil. à soupe d'huile de tournesol

sel et poivre du moulin

Faites dorer à sec les pignons dans une poêle antiadhésive, en les surveillant attentivement pour qu'ils ne colorent pas trop. Réservez.

Lavez et essorez les salades, puis séchez-les entre deux feuilles de papier absorbant. Rincez la lotte, épongez-la et coupez-la en cubes de 3 ou 4 cm de côté.

Versez 1 litre d'eau dans la marmite du cuit-vapeur et amenez à ébullition. Huilez légèrement le fond du panier perforé, posez les cubes de lotte les uns à côté des autres et saupoudrez-les légèrement de sel. Ajustez le couvercle et faites cuire de 6 à 8 minutes.

Réunissez les ingrédients de la vinaigrette dans un bol et fouettez vivement pour émulsionner le mélange. Versez-en 3 cuillerées à soupe sur la salade, ajoutez les pignons et remuez bien.

•••

Salade chaude de lotte aux pignons

Sortez le poisson et égouttez-le rapidement sur du papier absorbant. Répartissez la salade dans quatre assiettes et disposez les morceaux de lotte par-dessus, puis arrosez du reste de vinaigrette. Parsemez de cerfeuil et servez.

Salade tiède de raie aux noisettes

Préparation : 30 min
Cuisson : 10 à 12 min

Pour 4 personnes

1,2 kg d'aile de raie épaisse

1 petite salade feuille de chêne

2 cuil. à soupe de noisettes décortiquées

sel et poivre du moulin

POUR LA VINAIGRETTE :

1 cuil. à café de moutarde à l'ancienne

2 cuil. à soupe de vinaigre de xérès

3 cuil. à soupe d'huile de noix

2 cuil. à soupe d'huile de tournesol

sel et poivre du moulin

Lavez et essorez la salade, puis ciselez-la grossièrement. Concassez les noisettes. Rincez soigneusement l'aile de raie à l'eau fraîche et coupez-la en quatre morceaux.

Versez 1,5 litre d'eau dans la marmite du cuit-vapeur et amenez à ébullition. Posez les morceaux de raie côte à côte dans le panier perforé. Saupoudrez-les de sel, ajustez le couvercle et faites-les cuire de 10 à 12 minutes, selon leur épaisseur.

Réunissez les ingrédients de la vinaigrette dans un bol et fouettez vivement pour émulsionner l'ensemble. Salez et poivrez. Mélangez la salade à la moitié de la vinaigrette. Remuez bien et répartissez sur quatre assiettes.

Égouttez les morceaux de raie sur du papier absorbant. Retirez d'abord la peau blanche du dessous, puis ôtez la peau brune du dessus et détachez la chair du cartilage. Répartissez la raie sur la salade, parsemez les noisettes et arrosez du reste de la vinaigrette.

Sardines à la sicilienne

Préparation : 30 min

Cuisson : environ 8 min

Pour 4 personnes

24 sardines moyennes

100 g d'olives noires dénoyautées

2 cuil. à soupe de câpres

huile d'olive

1 cuil. à soupe de persil ciselé (pour servir)

poivre du moulin

Coupez quelques olives en rondelles et réservez ; hachez finement le reste au couteau. Mettez de côté 1 cuillerée à soupe de câpres et hachez également le reste très finement. Mélangez les deux hachis dans un bol et donnez quelques tours de moulin à poivre.

Videz les sardines en retirant la tête. Écaillez-les, ouvrez-les sans séparer les deux moitiés et retirez l'arête centrale. Rincez-les, épongez-les avec du papier absorbant et ouvrez-les. Étalez 1 cuillerée du mélange olives-câpres sur un côté, puis refermez les sardines.

Découpez douze carrés de papier sulfurisé et badigeonnez largement le centre d'huile d'olive, puis posez deux sardines farcies sur chacun. Répartissez les rondelles d'olive et les câpres entières en surface, puis salez et poivrez légèrement. Formez des papillotes et fermez-les hermétiquement, sans serrer, en repliant plusieurs fois les bords.

Versez 1 litre d'eau dans la marmite du cuit-vapeur et amenez à ébullition. Rangez les papillotes les unes à côté des autres dans le panier perforé et faites cuire environ 8 minutes. Servez chaud, dans les papillotes.

Sardines farcies au brocciu

Préparation : 30 min
Cuisson : environ 8 min
Pour 4 personnes

24 sardines moyennes

300 g de brocciu (ou de fromage de chèvre frais)

1 cuil. à soupe de menthe ciselée

2 cuil. à soupe d'huile d'olive

sel et poivre du moulin

Étêtez, écaillez et videz les sardines. Ôtez-leur délicatement l'arête dorsale et un maximum d'arêtes, puis rincez-les à l'eau fraîche. Essuyez-les avec du papier absorbant.

Mélangez le brocciu avec la menthe et l'huile d'olive jusqu'à ce que l'ensemble soit bien homogène. Salez, poivrez et répartissez cette farce dans les sardines.

Découpez douze carrés de papier sulfurisé et badigeonnez largement la moitié de la surface d'huile d'olive, sans aller jusqu'aux bords. Posez deux sardines sur chacun, puis salez et poivrez. Formez des papillotes et fermez-les hermétiquement, sans serrer, en repliant plusieurs fois les bords.

Versez 1 litre d'eau dans la marmite du cuit-vapeur et amenez à ébullition. Rangez les papillotes les unes à côté des autres dans le panier perforé et faites cuire environ 8 minutes. Servez chaud, dans les papillotes.

Sardines marinées au cumin

Préparation : 30 min
Cuisson : 6 à 8 min
Marinade : 2 h
Pour 4 personnes

24 sardines moyennes

1 cuil. à café de cumin moulu

1 cuil. à café de graines de cumin

Étêtez, videz et écaillez les sardines. Ouvrez-les et retirez l'arête centrale, puis rincez-les soigneusement et essuyez-les une à une avec du papier absorbant.

Rangez les filets de sardines dans un plat creux de taille adaptée au cuit-vapeur et juste assez grand pour les contenir sur une seule couche. Salez, poivrez et saupoudrez de cumin moulu.

le jus d'un demi-citron

10 cl d'huile d'olive

sel et poivre du moulin

Versez 1 litre d'eau dans la marmite du cuit-vapeur et amenez à ébullition. Posez le plat dans le panier perforé, ajustez le couvercle et faites cuire de 6 à 8 minutes, puis sortez les sardines et laissez-les refroidir.

Fouettez le jus de citron avec l'huile d'olive. Versez le mélange sur les poissons, parsemez les graines de cumin et laissez mariner au moins 2 heures. Servez à température ambiante.

Saumon mi-cuit à l'aigre-doux

Préparation : 20 min

Cuisson : 8 à 10 min

Pour 4 personnes

600 g de filet de saumon sans peau ni arêtes

sel et poivre du moulin

POUR LA SAUCE :

3 échalotes

100 g de beurre

1 cuil. à soupe de miel liquide

1 cuil. à soupe de sauce soja

2 cuil. à soupe de vinaigre balsamique

Vérifiez qu'il ne reste pas d'arêtes dans le filet de saumon en passant le bout des doigts sur la surface. Rincez-le, épongez-le et coupez-le en fines escalopes de 1 cm d'épaisseur.

Épluchez et hachez très finement les échalotes. Faites-les fondre à feu très doux dans une petite casserole avec une noix de beurre, jusqu'à ce qu'elles soient translucides. Sans cesser de remuer, ajoutez le miel, puis la sauce soja et le vinaigre. Gardez au chaud.

Versez 50 cl d'eau dans la marmite du cuit-vapeur et amenez à ébullition. Posez les tranches de saumon dans le panier perforé, en veillant à ce qu'elles ne se chevauchent pas. Faites cuire 3 ou 4 minutes, sans couvrir, en les retournant délicatement à mi-cuisson. Égouttez-les quelques instants sur du papier absorbant et posez-les sur un plat chaud.

Retirez la casserole du feu. En fouettant vivement, incorporez le beurre petit à petit, salez et poivrez. Nappez le saumon de sauce et servez sans attendre.

Steaks de thon au paprika

Préparation : 20 min
Marinade : 30 min
Cuisson : environ 15 min

Pour 4 personnes

4 tranches de filet de thon sans peau, de 180 à 200 g pièce

1 cuil. à soupe d'huile de tournesol

1 cuil. à café de paprika

sel et poivre du moulin

POUR LA SAUCE :

2 échalotes

20 g de beurre

1 cuil. à café de concentré de tomates

1 cuil. à café de paprika

20 cl de crème liquide

sel et poivre du moulin

Rincez et épongez les tranches de thon. Posez-les dans une assiette creuse, arrosez-les d'huile et saupoudrez-les de paprika, de sel et de poivre. Retournez-les plusieurs fois et laissez-les mariner 30 minutes au réfrigérateur.

Épluchez et hachez finement les échalotes. Faites-les fondre à feu doux avec le beurre dans une petite casserole, jusqu'à ce qu'elles soient tendres et translucides. Ajoutez le concentré de tomates et le paprika, remuez bien et versez la crème. Salez et poivrez, puis laissez épaissir quelques minutes à feu doux.

Versez 1 litre d'eau dans la marmite du cuit-vapeur et amenez à ébullition. Posez les tranches de thon côte à côte dans le panier perforé. Ajustez le couvercle et faites-les cuire de 6 à 8 minutes, selon leur épaisseur.

Égouttez quelques instants les steaks de thon sur du papier absorbant, puis posez-les sur un plat chaud, nappez-les d'un peu de sauce et servez le reste séparément.

Thon mariné aux épices

Préparation : 20 min
Marinade : 1 h
Cuisson : 4 ou 5 min

Pour 4 personnes

600 g de filet de thon sans peau

3 cuil. à soupe d'huile d'olive

Rincez le filet de thon, épongez-le et coupez-le en cubes de 3 ou 4 cm de côté. Mélangez l'huile d'olive et les épices dans un plat creux. Salez et poivrez, puis mettez les cubes de thon dans le plat et remuez plusieurs fois pour qu'ils s'imprègnent bien de marinade. Couvrez et réservez 1 heure au réfrigérateur.

1 cuil. à café de coriandre moulue

1 cuil. à café de cumin moulu

1 cuil. à café de piment doux

sel et poivre du moulin

POUR LA SALADE :

120 g de roquette

1 cuil. à soupe de vinaigre balsamique

2 cuil. à soupe d'huile d'olive

2 cuil. à soupe de persil plat ciselé

1 cuil. à soupe de coriandre ciselée

quelques feuilles de menthe ciselées

Versez 1 litre d'eau dans la marmite du cuit-vapeur et amenez à ébullition. Étalez les cubes de thon dans un plat de taille adaptée au cuit-vapeur. Placez-le dans le panier perforé, ajustez le couvercle et faites cuire 4 ou 5 minutes.

Lavez et essorez la salade. Versez le vinaigre balsamique et l'huile d'olive dans un saladier, salez et poivrez. Ajoutez la roquette et les herbes, et remuez bien. Répartissez la salade sur quatre assiettes, puis disposez les cubes de thon dessus et servez tiède.

Thon mi-cuit aux poivrons

Préparation : 20 min

Cuisson : 12 ou 13 min

Pour 4 personnes

600 g de filet de thon sans peau

3 poivrons rouges

2 cuil. à soupe de vinaigre balsamique

4 cuil. à soupe d'huile d'olive

1 cuil. à café d'origan

sel et poivre du moulin

Versez 1 litre d'eau dans le panier du cuit-vapeur et amenez à ébullition. Coupez les poivrons en deux et retirez-leur le pédoncule, les graines et les cloisons intérieures. Posez-les dans le panier perforé, ajustez le couvercle et faites cuire 10 minutes. Égouttez les poivrons et laissez-les refroidir, puis pelez-les et taillez la chair en larges bandes.

Versez 1 litre d'eau dans la marmite du cuit-vapeur et amenez à ébullition. Rincez le filet de thon, épongez-le et coupez-le en tranches de 5 à 7 mm d'épaisseur. Posez-les dans le panier perforé, et saupoudrez-les de sel. Ajustez le couvercle et faites cuire 2 ou 3 minutes.

Égouttez les tranches de thon quelques instants sur du papier absorbant. Laissez-les tiédir, puis disposez-les dans le plat de service, sur les poivrons. Fouettez vivement le vinaigre et l'huile pour émulsionner le mélange. Versez-le sur le thon, parsemez d'origan et servez.

Truite de mer aux poireaux

Préparation : 40 min

Cuisson : environ 10 min

Pour 4 personnes

600 g de filets de truite de mer

4 blancs de poireau

6 cuil. à soupe de crème fraîche

1 cuil. à soupe d'aneth ciselé

sel et poivre du moulin

Fendez les poireaux en deux dans la longueur et lavez-les avec soin. Rincez et épongez les filets de truite. Recoupez-les éventuellement pour obtenir quatre portions identiques, puis salez et poivrez les deux côtés.

Versez 1 litre d'eau dans la marmite du cuit-vapeur et amenez à ébullition. Étalez les poireaux dans le fond du panier perforé. Saupoudrez-les de sel, ajustez le couvercle et faites cuire 4 minutes.

Posez les filets de truite sur les poireaux, remettez le couvercle et poursuivez la cuisson pendant environ 6 minutes.

Pendant ce temps, faites chauffer la crème à feu doux dans une petite casserole pour qu'elle épaississe un peu. Salez, poivrez et ajoutez l'aneth.

Égouttez quelques instants les poireaux et les filets de truite sur du papier absorbant. Posez-les ensuite sur un plat chaud, nappez-les de crème à l'aneth et servez.

Truites aux câpres

Préparation : 20 min

Cuisson : 10 min

Pour 4 personnes

4 truites de 300 g pièce

1,5 cuil. à soupe de câpres

40 g de beurre mou

1 cuil. à soupe de persil plat ciselé

le jus d'un demi-citron

sel et poivre du moulin

Demandez au poissonnier de vider les truites par les ouïes, de les écailler et de les ébarber. Rincez-les et séchez-les soigneusement. Hachez grossièrement les câpres au couteau. Malaxez le beurre avec les câpres et le persil jusqu'à ce que le mélange soit homogène.

Découpez quatre grands carrés de papier sulfurisé et beurrez le centre. Posez une truite sur chacun, puis répartissez le beurre aux câpres sur les poissons, arrosez-les de quelques gouttes de jus de citron, salez et poivrez. Formez des papillotes et fermez-les hermétiquement, sans serrer, en repliant plusieurs fois les bords.

Versez 1 litre d'eau dans la marmite du cuit-vapeur et amenez à ébullition. Posez les papillotes côte à côte dans le panier perforé, ajustez le couvercle et faites cuire environ 10 minutes. Servez chaud, dans les papillotes.

Truites en feuilles de vigne

Préparation : 40 min

Cuisson : environ 10 min

Pour 4 personnes

4 truites de 250 g pièce

16 grandes feuilles de vigne

2 cuil. à soupe de ciboulette ciselée

1 cuil. à soupe de cerfeuil ciselé

Videz les truites, ébarbez-les et lavez-les, puis épongez-les avec du papier absorbant. Rincez et séchez les feuilles de vigne.

Dans un bol, mélangez les herbes ciselées avec la moitié de l'huile d'olive pour obtenir une pâte homogène. Salez très légèrement et répartissez cette préparation à l'intérieur des poissons à l'aide d'une petite cuillère.

Enduisez les truites avec le reste d'huile et enveloppez chacune d'elles dans quatre feuilles de vigne, en laissant éventuellement

4 cuil. à soupe d'huile d'olive

sel et poivre du moulin

dépasser la tête et la queue. Maintenez le tout avec de la ficelle de cuisine.

Versez 1 litre d'eau dans la marmite du cuit-vapeur et amenez à ébullition. Rangez les papillotes, côte à côte, dans le panier perforé et faites-les cuire environ 10 minutes. Égouttez bien et servez aussitôt.

Truites farcies aux dattes

Préparation : 40 min

Cuisson : 10 min

Pour 4 personnes

4 truites de 300 g pièce

50 g d'amandes mondées

140 g de dattes dénoyautées et hachées

40 g de riz cuit

4 cuil. à soupe de coriandre ciselée

¼ de cuil. à café de gingembre en poudre

¼ de cuil. à café de cannelle moulue

1 oignon blanc finement haché

40 g de beurre ramolli

cannelle moulue (pour servir)

sel et poivre du moulin

Demandez au poissonnier de vider et d'ébarber les truites. Rincez-les, puis épongez-les avec du papier absorbant. Concassez grossièrement les amandes.

Réunissez dans un petit saladier les dattes, le riz, la coriandre, le gingembre, la cannelle, les amandes, la moitié de l'oignon et du beurre. Salez et poivrez, puis mélangez jusqu'à obtention d'une farce parfaitement homogène. Répartissez-la dans les truites sans trop tasser et maintenez l'ouverture fermée avec une pique en bois.

Découpez quatre grands carrés de papier sulfurisé, beurrez le centre et posez une truite sur chacun. Enduisez les poissons avec le reste de beurre, salez et poivrez, puis répartissez le reste de l'oignon. Formez des papillotes et fermez-les hermétiquement, sans serrer, en repliant plusieurs fois les bords.

Versez 1 litre d'eau dans la marmite du cuit-vapeur et amenez à ébullition. Rangez les papillotes, côte à côte, dans le panier perforé et faites-les cuire environ 10 minutes. Entrouvrez les papillotes et saupoudrez un peu de cannelle avant de servir.

Ballotins de chou vert au lapin

Préparation : 40 min
Cuisson : environ 25 min

Pour 4 personnes

300 g de chair de lapin

100 g de chair à saucisse fine

1 œuf battu

12 cl de crème fraîche

1 litre de bouillon de volaille (frais ou préparé avec du concentré)

8 belles feuilles de jeune chou vert (ou 16 plus petites)

16 fines tranches de lard fumé

sel et poivre du moulin

Hachez très finement la chair de lapin avec un couteau parfaitement aiguisé. Mettez-la dans un grand bol avec la chair à saucisse, l'œuf et 2 cuillerées à soupe de crème. Salez, poivrez et mélangez jusqu'à ce que l'ensemble soit bien homogène.

Versez le bouillon dans la marmite du cuit-vapeur et amenez à ébullition. Rincez les feuilles de chou. Posez-les dans le panier perforé, ajustez le couvercle et faites cuire 3 ou 4 minutes, juste le temps de les assouplir. Égouttez-les sur du papier absorbant et laissez-les tiédir légèrement.

Étalez les feuilles de chou sur le plan de travail, retirez les côtes et recoupez les plus grandes en deux. Posez une tranche de lard sur chacune et ajoutez 2 cuillerées de farce, puis rabattez deux côtés opposés de la feuille sur la viande. Roulez pour former un petit paquet et liez avec de la ficelle de cuisine.

Rangez les ballotins de lapin les uns à côté des autres dans le panier du cuit-vapeur, remettez le couvercle et faites cuire environ 20 minutes.

•••

Chauffez la crème à feu doux dans une petite casserole avec 3 cuillerées à soupe du bouillon de cuisson. Salez et poivrez. Égouttez les ballotins, mettez-les sur un plat chaud et arrosez-les de crème chaude avant de servir.

Blancs de poulet farcis au gorgonzola

Préparation : 20 min

Cuisson : 10 à 12 min

Pour 4 personnes

4 blancs de poulet sans peau

120 g de gorgonzola

2 cuil. à soupe d'huile de maïs ou de tournesol

sel et poivre du moulin

POUR LA SAUCE :

80 g de gorgonzola

10 cl de crème liquide

poivre du moulin

Retirez la croûte du gorgonzola et coupez-le en quatre lamelles identiques. Essuyez avec soin les blancs de poulet et incisez largement chacun d'eux à mi-épaisseur, de manière à créer une poche. Poivrez légèrement l'intérieur, puis glissez-y une lamelle de gorgonzola et fermez l'ouverture avec une pique en bois.

Versez 1 litre d'eau dans la marmite du cuit-vapeur et amenez à ébullition. Découpez quatre carrés de papier sulfurisé, huilez le centre et posez un blanc de poulet sur chacun. Formez des papillotes hermétiques en repliant plusieurs fois les bords, sans serrer. Posez-les côte à côte dans le panier perforé, ajustez le couvercle et faites cuire de 10 à 12 minutes.

À la fin de la cuisson, préparez la sauce : retirez la croûte du gorgonzola et coupez-le en petits morceaux. Chauffez-le à feu doux avec la crème dans une petite casserole, en remuant jusqu'à ce qu'il soit complètement fondu. Poivrez un peu.

Servez chaud, nappé d'un peu de sauce, directement dans les papillotes ou après avoir disposé les blancs sur un plat chaud.

Blancs de poulet farcis aux champignons

Préparation : 20 min
Cuisson : environ 15 min

Pour 4 personnes

4 blancs de poulet

15 cl de crème liquide

1 cuil. à café de moutarde semi-forte

2 cuil. à café de ciboulette

sel et poivre du moulin

POUR LA FARCE :

150 g de champignons de Paris

1 œuf battu

4 cuil. à soupe de crème épaisse

2 cuil. à café de ciboulette ciselée

Préparez les champignons : enlevez le bout terreux du pied, lavez-les et séchez-les avec soin, puis faites-les revenir à feu vif dans une poêle antiadhésive pour qu'ils rendent leur eau de végétation. Égouttez-les et hachez-les finement. Mélangez le hachis de champignons, l'œuf battu, la crème et la ciboulette jusqu'à ce que l'ensemble soit bien homogène. Salez et poivrez.

Essuyez les blancs de poulet et incisez-les profondément dans la longueur de manière à créer une poche. Glissez-y la farce, sans trop remplir, et fermez l'ouverture avec une petite pique en bois. Salez et poivrez l'extérieur.

Versez 1 litre d'eau dans la marmite du cuit-vapeur et amenez à ébullition. Enroulez chaque blanc dans du film transparent, en serrant un peu, et vrillez les extrémités. Posez ces papillotes côte à côte dans le panier perforé, ajustez le couvercle et faites cuire de 10 à 12 minutes.

Chauffez doucement la crème avec la moutarde. Ajoutez la ciboulette, salez et poivrez. Sortez les blancs de poulet du cuit-vapeur, attendez quelques instants pour pouvoir les manipuler et retirez le film. Servez-les sur un plat chaud, nappés de sauce.

Blancs de poulet farcis aux fines herbes

Préparation : 20 min
Cuisson : 10 min
Pour 4 personnes

4 blancs de poulet sans peau

huile d'olive

sel et poivre du moulin

POUR LA FARCE :

4 cuil. à soupe de fines herbes ciselées mélangées (ciboulette, cerfeuil, estragon, persil…)

2 cuil. à soupe de gruyère râpé

3 cuil. à soupe d'huile d'olive

sel et poivre du moulin

Mélangez les herbes, le gruyère, l'huile d'olive et du poivre pour obtenir une pâte épaisse et homogène. Essuyez les blancs de poulet et incisez-les profondément dans la longueur de manière à créer une poche. Glissez-y 1 ou 2 cuillerées du mélange d'herbes, sans trop remplir, et fermez avec une petite pique en bois. Badigeonnez largement d'huile les blancs de poulet des deux côtés. Salez et poivrez.

Versez 1 litre d'eau dans la marmite du cuit-vapeur et amenez à ébullition. Enroulez chaque blanc dans du film transparent, en serrant un peu, et vrillez les extrémités. Posez ces papillotes les unes à côté des autres dans le panier perforé, ajustez le couvercle et faites cuire 10 minutes.

Sortez les blancs de poulet du cuit-vapeur, attendez quelques instants pour pouvoir les manipuler et retirez le film transparent. Posez sur un plat chaud, arrosez d'un filet d'huile d'olive et servez.

Bouchées de poulet à la thaïlandaise

Préparation : 45 min
Marinade : 4 h
Cuisson : 10 à 12 min
Pour 4 personnes

Coupez chaque blanc de poulet en trois morceaux de la taille d'une grosse bouchée. Mélangez la sauce hoisin, la sauce d'huîtres et la sauce soja dans un plat creux. Posez les

4 filets de poulet de 150 g pièce

4 cuil. à soupe de sauce hoisin

4 cuil. à café de sauce d'huîtres

4 cuil. à café de sauce soja

1 tige de citronnelle

feuilles de pandanus (*bai toey*, dans les épiceries asiatiques) ou feuille de bananier

morceaux de poulet dans le plat, retournez-les plusieurs fois pour bien les enrober de marinade et ouvrez de film transparent. Mettez au réfrigérateur et laissez mariner pendant 1 heure.

Coupez largement l'extrémité de la tige de citronnelle, puis retirez les couches extérieures avant de la hacher finement.

Faites des petits paquets en enveloppant chaque bouchée de poulet mariné dans une bande de feuille de pandanus. Attachez-les avec du raphia ou de la ficelle de cuisine.

Versez 1 litre d'eau dans la marmite du cuit-vapeur et amenez à ébullition. Posez les papillotes côte à côte dans le panier perforé et faites cuire de 10 à 12 minutes, puis servez chaud.

Bouchées de poulet aux noix de cajou

Préparation : 30 min

Cuisson : 10 à 12 min

Pour 4 personnes

500 g de blancs de poulet sans peau

12 noix de cajou

1 cuil. à soupe de sucre en poudre blond

1 cuil. à soupe de jus de citron vert

1 cuil. à soupe de nuoc-mâm

1 litre de bouillon de volaille

Faites rapidement dorer les noix de cajou à sec, puis broyez-les au pilon pour leur donner la consistance du poivre mignonnette. Étalez-les dans une assiette et réservez.

Faites fondre le sucre avec le jus de citron et le nuoc-mâm. Hachez très finement les blancs de poulet au couteau, ou passez-les dans un hachoir muni d'une grosse grille. Mélangez-les aux autres ingrédients (à l'exception des noix de cajou), en malaxant jusqu'à ce que l'ensemble soit bien homogène.

1 cuil. à soupe de chapelure fine

1 cuil. à café de pâte de curry rouge

2 oignons nouveaux finement hachés

2 cuil. à soupe de coriandre ciselée

1 cuil. à café de zeste de citron vert finement râpé

1 blanc d'œuf

Mouillez vos mains et formez des boules de la taille d'une grosse prune. Roulez-les l'une après l'autre dans les noix de cajou, en pressant doucement pour les en enrober.

Versez le bouillon dans la marmite du cuit-vapeur et amenez à ébullition. Huilez très légèrement le fond du panier perforé. Posez-y les boulettes, les unes à côté des autres, ajustez le couvercle et faites cuire de 10 à 12 minutes. Servez chaud, avec de la sauce aigre-douce.

Bouchées de poulet tandoori, sauce yaourt

Préparation : 15 min

Marinade : 2 h

Cuisson : 12 à 15 min

Pour 4 personnes

4 cuisses ou 4 blancs de poulet

2 cuil. à soupe d'huile de tournesol

le jus fraîchement pressé d'un citron

2 cuil. à soupe de tandoori en poudre

POUR LA SAUCE :

2 yaourts brassés

1 cuil. à soupe de menthe finement ciselée

1 cuil. à soupe de coriandre finement ciselée

sel

Retirez la peau des morceaux de poulet ; si vous utilisez des cuisses, supprimez l'os. Coupez la viande en gros cubes. Choisissez un plat pouvant aller dans le panier du cuit-vapeur. Versez-y l'huile et le jus de citron, ajoutez le tandoori et mélangez bien. Posez les morceaux de poulet dans le plat et remuez plusieurs fois pour les enrober complètement marinade. Couvrez et laissez macérer 2 heures au réfrigérateur.

Versez 1 litre d'eau dans la marmite du cuit-vapeur et amenez à ébullition. Posez le plat contenant le poulet dans le panier perforé, couvrez de papier sulfurisé et ajustez le couvercle, puis faites cuire de 12 à 15 minutes.

Pendant la cuisson, mélangez les yaourts et les herbes ciselées en fouettant vivement pour obtenir une sauce bien lisse. Salez légèrement et versez dans un bol. Servez le poulet chaud, dans le plat de cuisson, avec la sauce.

Boulettes de dinde à la marocaine

Préparation : 30 min
Cuisson : 10 min
Pour 4 personnes

- 500 g de blancs de dinde
- 1 oignon
- 2 gousses d'ail
- 2 œufs
- 1 cuil. à soupe de farine
- 1 cuil. à soupe de coriandre finement ciselée
- 1 cuil. à soupe de persil plat finement ciselé
- ¼ de cuil. à café de harissa
- ½ cuil. à café de curcuma
- 1 cuil. à café de paprika
- 1 cuil. à café de cumin moulu
- 1 litre de bouillon de volaille
- sel et poivre du moulin

Pelez et hachez l'oignon et les gousses d'ail. Passez les blancs de dinde au hachoir muni d'une grille fine. Ajoutez l'oignon, l'ail, les œufs, la farine, les herbes ciselées, la harissa et les épices, salez et poivrez, puis mélangez pour obtenir une farce homogène. Mouillez vos mains et formez des boules de la taille d'une grosse prune.

Versez le bouillon dans la marmite du cuit-vapeur et amenez à ébullition. Huilez légèrement le fond du panier perforé, étalez-y les boulettes côte à côte et ajustez le couvercle, puis faites cuire 10 minutes.

Mettez les boulettes dans un plat creux et mouillez-les avec une petite louche du bouillon de cuisson, dans laquelle vous pouvez délayer 1 cuillerée de harissa. Accompagnez de semoule de couscous.

Boulettes de lapin à l'estragon

Préparation : 30 min
Cuisson : 11 min
Pour 4 personnes

- 2 grosses cuisses de lapin
- 1 échalote
- 2 œufs

Désossez les cuisses de lapin. Passez la viande, ainsi que l'échalote, au hachoir muni d'une grille fine. Ajoutez les œufs battus, 1 cuillerée à soupe d'estragon, la Maïzena, du sel et du poivre, puis mélangez pour obtenir une farce homogène.

•••

2 cuil. à soupe d'estragon ciselé + quelques feuilles (pour le décor)

1 cuil. à soupe de Maïzena

4 tomates

4 cuil. à soupe d'huile d'olive

sel et poivre du moulin

Mouillez vos mains et formez des boules de farce de la taille d'une petite prune.

Versez 1 litre d'eau dans la marmite du cuit-vapeur et amenez à ébullition. Avec la pointe d'un petit couteau, incisez la base des tomates en croix. Posez-les côte à côte dans le panier perforé, ajustez le couvercle et faites-les cuire 1 minute, puis sortez-les. Posez les boulettes à leur place, remettez le couvercle et faites cuire 10 minutes.

Pelez les tomates, coupez-les en deux et retirez les graines. Coupez la pulpe en morceaux, mettez ceux-ci dans le bol d'un robot avec l'huile d'olive, puis mixez pour obtenir une purée fine, en ajoutant un peu d'eau si elle est trop épaisse. Salez, poivrez et ajoutez le reste d'estragon.

Transférez les boulettes chaudes dans un plat creux. Ajoutez la sauce, parsemez quelques feuilles d'estragon et servez.

Boulettes de poulet à la japonaise

Préparation : 30 min

Cuisson : 8 min

Pour 4 personnes

500 g de blancs de poulet sans peau

2 oignons nouveaux, avec la tige

2 œufs

4 cuil. à café de fécule (ou de Maïzena)

Passez les blancs de poulet et les oignons au hachoir muni d'une grille fine. Ajoutez les œufs, la fécule, la sauce soja et les graines de sésame, puis mélangez pour obtenir une farce homogène. Mouillez vos mains et formez des boules de la taille d'une petite prune.

Versez le bouillon dans la marmite du cuit-vapeur et amenez à ébullition. Huilez légèrement le fond du panier perforé. Déposez-y les

2 cuil. à soupe de sauce soja

3 cuil. à soupe de graines de sésame

1 litre de bouillon de volaille

POUR LA SAUCE :

8 cuil. à soupe de mirin

4 cuil. à soupe de sucre

8 cuil. à soupe de sauce soja

boulettes, côte à côte, ajustez le couvercle et faites cuire 8 minutes.

Pendant la cuisson des boulettes, faites cuire le mirin, le sucre et la sauce soja à feu doux dans une petite casserole, jusqu'à obtenir une sauce épaisse. Versez-la dans un plat creux.

Retirez les boulettes du cuit-vapeur et laissez-les tiédir un peu, puis roulez-les dans la sauce pour bien les en enrober. Enfilez-les trois par trois sur des brochettes en bois et servez, avec du riz blanc.

Boulettes de poulet au bouillon

Préparation : 30 min

Cuisson : 8 min

Pour 4 personnes

500 g de blancs de poulet avec la peau

1 cuil. à café de coriandre moulue

2 cuil. à soupe de coriandre ciselée

1 cuil. à soupe de menthe ciselée

2 blancs d'œuf

1 tige de citronnelle

75 cl de bouillon de volaille léger

2 cuil. à soupe de sauce soja

1 rondelle de gingembre frais

Passez les blancs de poulet et leur peau au hachoir muni d'une grille fine. Ajoutez la coriandre moulue, la moitié de la coriandre ciselée, la menthe et les blancs d'œuf. Salez très légèrement, puis mélangez pour obtenir une farce homogène. Mouillez vos mains et formez des petites boules de farce de la taille d'une prune.

Retirez les feuilles extérieures de la citronnelle et coupez largement l'extrémité de la tige. Versez le bouillon dans la marmite du cuit-vapeur, ajoutez la sauce soja, la citronnelle et le gingembre, et amenez à ébullition. Huilez très légèrement le fond du panier perforé. Étalez-y les boulettes côte à côte, ajustez le couvercle et faites cuire 8 minutes.

•••

1 poignée de vermicelles de riz

sel

Pendant ce temps, cassez les vermicelles en morceaux et faites-les tremper 5 minutes dans de l'eau chaude. Égouttez-les et mettez-les dans une soupière, puis ajoutez-y les boulettes. Retirez la citronnelle et le gingembre du bouillon. Versez ce dernier sur les boulettes, parsemez du reste de coriandre et servez.

Boulettes de poulet aux courgettes et à la menthe

Préparation : 30 min

Cuisson : 10 à 12 min

Pour 4 personnes

500 g de blancs de poulet sans peau

1 oignon

600 g de petites courgettes

1 cuil. à soupe de concentré de tomates

1 cuil. à soupe de paprika

½ cuil. à café de purée de piments

3 cuil. à soupe de menthe finement ciselée

1 œuf

huile d'olive

sel

Épluchez et hachez finement l'oignon. Lavez les courgettes et retirez les extrémités, puis râpez-en le quart et coupez le reste en rondelles de 5 mm d'épaisseur.

Passez les blancs de poulet au hachoir muni d'une grille fine. Ajoutez la courgette râpée, l'oignon, le concentré de tomates, le paprika, la purée de piments, 2 cuillerées à soupe de menthe et l'œuf. Salez et mélangez jusqu'à obtention d'une farce homogène. Mouillez vos mains, puis formez des petites boules de farce de la taille d'une grosse prune.

Versez 1 litre d'eau dans la marmite du cuit-vapeur et amenez à ébullition. Huilez légèrement le fond du panier perforé. Posez-y les boulettes, les unes à côté des autres, ajustez le couvercle et faites cuire 5 minutes.

Posez les rondelles de courgette à côté des boulettes (ou dans un second panier perforé placé au-dessus), remettez le couvercle et poursuivez la cuisson pendant 5 à 7 minutes, jusqu'à ce qu'elles soient juste tendres.

Étalez les courgettes dans un plat creux, disposez les boulettes dessus et arrosez d'un filet d'huile d'olive. Parsemez la dernière cuillerée de menthe ciselée et servez.

Brochettes de poulet au curry

Préparation : 20 min

Cuisson : environ 12 min

Pour 4 personnes

600 g de blancs ou de cuisses de poulet

1 cuil. à café de curry thaïlandais en pâte

15 cl de lait de coco

1 feuille de bananier

2 oignons nouveaux hachés

1 gousse d'ail hachée

sel

Retirez la peau des morceaux de poulet, ainsi que les os s'il y en a. Coupez la viande en gros cubes et enfilez ces derniers sur des brochettes en bois. Délayez la pâte de curry dans le lait de coco.

Préparez un plat creux pouvant aller dans le panier du cuit-vapeur. Découpez dans la feuille de bananier un morceau de la même taille que le plat, rincez-le et placez-le dedans.

Rangez les brochettes sur la feuille de bananier. Salez-les légèrement, puis nappez-les de lait de coco au curry. Retournez plusieurs fois les brochettes pour bien imprégner les morceaux de viande et répartissez ensuite le hachis d'oignons et d'ail.

Versez 1 litre d'eau dans la marmite du cuit-vapeur et amenez à ébullition. Posez le plat dans le panier perforé, ajustez le couvercle et faites cuire environ 12 minutes. Servez dans le plat de cuisson.

Brochettes de poulet mariné au citron confit et au safran

Préparation : 20 min

Marinade : 2 h

Cuisson : environ 12 min

Pour 4 personnes

600 g de blancs ou de cuisses de poulet

½ citron confit

1 dose de safran en poudre ou 1 grosse pincée de pistils

2 cuil. à soupe de jus de citron frais

¼ de cuil. à café de cumin moulu

3 cuil. à soupe d'huile d'olive

1 cuil. à soupe de coriandre ciselée

sel

Retirez la peau des morceaux de poulet, ainsi que les os s'il s'agit de cuisses, et coupez la viande en gros cubes. À l'aide d'une petite cuillère, supprimez toute la pulpe et les membranes du citron confit. Rincez abondamment l'écorce à l'eau courante, séchez-la avec du papier absorbant et hachez-la finement.

Enfilez les cubes de poulet sur des brochettes en bois et posez-les dans un plat creux, juste assez grand pour contenir les brochettes et pouvant aller dans le panier du cuit-vapeur.

Délayez le safran dans le jus de citron, ajoutez le cumin et versez l'huile d'olive, en fouettant à la fourchette pour émulsionner l'ensemble. Ajoutez le citron confit et mélangez bien. Versez cette marinade sur le poulet, saupoudrez de sel et retournez plusieurs fois les brochettes pour bien imprégner les morceaux. Couvrez, mettez au réfrigérateur et laissez macérer 2 heures, en remuant de temps en temps.

Versez 1 litre d'eau dans la marmite du cuit-vapeur et amenez à ébullition. Posez le plat dans le panier perforé, ajustez le couvercle et faites cuire environ 12 minutes. Servez dans le plat de cuisson, après avoir parsemé les brochettes de coriandre ciselée.

Cailles en feuilles de vigne

Préparation : 30 min

Cuisson : 25 min

Pour 4 personnes

4 cailles

16 gros grains de raisin blanc

4 cuil. à café de miel

4 fines tranches de poitrine demi-sel

20 g de beurre

8 grandes feuilles de vigne

sel et poivre du moulin

Pelez les grains de raisin. Essuyez bien les cailles avec un papier absorbant, puis salez-les et poivrez-les à l'intérieur et à l'extérieur. Glissez 4 grains de raisin et 1 cuillerée à café de miel dans chaque oiseau, enroulez une tranche de poitrine autour et maintenez-la avec de la ficelle.

Posez chaque caille sur une grande feuille de vigne, beurrez largement les poitrines et les cuisses, puis, en utilisant les autres feuilles de vigne, enveloppez complètement les cailles et liez le tout avec un autre morceau de ficelle.

Versez 1 litre d'eau dans la marmite du cuit-vapeur et amenez à ébullition. Coupez quatre grands carrés de papier sulfurisé, beurrez largement le centre et placez une caille au milieu. Formez des papillotes et fermez-les hermétiquement mais sans serrer, en repliant plusieurs fois les bords. Posez-les côte à côte dans le panier perforé, ajustez le couvercle et faites cuire 25 minutes.

Servez les cailles sur un plat chaud, sorties des papillotes mais encore enveloppées des feuilles de vigne.

Coquelets au paprika

Préparation : 30 min

Cuisson : 45 min

Pour 4 personnes

4 petits coquelets (de 400 à 500 g pièce)

Épluchez et hachez finement les échalotes. Mettez-les dans une petite casserole avec le vin blanc et faites cuire à feu vif jusqu'à ce que tout le liquide soit évaporé.

2 échalotes

10 cl de vin blanc sec

8 cuil. à soupe de crème fraîche

1 cuil. à café de concentré de tomates

2 cuil. à café de paprika

huile

sel et poivre du moulin

Ajoutez la crème, le concentré de tomates et le paprika, salez, poivrez et mélangez bien. Baissez le feu et laissez cuire encore quelques instants pour que cette sauce épaississe.

Essuyez les coquelets avec du papier absorbant, puis salez et poivrez l'intérieur et l'extérieur. Découpez quatre grands carrés de papier sulfurisé. Huilez le centre, posez un coquelet sur chacun et répartissez la sauce. Enveloppez les coquelets et fermez hermétiquement les papillotes, sans trop serrer, en repliant plusieurs fois les bords.

Versez 1 litre d'eau dans la marmite du cuit-vapeur et amenez à ébullition. Posez les papillotes côte à côte dans le panier perforé, ajustez le couvercle et faites cuire 45 minutes. Servez chaud.

Coquelets aux champignons chinois

Préparation : 15 min

Trempage : 1 h

Cuisson : 45 à 50 min

Pour 4 personnes

2 gros coquelets (700 g pièce)

6 champignons chinois séchés

1 gousse d'ail

1 noix de gingembre frais

3 oignons nouveaux

2 cuil. à soupe de nuoc-mâm

Faites tremper les champignons 1 heure dans un bol d'eau bouillante. Égouttez-les sur du papier absorbant, puis retirez les pieds et émincez finement les têtes.

Épluchez et hachez très finement l'ail et le gingembre. Pelez les petits oignons et émincez-les en fines rondelles. Coupez les coquelets en deux dans la longueur, puis essuyez-les avec du papier absorbant.

Mélangez l'ail, le gingembre, les oignons, le nuoc-mâm et l'huile de sésame dans un plat creux de taille adaptée au cuit-vapeur. Posez

1 cuil. à café d'huile de sésame

sel et poivre du moulin

les coquelets dans le mélange et remuez plusieurs fois pour bien les en enrober. Recouvrez le plat de papier cuisson. Posez-le dans le panier perforé, ajustez le couvercle et faites cuire de 45 à 50 minutes. Servez dans un plat chaud, avec du riz blanc.

Cuisses de canard en pot-au-feu asiatique

Préparation : 15 min

Cuisson : environ 40 min

Pour 4 personnes

4 cuisses de canard

2 rondelles de gingembre frais

1 ciboule (ou 1 oignon nouveau)

1,5 litre de bouillon de volaille

20 cl de sauce soja

10 cl de xérès sec

4 étoiles de badiane

1 petit bâtonnet de cannelle

1 cuil. à café de cumin moulu

2 cuil. à soupe de coriandre fraîche ciselée

Incisez la peau des cuisses de canard sans entamer la chair et retirez-la complètement, en la tirant avec les doigts. Coupez chaque cuisse en deux, puis essuyez soigneusement les morceaux à l'aide de papier absorbant. Pelez et émincez le gingembre. Hachez finement la ciboule.

Versez le bouillon dans la marmite du cuit-vapeur avec la sauce soja et le xérès. Ajoutez le gingembre, la badiane, la cannelle et le cumin, et amenez à ébullition. Posez les morceaux de canard côte à côte dans le panier perforé, ajustez le couvercle et faites cuire environ 40 minutes, ou jusqu'à ce que la chair se détache facilement de l'os.

Disposez les morceaux de canard dans un plat creux et arrosez-les de quelques petites louches du bouillon de cuisson. Servez, avec du riz blanc et des champignons.

Cuisses de poulet au citron et à la coriandre

Préparation : 15 min
Marinade : 2 h
Cuisson : environ 30 min

Pour 4 personnes

4 cuisses de poulet

2 gousses d'ail

6 cuil. à soupe d'huile d'olive

le jus fraîchement pressé d'un citron

1 cuil. à café de zeste de citron finement râpé

2 cuil. à soupe de coriandre ciselée

1 cuil. à café de coriandre moulue

½ cuil. à café de cumin moulu

1 gros bouquet de coriandre

huile d'olive et jus de citron (pour servir)

sel et poivre du moulin

Pelez et écrasez les gousses d'ail. Mélangez-les dans un plat creux avec l'huile d'olive, le jus de citron, le zeste, 1 cuillerée à soupe de coriandre ciselée, la coriandre moulue et le cumin. Essuyez les cuisses de poulet avec soin et mettez-les dans le plat. Salez et poivrez, puis retournez-les plusieurs fois pour bien les enrober de marinade. Couvrez, mettez au réfrigérateur et laissez macérer 2 heures, en remuant deux ou trois fois.

Versez 1 litre d'eau dans la marmite du cuit-vapeur et amenez à ébullition. Étalez le bouquet de coriandre dans le fond du panier perforé. Posez les cuisses de poulet dessus, les unes à côté des autres, ajustez le couvercle et faites cuire environ 30 minutes, jusqu'à ce que la viande se détache facilement de l'os.

Servez aussitôt dans un plat creux chaud, arrosé d'un filet d'huile d'olive citronnée et parsemé du reste de coriandre.

Cuisses de poulet au colombo

Préparation : 20 min
Marinade : 1 h
Cuisson : environ 40 min

Pour 4 personnes

4 cuisses de poulet

Mettez les cuisses de poulet dans un plat creux et arrosez-les des deux tiers du jus de citron. Salez et poivrez légèrement. Saupoudrez du colombo, puis arrosez d'huile et remuez plusieurs fois pour bien imprégner les morceaux Couvrez et laissez mariner 1 heure au réfrigérateur.

le jus de 3 citrons verts

2 cuil. à soupe de poudre de colombo

2 cuil. à soupe d'huile de tournesol

3 gousses d'ail

3 oignons nouveaux

4 feuilles de bananier

sel et poivre du moulin

Épluchez et écrasez les gousses d'ail. Pelez et hachez finement les oignons nouveaux. Coupez quatre grands carrés dans les feuilles de bananier. Posez une cuisse de poulet au centre de chacun, puis répartissez l'ail et le hachis d'oignon. Rabattez les côtés opposés des feuilles sur la viande pour former des petits paquets, que vous attacherez avec du raphia ou de la ficelle de cuisine.

Versez 1 litre d'eau dans la marmite du cuit-vapeur et amenez à ébullition. Posez les papillotes côte à côte dans le panier perforé, ajustez le couvercle et faites cuire environ 40 minutes. Ouvrez les papillotes, arrosez le poulet du reste de jus de citron et servez aussitôt.

Effilochée de lapin au curry et aux raisins

Préparation : 40 min

Cuisson : environ 40 min

Pour 4 personnes

2 cuisses de lapin

2 poignées de jeunes pousses d'épinard

1 petite grappe de raisins à gros grains

1 litre de bouillon de volaille

2 gousses d'ail

1 bouquet garni (thym, laurier, persil)

1 cuil. à café de curry en poudre

Triez, rincez et séchez les pousses d'épinard. Égrenez le raisin ; pelez et épépinez les grains. Préparez la vinaigrette : délayez le curry, la moutarde et un peu de sel dans le vinaigre, puis ajoutez les huiles en fouettant vivement.

Versez le bouillon dans la marmite du cuit-vapeur, ajoutez les gousses d'ail ainsi que le bouquet garni et amenez à ébullition. Posez les cuisses de lapin dans le panier perforé. Saupoudrez-les du curry, d'un peu de sel et de poivre, ajustez le couvercle et faites cuire environ 40 minutes, jusqu'à ce que la chair se sépare bien des os.

•••

sel et poivre du moulin

POUR LA VINAIGRETTE :

1 cuil. à café de curry en poudre

½ cuil. à café de moutarde semi-forte

1,5 cuil. à soupe de vinaigre de vin blanc

3 cuil. à soupe d'huile de tournesol

2 cuil. à soupe d'huile d'olive

Sortez-les et laissez tiédir, puis désossez-les en effilochant la viande avec les doigts en assez gros morceaux.

Dans un saladier, mélangez les pousses d'épinard à la moitié de la vinaigrette et disposez-les sur quatre assiettes. Répartissez l'effilochée de lapin et les grains de raisin sur la verdure, et nappez du reste de vinaigrette avant de servir.

Émincé de canard au basilic thaï

Préparation : 30 min

Cuisson : 10 min

Pour 4 personnes

500 g de filet ou de magret de canard

20 cl de lait de coco

1 cuil. à café de curry thaïlandais en pâte

1 noix de gingembre frais hachée

6 oignons nouveaux pelés et hachés

8 feuilles de basilic thaï ciselées

1 tige de citronnelle épluchée et débitée en lanières

Retirez la peau des filets de canard. Essuyez-les avec du papier absorbant et coupez-les transversalement en lamelles épaisses. Diluez la pâte de curry dans le lait de coco.

Découpez quatre grands carrés de papier sulfurisé et huilez le centre. Répartissez-y les lamelles de canard, puis le gingembre, les oignons, la citronnelle et le basilic thaï. Arrosez du lait de coco et formez des papillotes. Fermez-les hermétiquement, sans serrer, en repliant plusieurs fois les bords.

Versez 1 litre d'eau dans la marmite du cuit-vapeur et amenez à ébullition. Posez les papillotes côte à côte dans le panier perforé, ajustez le couvercle et faites cuire 10 minutes. Servez chaud, dans les papillotes.

Filets de canard à la vapeur de thym

Préparation : 15 min
Cuisson : 7 ou 8 min

Pour 4 personnes

6 filets de canard de 120 g pièce

2 petites branches de thym frais

sel et poivre du moulin

Versez 1 litre d'eau dans la marmite du cuit-vapeur et amenez à ébullition. Mettez le thym dans le fond du panier perforé et posez les filets de canard dessus. Ajustez le couvercle et faites cuire pendant 7 ou 8 minutes.

Servez arrosé d'un filet d'huile d'olive et de vinaigre balsamique.

Foie gras au miel et aux noix

Préparation : 15 min
Trempage : 1 h
Cuisson : 11 min
Repos : 48 h

Pour 8 personnes

1 foie gras de canard cru (de 450 à 500 g)

1,5 cuil. à café de sel (8 g)

½ cuil. à café de poivre blanc (1 g)

3 cuil. à soupe de miel liquide

50 g de cerneaux de noix

Faites tremper le foie gras pendant 1 heure dans un récipient d'eau froide laissé à température ambiante, puis égouttez-le et épongez-le avec du papier absorbant. Si les veines n'ont pas été enlevées, écartez les deux lobes et ôtez les plus grosses d'entre elles avec un petit couteau tranchant (tirez sur les extrémités que vous voyez et dégagez les veines avec la pointe du couteau).

Mélangez le sel et le poivre. Posez le foie gras ouvert sur le plan de travail. Étalez 2 cuillerées de miel sur toute la surface apparente, puis salez et poivrez avec la moitié de l'assaisonnement et répartissez les cerneaux de noix.

Rapprochez les deux lobes et appuyez-les l'un contre l'autre pour reformer le foie en enserrant la garniture. Badigeonnez l'extérieur avec le reste du miel, puis saupoudrez uniformément le reste de sel et de poivre.

•••

Étalez une grande feuille de film transparent sur le plan de travail et enroulez le foie gras dedans, en le serrant bien et en lui donnant une forme cylindrique aussi régulière que possible. Fermez les extrémités du film en les vrillant.

Versez 1 litre d'eau dans la marmite du cuit-vapeur et amenez à ébullition. Posez le foie gras dans le panier perforé, les extrémités du film repliées en dessous, ajustez le couvercle et faites cuire 11 minutes. Sortez le foie gras du cuit-vapeur, posez-le sur un plat et attendez qu'il refroidisse. Réservez-le au réfrigérateur au moins 48 heures avant de servir.

Foie gras au naturel

Préparation : 15 min

Trempage : 1 h

Cuisson : 11 min

Repos : 48 h

Pour 8 personnes

1 foie gras de canard cru (de 450 à 500 g)

1,5 cuil. à café de sel (8 g)

½ cuil. à café de poivre blanc (1 g)

Faites tremper le foie gras pendant 1 heure dans un récipient d'eau froide laissé à température ambiante, puis égouttez-le et épongez-le avec du papier absorbant. Si les veines n'ont pas été enlevées, écartez les deux lobes et ôtez les plus grosses d'entre elles avec un petit couteau tranchant (tirez sur les extrémités que vous voyez et dégagez les veines avec la pointe du couteau).

Mélangez le sel et le poivre et saupoudrez-en le foie sur toute sa surface, des deux côtés. Reformez-le à la main, en pressant les lobes l'un contre l'autre. Étalez une grande feuille de film transparent sur le plan de travail et enroulez le foie gras dedans ; serrez bien et donnez-lui une forme cylindrique régulière. Fermez les extrémités du film en les vrillant.

Versez 1 litre d'eau dans la marmite du cuit-vapeur et amenez à ébullition. Posez le foie gras dans le panier perforé, les extrémités du film repliées en dessous, ajustez le couvercle et faites cuire 11 minutes. Posez le foie gras sur un plat et attendez qu'il refroidisse, puis réservez-le au réfrigérateur pendant au moins 48 heures avant de servir.

Foie gras aux abricots secs et au sauternes

Préparation : 20 min
Trempage : 1 h
Cuisson : 11 min
Repos : 48 h

Pour 8 personnes

1 foie gras de canard cru (de 450 à 500 g)
100 g d'abricots secs
15 cl de sauternes
1,5 cuil. à café de sel (8 g)
½ cuil. à café de poivre blanc (1 g)

Faites tremper le foie gras 1 heure dans un récipient d'eau froide à température ambiante. Coupez les abricots secs en morceaux et faites-les tremper 30 minutes dans le sauternes.

Égouttez le foie et épongez-le avec du papier absorbant. Si les veines n'ont pas été enlevées, écartez les deux lobes et ôtez les plus grosses veines avec un petit couteau tranchant (tirez sur les extrémités que vous voyez et dégagez les veines avec la pointe du couteau).

Mélangez le sel et le poivre, et saupoudrez-en toute la surface du foie. Disposez les cubes d'abricot en ligne au milieu et arrosez de sauternes. Reformez le foie à la main, en pressant les lobes l'un contre l'autre.

Étalez une grande feuille de film transparent sur le plan de travail et enroulez le foie gras dedans ; serrez bien et donnez-lui une forme cylindrique aussi régulière que possible. Fermez les extrémités du film en les vrillant.

Versez 1 litre d'eau dans la marmite du cuit-vapeur et amenez à ébullition. Posez le foie gras dans le panier perforé, les extrémités du film repliées en dessous, ajustez le couvercle et faites cuire 11 minutes. Sortez le foie du cuit-vapeur, posez-le sur un plat et laissez-le refroidir. Réservez-le au moins 48 heures au réfrigérateur avant de servir.

Foie gras aux épices douces

Préparation : 15 min

Trempage : 1 h

Cuisson : 11 min

Repos : 48 h

Pour 8 personnes

1 foie gras de canard cru (de 450 à 500 g)

1,5 cuil. à café de sel (8 g)

1 cuil. à café de sucre en poudre

1 cuil. à soupe d'épices douces mélangées (dont 1 pincée de cannelle, 1 de piment doux et 1 de cumin)

piment d'Espelette

Faites tremper le foie gras pendant 1 heure dans un récipient d'eau froide laissé à température ambiante, puis égouttez-le et épongez-le avec du papier absorbant. Si les veines n'ont pas été enlevées, écartez les deux lobes et ôtez les plus grosses d'entre elles avec un petit couteau tranchant (tirez sur les extrémités que vous voyez et dégagez les veines avec la pointe du couteau).

Mélangez le sel, le sucre, les épices et le piment, puis saupoudrez-en toute la surface du foie, des deux côtés. Reformez-le à la main, en pressant les lobes l'un contre l'autre. Étalez une feuille de film transparent sur le plan de travail et enroulez le foie gras dedans, en le serrant bien et en lui donnant une forme cylindrique aussi régulière que possible. Fermez les extrémités du film en les vrillant.

Versez 1 litre d'eau dans la marmite du cuit-vapeur et amenez à ébullition. Posez le foie gras dans le panier perforé, les extrémités du film repliées en dessous, ajustez le couvercle et faites cuire 11 minutes. Sortez le foie gras, posez-le sur un plat et attendez qu'il refroidisse. Réservez-le au moins 48 heures au réfrigérateur avant de servir.

Foie gras en chapelure de noisettes

Préparation : 20 min

Trempage : 1 h

Cuisson : 11 min

Repos : 48 h

Pour 8 personnes

1 foie gras de canard cru (de 450 à 500 g)

150 g de noisettes décortiquées

1,5 cuil. à café de sel (8 g)

½ cuil. à café de poivre blanc (1 g)

Faites tremper le foie gras pendant 1 heure dans un récipient d'eau froide laissé à température ambiante, puis égouttez-le et épongez-le avec du papier absorbant. Si les veines n'ont pas été enlevées, écartez les deux lobes et ôtez les plus grosses veines avec un petit couteau tranchant (tirez sur les extrémités que vous voyez et dégagez les veines avec la pointe du couteau). N'enlevez que les plus importantes, pour garder le foie gras le plus entier possible.

Concassez grossièrement les noisettes au mixer ou au pilon, pour leur donner l'aspect du poivre mignonnette. Mélangez le sel et le poivre, puis saupoudrez-en toute la surface du foie. Reformez-le à la main, en rapprochant les lobes et en les appuyant l'un contre l'autre. Roulez-le dans les noisettes concassées, en pressant bien pour les faire adhérer uniformément.

Étalez une feuille de film transparent sur le plan de travail et enroulez le foie gras dedans, en le serrant bien et en lui donnant une forme cylindrique aussi régulière que possible. Fermez les extrémités du film en les vrillant.

•••

Versez 1 litre d'eau dans la marmite du cuit-vapeur et amenez à ébullition. Posez le foie gras dans le panier perforé, les extrémités du film repliées en dessous, ajustez le couvercle et faites cuire 11 minutes. Sortez le foie gras, posez-le sur un plat et attendez qu'il refroidisse. Réservez-le au moins 48 heures au réfrigérateur avant de servir.

Foie gras en papillotes de chou

Préparation : 10 min

Cuisson : 6 min

Pour 4 personnes

4 tranches de foie gras de canard cru, de 70 g pièce

4 belles feuilles tendres de chou vert

fleur de sel (pour servir)

sel et poivre du moulin

Versez 1 litre d'eau dans la marmite du cuit-vapeur et amenez à ébullition.

Lavez les feuilles de chou. Posez-les dans le panier perforé et faites-les cuire 3 minutes, juste le temps de les assouplir. Égouttez-les ensuite sur du papier absorbant, puis étalez-les sur le plan de travail et retirez les grosses côtes.

Salez et poivrez légèrement les tranches de foie gras des deux côtés. Posez chacune d'elles sur une feuille de chou et formez des papillotes. Fermez-les hermétiquement, sans serrer, en repliant plusieurs fois les bords.

Posez les papillotes dans le panier perforé, ajustez le couvercle et faites cuire 3 minutes. Égouttez bien les papillotes et servez aussitôt, avec une coupelle de fleur de sel.

Foies de volaille en foie gras

Préparation : 20 min
Cuisson : 4 ou 5 min
Réfrigération : 3 h

Pour 4 personnes

400 g de foies de volaille (canard, de préférence, ou poulet)

200 g de beurre

50 cl de bouillon de volaille

1 cuil. à soupe de porto ou de cognac

10 cl de crème fraîche épaisse

10 cl de gelée (faite au dernier moment à partir de gelée instantanée)

sel et poivre du moulin

Sortez le beurre du réfrigérateur, coupez-le en petits morceaux et laissez-le ramollir à température ambiante pour qu'il soit très souple.

Versez le bouillon dans la marmite du cuit-vapeur et amenez à ébullition. Essuyez bien les foies de volaille avec du papier absorbant. Mettez-les dans le panier perforé, salez et poivrez légèrement. Ajustez le couvercle et faites-les cuire 4 ou 5 minutes, selon leur taille, en les gardant légèrement rosés. Retirez-les et laissez-les tiédir un peu pour pouvoir les manipuler, puis dénervez-les soigneusement.

Préparez la gelée instantanée. Mettez les foies dans le bol d'un robot avec le beurre et mixez, d'abord doucement, ensuite à vitesse plus rapide, jusqu'à obtention d'une consistance lisse et onctueuse. Ajoutez le porto et mixez quelques instants, puis incorporez la crème. Donnez encore quelques impulsions pour bien homogénéiser l'ensemble, goûtez et rectifiez l'assaisonnement.

Transférez dans une terrine, lissez la surface et versez la gelée refroidie en couche uniforme. Réservez au réfrigérateur au moins 3 heures avant de servir.

Lapin au basilic

Préparation : 20 min

Cuisson : 50 min

Pour 6 personnes

6 cuisses ou 6 morceaux de lapin

600 g de petites courgettes

400 g de petites pommes de terre

1 botte de basilic

10 cl d'huile d'olive

1 litre de bouillon de volaille

3 gousses d'ail

sel et poivre du moulin

Lavez les courgettes, retirez-leur les extrémités et coupez-les en quatre dans la longueur. Essuyez les morceaux de lapin avec du papier absorbant. Épluchez et lavez les pommes de terre.

Récupérez les feuilles du basilic et réservez les tiges. Conservez quelques feuilles de basilic pour le décor et mettez le reste dans le bol d'un robot avec l'huile d'olive et un peu de sel. Mixez pour obtenir une purée fine, en ajoutant éventuellement un peu d'huile d'olive si la consistance est trop épaisse.

Versez le bouillon dans la marmite du cuit-vapeur, ajoutez les gousses d'ail et amenez à ébullition. Étalez les tiges de basilic dans le fond du panier perforé, posez les morceaux de lapin dessus, saupoudrez-les d'un peu de sel et donnez quelques tours de moulin à poivre. Ajustez le couvercle et faites cuire 40 minutes.

Placez les légumes à côté du lapin (ou dans un second panier perforé posé au-dessus), remettez le couvercle et poursuivez la cuisson environ 10 minutes, jusqu'à ce qu'ils soient juste tendres.

Égouttez le lapin et les légumes, et disposez-les dans un plat chaud. Délayez l'huile au basilic avec quelques cuillerées du bouillon de cuisson, nappez-en les morceaux de lapin et décorez-les de quelques feuilles de basilic.

Lapin au basilic

Lapin aux oignons nouveaux

Préparation : 20 min

Cuisson : environ 1 h

Pour 6 personnes

1 lapin de 1,5 kg

2 bottes d'oignons nouveaux

10 cl d'huile d'olive

1 branche de thym

2 ou 3 gousses d'ail

1 feuille de laurier

sel et poivre du moulin

Coupez le lapin en morceaux et essuyez-le avec du papier absorbant. Épluchez les petits oignons ; conservez la tige et ne coupez que l'extrémité. Versez 2 litres d'eau dans la marmite du cuit-vapeur et amenez à ébullition. Huilez largement un plat à gratin pouvant aller dans le panier.

Étalez la moitié des oignons dans le fond du plat et posez les morceaux de lapin dessus. Salez et poivrez au fur et à mesure. Déposez la branche de thym, les gousses d'ail et le laurier, puis recouvrez avec le reste des oignons et arrosez avec le reste d'huile d'olive. Couvrez le plat de papier cuisson, ajustez le couvercle et faites cuire environ 1 heure. Les oignons doivent être fondants, et la chair du lapin se détacher des os.

Servez chaud, avec des petites pommes de terre cuites à la vapeur dans leur peau, ou laissez refroidir et accompagnez d'une salade.

Magrets de canard à l'asiatique

Préparation : 15 min

Cuisson : 8 à 15 min

Pour 4 personnes

2 magrets de canard de 400 g pièce

25 g de beurre

1,5 cuil. à soupe de miel liquide

2 cuil. à soupe de sauce soja

Retirez la peau des magrets, en vous aidant d'un petit couteau si elle adhère par endroits. Essuyez-les avec du papier absorbant, salez et poivrez les deux côtés.

Versez 1 litre d'eau dans le panier du cuit-vapeur et amenez à ébullition. Enroulez chacun des magrets dans du film transparent et vrillez les extrémités. Posez les magrets côte à côte dans le panier perforé, ajustez le couvercle et

1,5 cuil. à soupe de vinaigre balsamique

2 cuil. à soupe de sauce yakitori (dans les épiceries asiatiques)

1 tige d'oignon nouveau finement hachée

1 cuil. à soupe de graines de sésame grillées

sel et poivre du moulin

faites cuire de 8 à 10 minutes si vous souhaitez une viande rouge, et jusqu'à 5 minutes supplémentaires si vous la désirez plus cuite.

Quelques minutes avant la fin de la cuisson, faites fondre le beurre et le miel à feu doux dans une petite casserole. Ajoutez la sauce soja, le vinaigre et la sauce yakitori. Mélangez soigneusement.

Retirez les magrets du cuit-vapeur et enlevez le film transparent, puis coupez-les en tranches légèrement biseautées et disposez-les sur un plat très chaud. Nappez de sauce, parsemez d'oignon haché et de graines de sésame, et servez immédiatement.

Magrets de canard à l'orange

Préparation : 15 min

Cuisson : 8 à 15 min

Pour 4 personnes

2 magrets de canard de 400 g pièce

2 cuil. à soupe de marmelade d'oranges

1 cuil. à soupe de zeste d'orange finement râpé

50 g de sucre

5 cl de vinaigre

5 cl de porto

15 cl de jus d'orange fraîchement pressé

30 g de beurre

sel et poivre du moulin

Retirez la peau des magrets, en vous aidant d'un petit couteau si elle adhère par endroits. Essuyez-les avec du papier absorbant, puis incisez-les profondément dans la longueur pour créer une poche. Glissez 1 cuillerée de marmelade d'oranges à l'intérieur, étalez-la bien et refermez les magrets.

Salez-les des deux côtés, poivrez-les et parsemez quelques pincées de zeste d'orange sur le dessus. Enveloppez chacun d'eux séparément dans du film transparent et vrillez les extrémités. Posez-les côte à côte dans le panier perforé, ajustez le couvercle et faites cuire de 8 à 10 minutes si vous souhaitez une viande rouge, et jusqu'à 5 minutes supplémentaires si vous la désirez plus cuite.

•••

Pendant ce temps, faites fondre le sucre à feu doux dans le vinaigre et le porto, puis laissez cuire jusqu'à ce que le mélange commence à caraméliser. Ajoutez le jus d'orange et faites réduire des deux tiers à feu vif.

Sortez les magrets du cuit-vapeur, enlevez le film transparent et coupez-les en tranches légèrement biseautées. Disposez-les au fur et à mesure sur un plat très chaud. Retirez la sauce du feu et incorporez le beurre, par petits morceaux, en fouettant vivement. Versez sur les magrets et servez aussitôt.

Magrets de canard au poivre vert

Préparation : 20 min

Cuisson : 15 à 20 min

Pour 4 personnes

2 magrets de canard de 400 g pièce

2 échalotes

30 g de beurre

15 cl de madère

1 cuil. à café de moutarde semi-forte

1 cuil. à café de poivre vert

10 cl de fond de veau (fait à partir de fond déshydraté)

15 cl de crème fraîche

sel et poivre du moulin

Pelez et hachez les échalotes. Faites-les fondre à feu très doux avec le beurre dans une petite casserole jusqu'à ce qu'elles soient translucides, puis poivrez largement. Versez le madère, remuez bien et laissez-le évaporer. Quand il ne reste presque plus de liquide, ajoutez la moutarde, le poivre vert, le fond de veau et la crème. Mélangez bien et gardez au chaud.

Versez 1 litre d'eau dans le panier du cuit-vapeur et amenez à ébullition. Retirez la peau des magrets, en vous aidant d'un petit couteau si elle adhère par endroits, puis essuyez-les avec du papier absorbant, salez-les et poivrez-les des deux côtés. Enroulez chacun d'eux dans du film transparent et vrillez les extrémités. Posez-les côte à côte dans le panier perforé, ajustez le couvercle et faites cuire de 8 à 10 minutes si vous souhaitez une viande rouge, et jusqu'à 5 minutes supplémentaires si vous la désirez plus cuite.

Sortez les magrets du cuit-vapeur, enlevez le film transparent et coupez-les en tranches légèrement biseautées. Disposez-les au fur et à mesure sur un plat très chaud, puis nappez-les de sauce et servez aussitôt.

Magrets de canard aux pêches

Préparation : 20 min

Cuisson : 8 à 15 min

Pour 4 personnes

2 magrets de canard de 400 g pièce

8 demi-pêches au sirop léger

1 cuil. à soupe de miel liquide

1 cuil. à soupe de vinaigre balsamique

5 cl de bouillon de volaille

1 pincée de cannelle moulue

1 étoile de badiane

1 clou de girofle

40 g de beurre

sel et poivre du moulin

Mixez trois demi-pêches en purée fine et coupez les autres en gros quartiers. Retirez la peau des magrets, en vous aidant d'un petit couteau si elle adhère par endroits, puis essuyez-les avec du papier absorbant.

Versez 1 litre d'eau dans le panier du cuit-vapeur et amenez à ébullition. Salez et poivrez les magrets des deux côtés, enroulez chacun d'eux dans du film transparent et vrillez les extrémités. Posez-les côte à côte dans le panier perforé, ajustez le couvercle et faites cuire de 8 à 10 minutes si vous souhaitez une viande rouge, et jusqu'à 5 minutes supplémentaires si vous la désirez plus cuite.

Pendant ce temps, chauffez le miel à feu très doux dans une petite casserole avec le vinaigre et le bouillon. Ajoutez la purée de pêches, la cannelle, la badiane et le clou de girofle. Salez, poivrez et maintenez à feu très doux.

•••

Environ 3 minutes avant la fin de la cuisson, faites chauffer les quartiers de pêche en les posant à côté des magrets ou dans un second panier perforé placé au-dessus.

Sortez les magrets du cuit-vapeur, enlevez le film transparent et coupez-les en tranches légèrement biseautées. Disposez-les au fur et à mesure sur un plat très chaud et entourez-les des quartiers de pêche. Retirez l'étoile de badiane et le clou de girofle de la sauce, puis mettez hors du feu et incorporez le beurre en fouettant vivement. Nappez les magrets et servez aussitôt.

Magrets de canard farcis au foie gras

Préparation : 20 min

Cuisson : 12 min

Pour 3 ou 4 personnes

2 magrets de canard de 400 g pièce

250 g de foie gras de canard cru

sel et poivre du moulin

Retirez toute la peau grasse du magret, en vous aidant de la pointe d'un petit couteau si elle adhère par endroits. Coupez le foie gras en tranches de 2 cm d'épaisseur.

Incisez les magrets dans l'épaisseur et ouvrez-les sans séparer les deux moitiés. Salez et poivrez, puis posez les tranches de foie gras, reformez les magrets et ficelez-les comme des petits rôtis.

Versez 1 litre d'eau dans le panier du cuit-vapeur et amenez à ébullition. Salez et poivrez l'extérieur des magrets. Enroulez chacun d'eux dans du film transparent et vrillez les extrémités. Posez-les côte à côte dans le panier perforé, ajustez le couvercle et faites cuire 12 minutes.

Retirez les magrets du cuit-vapeur, posez-les sur une assiette et laissez-les refroidir avant de les mettre au réfrigérateur jusqu'au moment de servir.

Pain de volaille

Préparation : 30 min
Cuisson : environ 1 h

Pour 4 personnes

300 g de chair de volaille

2 oignons

40 g de beurre + un peu (pour le moule)

150 g de mie de pain rassis

2 œufs

3 cuil. à soupe de fines herbes ciselées mélangées (cerfeuil, persil, ciboulette)

25 cl de crème liquide

Épluchez et émincez finement les oignons. Faites-les fondre doucement avec le beurre jusqu'à ce qu'ils soient tendres et commencent à dorer. Coupez la viande en lanières ou en dés, et le pain en tranches de 1 cm d'épaisseur. Beurrez largement une terrine ou un moule à cake. Cassez les œufs dans un grand bol et battez-les en omelette, en incorporant progressivement la crème. Ajoutez les herbes, salez, poivrez et mélangez bien.

Versez 1,5 litre d'eau dans la marmite du cuit-vapeur et amenez à ébullition. Remplissez la terrine de couches successives, en commençant par la volaille, puis les oignons et enfin le pain. Versez la crème aux œufs au fur et à mesure pour qu'elle s'insère bien partout. Couvrez la terrine de papier cuisson. Posez-la dans le panier perforé, ajustez le couvercle et faites cuire environ 1 heure, jusqu'à ce qu'une lame plantée au cœur de la terrine ressorte sèche.

Sortez le pain de volaille du cuit-vapeur et laissez-le tiédir, puis démoulez-le et coupez-le en tranches. Accompagnez de coulis de tomates.

Papillotes de foies de volaille aux pommes

Préparation : 20 min
Cuisson : 8 à 10 min
Pour 4 personnes

500 g de foies de volaille
2 pommes granny smith
le jus d'un demi-citron
60 g de beurre
sel et poivre du moulin

Dénervez soigneusement les foies, essuyez-les avec du papier absorbant et recoupez éventuellement les plus gros en deux pour que la cuisson soit uniforme.

Pelez les pommes. Coupez-les en quartiers et retirez le cœur, puis arrosez-les d'un peu de jus de citron pour qu'elles ne noircissent pas.

Découpez quatre carrés de papier sulfurisé et beurrez largement le milieu. Posez les foies de volaille au centre, entourez-les des quartiers de pomme et répartissez le reste du beurre, coupé en morceaux. Salez et poivrez. Formez des papillotes et fermez-les hermétiquement, sans serrer, en repliant plusieurs fois les bords.

Versez 1 litre d'eau dans la marmite du cuit-vapeur et amenez à ébullition. Rangez les papillotes dans le panier perforé, ajustez le couvercle et faites cuire de 8 à 10 minutes, selon le degré de cuisson souhaité. Sortez les papillotes et servez aussitôt.

Papillotes de lapin à la moutarde

Préparation : 20 min
Cuisson : 40 min
Pour 4 personnes

4 cuisses de lapin

Essuyez bien les cuisses de lapin avec du papier absorbant. Salez-les et poivrez-les, puis enroulez une tranche de poitrine autour de chacune d'elles. Mélangez la moutarde et la crème.

4 fines tranches de lard demi-sel

4 cuil. à soupe de moutarde semi-forte

4 cuil. à soupe de crème fraîche

2 feuilles de laurier

huile d'olive

sel et poivre du moulin

Découpez quatre grands carrés de papier sulfurisé. Posez une cuisse de lapin sur chacun et enduisez-la du mélange moutarde-crème, à l'intérieur comme à l'extérieur. Parsemez de laurier émietté, salez et poivrez légèrement.

Versez 1 litre d'eau dans la marmite du cuit-vapeur et amenez à ébullition. Formez des papillotes et fermez-les hermétiquement, sans les serrer, en repliant plusieurs fois les bords. Rangez-les côte à côte dans le panier perforé, ajustez le couvercle et faites cuire 40 minutes. Servez dans les papillotes.

Petites papillotes de poulet au gingembre

Préparation : 30 min
Marinade : 2 h
Cuisson : de 6 à 8 min

Pour 4 personnes

300 g de blanc de poulet sans peau

15 grandes feuilles de coriandre

15 pois gourmands

15 très fins bâtonnets de gingembre frais

15 fines rondelles d'oignon nouveau

POUR LA MARINADE :

1 cuil. à soupe de sauce d'huîtres

3 cuil. à soupe de sauce soja

Découpez quinze carrés de papier sulfurisé de 15 cm de côté. Essuyez le poulet et coupez-le en trente lamelles à peu près identiques. Mélangez les ingrédients de la marinade dans un plat creux. Mettez-y les lamelles de poulet, remuez et réservez 2 heures au frais.

Posez un carré de papier devant vous, un angle vers le bas. Placez à mi-chemin entre cet angle et le centre de la feuille deux lamelles de poulet, un pois gourmand, un bâtonnet de gingembre, une rondelle d'oignon et une feuille de coriandre. Repliez la pointe du papier sur cette garniture, rabattez le coin droit, puis le gauche, pliez deux fois en rectangle et glissez le dernier angle à l'intérieur, comme une enveloppe.

•••

1 cuil. à soupe de vin de riz ou de xérès sec

1 cuil. à café d'huile de sésame

1 cuil. à café de sucre en poudre

Versez 1 litre d'eau dans la marmite du cuit-vapeur et amenez à ébullition. Rangez les papillotes dans le panier perforé, ajustez le couvercle et faites cuire de 6 à 8 minutes. Sortez les papillotes du cuit-vapeur et servez-les aussitôt, accompagnées de sauce aigre-douce.

Petits gâteaux de foies de volaille

Préparation : 15 min

Cuisson : 30 à 35 min

Pour 4 personnes

200 g de foies de volaille

1 gousse d'ail

3 œufs entiers + 2 jaunes

35 cl de crème fraîche liquide

½ cuil. à café de sel fin

1 grosse pincée de noix de muscade râpée

15 g de beurre (pour les moules)

poivre du moulin

Lavez les foies et séchez-les avec du papier absorbant, puis retirez les nerfs et, éventuellement, le fiel. Pelez la gousse d'ail.

Réunissez les foies, l'ail, les œufs entiers et les jaunes dans le bol d'un robot. Mixez 1 ou 2 minutes pour obtenir une purée homogène, que vous transférerez dans un grand bol.

Incorporez petit à petit la crème liquide, en remuant avec une cuillère en bois, puis ajoutez le sel et la noix de muscade, donnez quelques tours de moulin à poivre et mélangez bien.

Versez 1 litre d'eau dans la marmite du cuit-vapeur et amenez à ébullition. Beurrez largement quatre ramequins. Répartissez-y la préparation, posez-les côte à côte dans le panier perforé et couvrez de papier cuisson. Ajustez le couvercle et faites cuire de 30 à 35 minutes.

Testez la cuisson en piquant une pointe fine dans un gâteau : elle doit ressortir sèche. Sortez les ramequins du cuit-vapeur, laissez tiédir et démoulez. Servez froid ou à température ambiante, avec un coulis de tomates.

Pigeonneaux farcis au couscous

Préparation : 30 min

Cuisson : environ 50 min

Pour 4 personnes

2 pigeonneaux

1 pincée de pistils de safran

1 pincée de gros sel

1 litre de bouillon de volaille

1 petit morceau de bâton de cannelle

1 clou de girofle

1 cuil. à soupe de miel

1 pincée de cannelle

30 g de beurre

POUR LA FARCE :

20 g de raisins secs

½ cuil. à café de cannelle

1 cuil. à café de miel

20 g de beurre

30 g de graine de couscous

½ cuil. à café d'eau de fleur d'oranger

1 pincée de safran

sel et poivre du moulin

Mettez les raisins secs dans un bol avec la cannelle, le miel et le beurre. Versez 10 cl d'eau bouillante et l'eau de fleur d'oranger. Remuez, couvrez et laissez gonfler jusqu'à complet refroidissement.

Arrosez la semoule avec 2 cuillerées d'eau, puis mélangez-la aux raisins, en remuant longuement avec une fourchette pour bien détacher les graines.

Essuyez les pigeons. Salez et poivrez l'intérieur, puis remplissez-les du mélange précédent, sans trop tasser, et maintenez l'ouverture fermée avec une pique en bois. Écrasez le safran avec une pincée de gros sel et frottez-en la peau des pigeonneaux sur toute la surface.

Versez le bouillon dans la marmite du cuit-vapeur, ajoutez le bâtonnet de cannelle et le clou de girofle, puis amenez à ébullition. Posez les pigeonneaux côte à côte dans le panier perforé, ajustez le couvercle et faites cuire de 45 à 50 minutes, jusqu'à ce qu'ils soient très tendres.

Mettez les oiseaux sur un plat chaud. Faites chauffer le miel à feu doux avec 3 cuillerées à soupe du bouillon de cuisson, la pincée de cannelle et le beurre. Versez sur les pigeons et servez.

Pintade aux pommes et à la cannelle

Préparation : 30 min
Trempage : 1 h
Cuisson : environ 50 min

Pour 4 personnes

1 pintade fermière
100 g de raisins secs
1,2 kg de reinettes
4 petits-suisses
2 pincées de cannelle moulue
20 g de beurre mou
2 cuil. à soupe de sucre en poudre
le jus d'un citron
1 pincée de gingembre en poudre
sel et poivre du moulin

Faites tremper les raisins secs pendant 1 heure dans un bol d'eau bouillante, puis égouttez-les sur du papier absorbant.

Pelez et épépinez une des pommes. Râpez-la ou émincez-la en très petits dés, mélangez-la aussitôt aux petits-suisses, aux raisins secs et à une petite pincée de cannelle, salez et poivrez. Essuyez soigneusement la pintade, à l'intérieur et à l'extérieur. Remplissez-la de la préparation précédente et maintenez l'ouverture fermée avec des piques en bois.

Versez 2 litres d'eau dans le panier du cuit-vapeur et amenez à ébullition. Malaxez le beurre mou avec une pincée de cannelle, enduisez-en la pintade sur toute sa surface, salez et poivrez. Enveloppez le volatile dans une grande feuille de papier sulfurisé : fermez hermétiquement la papillote, sans la serrer, en repliant plusieurs fois les bords. Placez la pintade dans le panier perforé, ajustez le couvercle et faites cuire 45 minutes.

Mettez le sucre, le gingembre et une pincée de cannelle dans un saladier, ajoutez le jus de citron et mélangez. Pelez et épépinez le reste des pommes. Coupez-les en gros cubes, jetez-les au fur et à mesure dans le saladier et remuez pour bien les enrober.

Placez les pommes à côté de la pintade et faites cuire encore 5 ou 6 minutes ; elles doivent être tendres mais encore fermes. Présentez la pintade sur un plat chaud, sortie de sa papillote et entourée des pommes.

Potée de lapin

Préparation : 20 min

Cuisson : 50 min

Pour 6 personnes

1 lapin, coupé en morceaux

1 petit chou vert

3 grosses carottes (ou 6 petites)

3 blancs de poireau

4 gousses d'ail

1 litre de bouillon de volaille

1 bouquet garni

1 cuil. à café de moutarde semi-forte

2 cuil. à soupe de fines herbes ciselées mélangées (estragon, ciboulette, cerfeuil)

sel et poivre du moulin

Essuyez soigneusement les morceaux de lapin avec du papier absorbant. Parez le chou (recoupez la base et retirez les feuilles dures extérieures), puis coupez-le en quatre. Lavez et épluchez les légumes, coupez-les en gros morceaux. Laissez les gousses d'ail entières.

Versez le bouillon de volaille dans la marmite du cuit-vapeur, ajoutez le bouquet garni et amenez à ébullition. Mettez les morceaux de lapin côte à côte dans le panier perforé et posez les gousses d'ail à côté. Salez et poivrez légèrement, ajustez le couvercle et faites cuire 30 minutes.

Ajoutez les légumes dans le bouillon, remettez le lapin au-dessus de la vapeur et poursuivez la cuisson pendant encore environ 20 minutes. Disposez le lapin entouré de légumes sur un plat chaud. Délayez la moutarde avec une louche de bouillon de cuisson, ajoutez les herbes ciselées et versez le mélange sur le plat.

Poulet à la crème d'ail

Préparation : 20 min

Cuisson : environ 40 min

Pour 4 personnes

4 cuisses de poulet

de 16 à 20 gousses d'ail (selon la taille)

1 feuille de laurier

1 branche de thym

Incisez la peau des cuisses de poulet sans entamer la chair et retirez-la complètement, en la tirant avec les doigts. Frottez la viande avec un peu de sel et de poivre, et réservez au réfrigérateur. Séparez les gousses d'ail sans les peler.

Versez 1 litre d'eau dans la marmite du cuit-vapeur et amenez à ébullition.

15 cl de crème liquide
1 jaune d'œuf
sel et poivre du moulin

Étalez les gousses d'ail dans le fond du panier perforé, ajustez le couvercle et faites cuire 15 minutes. Posez les cuisses de poulet sur l'ail, placez la feuille de laurier et le thym à côté, remettez le couvercle et poursuivez la cuisson pendant 20 à 25 minutes.
Retirez les gousses d'ail du cuit-vapeur, puis fendez-les et pressez-les l'une après l'autre entre les doigts, au-dessus d'une petite casserole, pour récupérer la pulpe cuite. Ajoutez la crème en remuant et amenez doucement à la limite de l'ébullition. Salez, poivrez et laissez cuire quelques instants à feu doux pour que la sauce épaississe un peu. Retirez du feu et incorporez le jaune d'œuf, en fouettant vivement.
Disposez les cuisses de poulet sur un plat chaud, nappez de sauce et servez.

Poulet au cumin farci de riz

Préparation : 30 min
Cuisson : 1 h 15 à 1 h 30
Pour 4 à 6 personnes
1 poulet fermier de 1,5 kg
½ cuil. à café de sel
1 cuil. à café de cumin moulu
1 litre de bouillon de volaille
2 feuilles de laurier
4 ou 5 tiges de persil plat
2 gousses d'ail

Essuyez bien l'intérieur et l'extérieur du poulet avec du papier absorbant. Mélangez le sel et le cumin moulu, et frottez-en la peau sur toute sa surface.
Réunissez tous les ingrédients de la farce et remuez jusqu'à ce que l'ensemble soit bien homogène. Remplissez-en le poulet à l'aide d'une cuillère et liez les pilons au niveau de l'extrémité pour fermer l'ouverture.
Versez le bouillon dans la marmite du cuit-vapeur, ajoutez le laurier et amenez à ébullition. Étalez les tiges de persil dans le fond du panier perforé, puis posez le poulet dessus et

1 cuil. à soupe de graines de cumin

50 g de beurre

POUR LA FARCE :

150 g de riz cuit

2 cuil. à soupe d'huile d'olive

1 oignon finement haché

2 tomates, pelées, épépinées et concassées

2 cuil. à soupe de persil plat ciselé

2 cuil. à soupe de menthe ciselée

½ cuil. à café de cumin moulu

mettez les gousses d'ail entières à côté. Ajustez le couvercle et faites cuire pendant 1 h 15 à 1 h 30.

Retirez le poulet du cuit-vapeur et mettez-le sur un plat chaud. Au dernier moment, faites dorer les graines de cumin à sec quelques instants dans une casserole antiadhésive. Ajoutez le beurre, et, dès qu'il est fondu, versez le mélange sur le poulet.

Poulet aux champignons noirs

Préparation : 30 min

Trempage : 1 h

Marinade : 30 min

Cuisson : 15 min

Pour 4 personnes

600 g de blancs de poulet sans peau

2 feuilles de lotus séchées

2 cuil. à soupe de champignons noirs séchés

1 cuil. à soupe de nuoc-mâm

1 cuil. à soupe de sauce soja

1 cuil. à soupe de vin de riz ou de xérès sec

Mettez les feuilles de lotus dans un bol et les champignons dans un autre, recouvrez-les largement d'eau bouillante et laissez-les tremper pendant 1 heure.

Coupez le poulet en morceaux de la taille d'une grosse bouchée. Mettez-les dans un plat creux et arrosez-les du nuoc-mâm, de la sauce soja et du vin de riz, puis remuez bien et laissez mariner 30 minutes. Saupoudrez alors le poulet de Maïzena, ajoutez le gingembre et mélangez bien.

Versez 1 litre d'eau dans la marmite du cuit-vapeur et amenez à ébullition.

●●●

1 cuil. à café de Maïzena

1 cuil. à café de gingembre frais, finement râpé

Égouttez les feuilles de lotus et étalez-les dans le fond d'un plat pouvant aller dans le panier perforé. Égouttez aussi les champignons, enlevez leur base dure et coupez-les en morceaux.

Disposez les morceaux de poulet sur les feuilles de lotus, répartissez les champignons autour et placez le plat dans le panier perforé. Ajustez le couvercle et laissez cuire 15 minutes. Servez chaud, dans le plat de cuisson.

Poulet aux tomates à la vietnamienne

Préparation : 30 min

Cuisson : 35 à 40 min

Pour 4 personnes

800 g de morceaux de poulet

3 tomates

3 fines rondelles de gingembre frais

3 oignons nouveaux

2 cuil. à soupe de nuoc-mâm

½ cuil. à café de sucre en poudre

2 cuil. à café d'huile de sésame

sel et poivre du moulin

Coupez les tomates en fines tranches. Pelez et hachez les petits oignons. Détaillez les rondelles de gingembre en fins bâtonnets.

Désossez les morceaux de poulet et coupez la chair en lamelles épaisses. Mettez-les dans un plat creux de taille adaptée au cuit-vapeur, puis ajoutez les tomates, les oignons, le gingembre et le nuoc-mâm. Salez, poivrez, saupoudrez de sucre et arrosez d'huile de sésame. Remuez bien.

Versez 1 litre d'eau dans la marmite du cuit-vapeur et amenez à ébullition. Posez le plat dans le panier perforé, ajustez le couvercle et faites cuire 35 à 40 minutes. Servez chaud, avec du riz blanc.

Poulet en ballottine

Préparation : 45 min
Trempage : 1 h
Cuisson : environ 1 h

Pour 6 à 8 personnes

1 poulet fermier de 1,5 kg

80 g de raisins secs

200 g de viande de porc hachée

200 g de viande de veau hachée

100 g de jambon blanc haché

2 œufs

2 pincées de noix de muscade râpée

sel et poivre du moulin

Faites tremper les raisins secs pendant 1 heure dans un bol d'eau bouillante, puis égouttez-les.

Demandez au volailler de désosser le poulet sans déchirer la peau. Si vous le faites vous-même, fendez le milieu du dos sur toute la longueur et séparez la chair de la carcasse en faisant glisser un petit couteau fin entre les deux. Désarticulez les cuisses et les ailes. Retirez la carcasse, puis ôtez les os des cuisses et des ailes.

Dans un grand bol, mélangez longuement le porc et le veau hachés, le jambon, les œufs et les raisins, du sel, du poivre et la noix de muscade pour obtenir une farce homogène. Posez le poulet désossé à plat sur le plan de travail, côté peau dessous. Salez et poivrez, étalez régulièrement la farce et rabattez les côtés de la volaille pour la recouvrir. Rapprochez les bords et cousez toute la longueur avec du fil de cuisine.

Versez 1 litre d'eau dans la marmite du cuit-vapeur et amenez à ébullition. Salez et poivrez la ballottine, puis enroulez-la dans un film transparent, en serrant bien et en lui donnant une forme cylindrique aussi régulière que possible. Vrillez et repliez les extrémités du film. Posez la ballottine dans le panier perforé, ajustez le couvercle et faites cuire de 55 à 60 minutes.

Égouttez la ballottine et laissez-la refroidir, puis réservez-la au moins 4 heures au réfrigérateur sans la déballer. Pour servir, retirez le film transparent et tous les fils, puis coupez en tranches.

Poulet en blanquette aux petits légumes

Préparation : 20 min

Cuisson : environ 1 h

Pour 4 à 6 personnes

1 poulet fermier de 1,5 kg

2 carottes

2 courgettes

150 g de très petits champignons de Paris

2 litres de bouillon de volaille

1 branche de céleri

1 oignon

1 bouquet garni

2 jaunes d'œuf

15 cl de crème fraîche

1 cuil. à soupe de ciboulette ciselée

sel et poivre du moulin

Essuyez le poulet avec du papier absorbant et coupez-le en morceaux. Épluchez les carottes et retirez les extrémités des courgettes, puis coupez-les en grosses rondelles ou en bâtonnets. Nettoyez les champignons.

Versez le bouillon dans la marmite du cuit-vapeur, ajoutez le céleri, l'oignon et le bouquet garni, et amenez à ébullition. Mettez les morceaux de poulet dans le panier perforé. Saupoudrez-les d'un peu de sel et de poivre, ajustez le couvercle et faites cuire 40 minutes.

Prélevez 50 cl du bouillon, filtrez-le et faites-le réduire de moitié dans une petite casserole portée sur feu vif. En même temps, placez les légumes à côté du poulet (ou dans un second panier perforé posé au-dessus), remettez le couvercle et faites cuire encore 10 minutes, jusqu'à ce qu'ils soient juste tendres. Égouttez le poulet et les légumes et disposez-les dans un plat chaud.

Délayez le jaune d'œuf et la crème fraîche avec quelques cuillerées du bouillon réduit. En remuant toujours, versez ce mélange dans la casserole, dans le reste du bouillon, et laissez quelques instants à feu très doux, sans atteindre l'ébullition, pour que la sauce épaississe un peu. Nappez le poulet de sauce, parsemez de ciboulette et servez aussitôt.

Poulet en brochettes de romarin

Préparation : 20 min
Cuisson : environ 12 min

Pour 4 personnes

600 g de blancs ou de cuisses de poulet

1 gousse d'ail, pelée et émincée en fines lamelles

4 petites branches de romarin bien droites

2 tomates moyennes

3 cuil. à soupe d'huile d'olive

sel et poivre du moulin

Retirez la peau des morceaux de poulet, ainsi que les os s'il s'agit de cuisses, puis coupez la viande en gros cubes.

Débarrassez les branches de romarin de leurs feuilles, à l'exception des plus petites. Coupez la base en biseau et enfilez les cubes de poulet comme sur des brochettes.

Huilez un plat pouvant aller dans le panier du cuit-vapeur. Coupez les tomates en rondelles, étalez-les dans le fond et répartissez les lamelles d'ail. Posez les brochettes sur ce lit de tomate, puis enduisez-les avec le reste de l'huile d'olive. Salez, poivrez et éparpillez quelques feuilles de romarin sur le plat.

Versez 1 litre d'eau dans la marmite du cuit-vapeur et amenez à ébullition. Posez le plat dans le panier perforé. Couvrez avec du papier cuisson, ajustez le couvercle et faites cuire environ 12 minutes. Servez chaud.

Poulet farci aux herbes

Préparation : 30 min
Cuisson : environ 1 h

Pour 4 à 6 personnes

1 poulet fermier de 1,5 kg

1 botte de coriandre

1 botte de persil plat

2 carottes

Versez 1,5 litre d'eau dans la marmite du cuit-vapeur et amenez à ébullition. Avec la pointe d'un couteau, incisez la base des tomates en croix. Mettez-les 30 secondes dans le panier perforé couvert, puis sortez-les. Pelez-les, coupez-les en deux, épépinez-les et coupez la chair en petits dés.

•••

Poulet en brochettes de romarin

2 courgettes

cumin moulu (pour servir)

sel et poivre du moulin

POUR LA FARCE :

3 tomates

½ citron confit

1 gousse d'ail

1 petite branche de céleri

2 cuil. à soupe de coriandre ciselée

2 cuil. à soupe de persil plat ciselé

½ cuil. à café de cumin moulu

½ cuil. à café de paprika

1 pincée de piment fort ou plus selon le goût

Retirez toute la pulpe et les membranes du citron confit avec une petite cuillère. Rincez l'écorce à l'eau froide et hachez-la. Épluchez et écrasez la gousse d'ail. Retirez bien les fils du céleri et hachez-le finement.

Réunissez tous les ingrédients de la farce dans un petit saladier, salez et mélangez bien.

Rincez et essuyez le poulet. Salez et poivrez l'intérieur et l'extérieur, puis remplissez-le de farce. Recousez l'ouverture avec du fil de cuisine ou maintenez-la fermée avec des piques en bois. Étalez les herbes dans le fond du panier perforé. Posez le poulet par-dessus, ajustez le couvercle et faites cuire 45 minutes.

Épluchez les carottes et retirez les extrémités des courgettes. Lavez les légumes, coupez-les en gros morceaux et placez-les à côté du poulet. Remettez le couvercle et poursuivez la cuisson pendant encore 15 minutes. Servez le poulet dans un plat chaud, entouré des légumes et accompagné d'une coupelle de cumin et d'une de sel fin.

Poulet froid au cinq-épices

Préparation : 10 min

Cuisson : 45 à 50 min

Pour 4 personnes

4 morceaux de poulet (au choix)

40 cl de sauce soja

2 cuil. à soupe de sauce hoisin

1 cuil. à soupe de cinq-épices

Essuyez bien les morceaux de poulet. Recoupez les cuisses en deux et mettez-les dans un plat creux de taille adaptée au cuit-vapeur.

Mélangez dans une petite casserole tous les autres ingrédients, à l'exception des oignons hachés, et chauffez à feu doux en remuant jusqu'à ce que le sucre soit dissous.

•••

10 cl de vin de riz ou de xérès sec

30 g de sucre brun

2 oignons nouveaux finement hachés

1 cuil. à café de gingembre râpé

Aux premiers frémissements, retirez du feu, versez le mélange sur les morceaux de poulet et remuez pour bien les en enrober.

Versez 1 litre d'eau dans la marmite du cuit-vapeur et amenez à ébullition. Posez le plat dans le panier perforé. Recouvrez-le de papier cuisson, ajustez le couvercle et faites cuire de 45 à 50 minutes.

Sortez le plat du cuit-vapeur et récupérez les morceaux de poulet à l'aide d'une écumoire, en les égouttant bien. Recoupez-les en morceaux, disposez-les sur le plat de service et réservez. Servez froid, parsemé des petits oignons hachés.

Poulet ivre

Préparation : 10 min

Repos : 2 h

Marinade : deux fois 24 h

Cuisson : 50 min

Pour 6 personnes

1 poulet fermier de 1,4 kg

40 cl de vin de riz ou de xérès sec

50 cl de bouillon de volaille

2 rondelles de gingembre frais

2 oignons nouveaux avec la tige

sel et poivre

Essuyez soigneusement l'intérieur et l'extérieur du poulet avec du papier absorbant. Mettez-le dans un plat, frottez-le de sel et de poivre, et laissez-le reposer 2 heures au frais.

Arrosez le poulet avec 20 cl de vin de riz. Retournez-le plusieurs fois pour bien l'en imprégner, couvrez et laissez mariner 24 heures au frais.

Égouttez le poulet et versez le bouillon ainsi que la marinade dans la marmite du cuit-vapeur. Ajoutez le gingembre et les oignons, et portez à ébullition. Posez le poulet dans le panier perforé, ajustez le couvercle et faites cuire 50 minutes. Ajoutez éventuellement un peu d'eau de temps en temps dans la marmite pour qu'il reste environ la moitié du liquide en fin de cuisson.

Retirez le poulet du cuit-vapeur, laissez-le refroidir et coupez-le en morceaux : fendez-le en deux, séparez les ailes et les pilons, puis coupez chaque blanc et chaque morceau en trois, à l'aide d'un couperet ou d'une cisaille à volaille. Disposez le poulet dans un plat.

Filtrez le bouillon de cuisson à l'aide d'une passoire fine et ajoutez le reste du vin de riz. Arrosez le poulet de ce mélange, couvrez le plat de film transparent et remettez au réfrigérateur pour 24 heures. Servez froid.

Roulades de dinde au jambon et au fromage

Préparation : 30 min

Macération : 30 min

Cuisson : 15 min

Pour 4 personnes

4 fines escalopes de dinde

2 cuil. à soupe d'huile de tournesol

1 cuil. à soupe de paprika

4 tranches de jambon

80 g de gruyère ou de fromage à raclette

25 cl de crème liquide

sel et poivre du moulin

Placez les escalopes de dinde entre deux feuilles de film transparent et aplatissez-les à l'aide d'un rouleau à pâtisserie. Posez-les dans une assiette creuse.

Versez la moitié du paprika dans un petit bol, ajoutez l'huile et remuez. Badigeonnez de ce mélange toute la surface des escalopes, des deux côtés, à l'aide d'un pinceau. Salez, poivrez et couvrez, puis laissez macérer pendant 30 minutes au réfrigérateur.

Posez une tranche de jambon et quelques lamelles de fromage sur chacune des escalopes, enroulez-les en serrant bien et liez-les avec du fil de cuisine. Rangez-les côte à côte dans un plat allant dans le panier du cuit-vapeur.

•••

Versez 1 litre d'eau dans la marmite du cuit-vapeur et amenez à ébullition. Posez le plat dans le panier perforé, couvrez de papier cuisson et ajustez le couvercle, puis faites cuire 15 minutes.

Pendant la cuisson, faites cuire la crème à feu doux dans une petite casserole pour qu'elle épaississe et devienne onctueuse. Ajoutez le reste du paprika, salez et poivrez. Sortez du cuit-vapeur le plat contenant les roulades de dinde, nappez-les de sauce et servez.

Rouleaux de printemps au poulet

Préparation : 45 min
Trempage : 3 min
Cuisson : de 6 à 8 min

Pour 4 personnes

2 blancs de poulet sans peau

100 g de vermicelles de riz

1 carotte moyenne

1 petit concombre

1 cuil. à soupe de sauce d'huîtres

1 cuil. à soupe de sauce soja

12 galettes de riz

12 petites feuilles de cœur de laitue

12 feuilles de menthe

1 poignée de pousses de soja

Cassez les vermicelles en morceaux et faites-les tremper 3 minutes dans un bol d'eau bouillante, puis égouttez-les. Épluchez et taillez en fins bâtonnets la carotte et le concombre.

Essuyez les blancs de poulet avec du papier absorbant. Découpez-les en fines lanières et mettez-les dans un bol avec la sauce d'huîtres et la sauce soja. Remuez pour que tous les morceaux soient bien enrobés de sauce, puis étalez-les sur un plat pouvant aller dans le panier du cuit-vapeur.

Versez 1 litre d'eau dans la marmite du cuit-vapeur et amenez à ébullition. Posez le plat dans le panier perforé. Couvrez de papier cuisson, ajustez le couvercle et faites cuire pendant 6 à 8 minutes. Sortez le plat et laissez refroidir.

Trempez une galette de riz dans un saladier d'eau tiède pour la ramollir, puis étalez-la sur un torchon et repliez deux côtés opposés pour obtenir une bande. Déposez une feuille de laitue près d'une extrémité et ajoutez un peu de vermicelles, quelques pousses de soja, quelques bâtonnets de carotte et de concombre, une feuille de menthe et des lamelles de poulet. Roulez l'ensemble, en serrant bien pour former un rouleau. Renouvelez l'opération avec le reste des ingrédients.
Couvrez de film transparent et gardez au réfrigérateur jusqu'au moment de servir.

Salade de poulet au concombre

Préparation : 15 min
Cuisson : 10 ou 20 min

Pour 4 personnes

2 cuisses ou 2 blancs de poulet

1 petit concombre (300 g)

1 litre de bouillon de volaille

1 cuil. à soupe de coriandre ciselée

1 cuil. à soupe de graines de sésame

POUR LA SAUCE :

1 cuil. à soupe de nuoc-mâm

Versez le bouillon dans la marmite du cuit-vapeur et amenez à ébullition. Essuyez les morceaux de poulet avec du papier absorbant, puis posez-les dans le panier perforé, ajustez le couvercle et faites cuire environ 10 minutes pour des blancs et 20 minutes pour des cuisses (jusqu'à ce que la chair se détache des os). Égouttez et laissez refroidir complètement.
Lavez et essuyez le concombre sans le peler. Coupez les extrémités, fendez-le en deux dans la longueur et retirez les graines à l'aide d'une petite cuillère. Détaillez-le en fins bâtonnets ou râpez-le sur une râpe à gros trous.
Retirez la peau (et les os) du poulet, puis coupez-le en très fines lanières.

•••

1 cuil. à café de vinaigre de riz

le jus d'un citron vert

1 cuil. à café de purée de piments

Mélangez tous les ingrédients de la sauce dans un saladier, ajoutez le concombre et le poulet, et mélangez bien. Parsemez les graines de sésame et la coriandre au moment de servir.

Salade de poulet aux cacahuètes

Préparation : 30 min

Cuisson : environ 1 h

Pour 6 personnes

1 poulet fermier de 1,5 kg

4 cuil. à soupe de cacahuètes

1 litre de bouillon de volaille

1 carotte

200 g de concombre

200 g de pousses de soja frais

sel

POUR LA SAUCE :

3 cuil. à soupe de cacahuètes

2 cuil. à café de sucre en poudre

1 cuil. à café de purée de piments

3 cuil. à soupe de vinaigre de cidre

3 cuil. à soupe de sauce soja

1 cuil. à soupe d'huile de sésame

Coupez le poulet en morceaux. Broyez les 3 cuillerées de cacahuètes de la sauce en poudre grossière à l'aide d'un robot. Concassez sommairement les autres.

Versez le bouillon dans la marmite du cuit-vapeur et amenez à ébullition. Posez les morceaux de poulet côte à côte dans le panier perforé. Salez très légèrement, ajustez le couvercle et faites cuire environ 1 heure, jusqu'à ce que la chair se détache facilement des os. Égouttez et laissez refroidir complètement. Réservez 15 cl du bouillon de cuisson.

Retirez la peau du poulet, détachez la viande des os et coupez-la en fines lamelles. Rangez-les en dôme au centre d'un grand plat.

Épluchez et lavez la carotte. Pelez le concombre, coupez-le en deux dans la longueur et retirez les graines à la petite cuillère, puis détaillez-le en fins bâtonnets. Mélangez la carotte, le concombre et les pousses de soja, et disposez-les tout autour du poulet.

Délayez le sucre et la purée de piments avec le vinaigre, puis, en fouettant vivement, ajoutez la sauce soja, l'huile de sésame et le

2 oignons nouveaux finement hachés

2 gousses d'ail finement hachées

½ cuil. à café de poivre moulu

bouillon de cuisson réservé (15 cl). Ajoutez les oignons, l'ail, le poivre et les cacahuètes sans cesser de remuer. Nappez le poulet et les légumes de sauce, parsemez le tout de cacahuètes concassées et servez aussitôt.

Salade tiède de foies de volaille au vinaigre balsamique

Préparation : 20 min

Cuisson : 6 min

Pour 4 personnes

300 g de foies de volaille

1 beau cœur de laitue ou 100 g de salades mélangées

1 litre de bouillon de volaille

2 cuil. à soupe de vinaigre balsamique

4 cuil. à soupe d'huile d'olive

1 échalote

sel et poivre du moulin

Lavez et essorez la salade, puis ciselez-la en chiffonnade. Dénervez soigneusement les foies de volaille, essuyez-les avec du papier absorbant et coupez les plus gros en deux pour que la cuisson soit uniforme.

Versez le bouillon dans la marmite du cuit-vapeur et amenez à ébullition. Posez les foies de volaille dans le panier perforé. Salez très légèrement, ajustez le couvercle et faites cuire 6 minutes. Retirez-les, posez-les sur du papier absorbant et laissez-les tiédir.

Versez 1 cuillerée de vinaigre et trois d'huile dans un saladier, salez, poivrez et fouettez vivement pour émulsionner le mélange. Ajoutez la salade et remuez bien, puis répartissez-la sur quatre assiettes. Coupez les foies en lamelles épaisses et disposez-les sur la salade.

Épluchez et hachez très finement l'échalote. Mélangez le reste du vinaigre et de l'huile avec l'échalote hachée, un peu de sel et de poivre. Versez sur les foies et servez.

Saltimbocca de dinde en papillotes

Préparation : 30 min

Cuisson : 10 min

Pour 4 personnes

8 petites escalopes de dinde, d'environ 80 g pièce

4 fines tranches de jambon cru

80 g de mozzarella

8 feuilles de sauge

4 cuil. à soupe de marsala (ou de vin blanc sec)

20 g de beurre

4 cuil. à soupe d'huile d'olive

sel et poivre du moulin

Placez les escalopes de dinde entre deux feuilles de film transparent et aplatissez-les à l'aide d'un rouleau à pâtisserie. Coupez chaque tranche de jambon en deux et détaillez la mozzarella en huit lamelles. Couvrez chaque escalope d'une demi-tranche de jambon, puis posez une lamelle de mozzarella et une feuille de sauge dessus. Roulez les escalopes sur elles-mêmes et maintenez-les avec des petites piques en bois.

Coupez huit carrés de papier sulfurisé. Badigeonnez d'huile le centre de chaque feuille et posez une escalope roulée au milieu. Arrosez chaque escalope d'une demi-cuillerée à soupe de marsala en relevant les bords du papier. Salez et poivrez, puis ajoutez une noisette de beurre et répartissez le reste d'huile d'olive. Formez des papillotes et fermez-les hermétiquement, sans les serrer, en repliant plusieurs fois les bords.

Versez 1 litre d'eau dans la marmite du cuit-vapeur et amenez à ébullition. Placez les papillotes côte à côte dans le panier perforé, ajustez le couvercle et faites-les cuire pendant 10 minutes. Servez aussitôt, en laissant chaque convive ouvrir ses papillotes.

Terrine de canard aux pruneaux

Préparation : 45 min
Marinade : 12 h
Cuisson : 1 h 15

Pour 6 à 8 personnes

800 g de morceaux de canard, dont un filet

250 g de gorge de porc (ou de poitrine fraîche très grasse)

10 cl de porto

100 g de pruneaux moelleux dénoyautés

2 œufs

¼ de cuil. à café de quatre-épices

1 morceau de barde de lard fine

2 cuil. à café de sel

poivre du moulin

10 cl de gelée (faite au dernier moment à partir de gelée instantanée)

Retirez la peau des morceaux de canard et, au besoin, enlevez les os. Supprimez la couenne et les cartilages du porc. Coupez le filet de canard en lanières et le reste des viandes en dés. Réunissez l'ensemble dans un saladier, ajoutez le sel et donnez quelques tours de moulin à poivre. Versez le porto, puis remuez bien, couvrez et laissez mariner au réfrigérateur jusqu'au lendemain.

Réservez les lanières de filet de canard et passez le reste des viandes au hachoir à grosse grille. Coupez les pruneaux en gros morceaux. Réunissez dans un saladier le canard haché, les œufs, les pruneaux, la marinade et le quatre-épices, puis mélangez jusqu'à ce que l'ensemble soit parfaitement homogène.

Versez 2 litres d'eau dans la marmite du cuit-vapeur et amenez à ébullition. Coupez deux rectangles de barde de la taille de la terrine. Posez le premier dans le fond et étalez par-dessus la farce en couches régulières, en intercalant les lanières de filet et en terminant par de la farce. Tassez bien et posez le second morceau de barde. Couvrez hermétiquement la terrine, placez-la dans le panier perforé, ajustez le couvercle et faites cuire 1 h 15.

Sortez la terrine du cuit-vapeur, retirez la barde posée en surface et laissez refroidir complètement. Préparez la gelée instantanée, puis versez-en une fine couche sur la terrine et réservez au réfrigérateur jusqu'au moment de servir.

Terrine de lapin aux poivrons

Préparation : 40 min
Cuisson : 55 min
Réfrigération : 4 h

Pour 6 à 8 personnes

8 morceaux de lapin (râbles ou cuisses)

2 litres de bouillon de volaille

1 oignon, pelé

2 gousses d'ail, pelées

1 bouquet garni

1 cuil. à soupe de paprika

2 poivrons rouges

2 poivrons verts

5 feuilles de gélatine

sel et poivre du moulin

Versez le bouillon dans la marmite du cuit-vapeur, ajoutez l'oignon, les gousses d'ail et le bouquet garni, et amenez à ébullition.

Essuyez bien les morceaux de lapin avec du papier absorbant. Posez-les dans le panier perforé et saupoudrez-les du paprika, de poivre et d'un peu de sel. Ajustez le couvercle et faites cuire 45 minutes.

Coupez les poivrons en larges bandes dans la hauteur et retirez-leur les graines, le pédoncule et les cloisons blanches. Posez-les sur les morceaux de lapin, remettez le couvercle et poursuivez la cuisson pendant 10 minutes.

Faites ramollir les feuilles de gélatine dans un bol d'eau froide. Sortez le lapin et les poivrons du cuit-vapeur et laissez-les tiédir, puis retirez la peau des poivrons et désossez le lapin, en le laissant en morceaux assez gros. Filtrez 50 cl du bouillon de cuisson, égouttez la gélatine et faites-la fondre dans le liquide encore chaud.

Tapissez une terrine de film transparent, puis remplissez-la alternativement de couches de lapin et de couches de poivron, en tassant bien et en versant le bouillon au fur et à mesure. Laissez refroidir et mettez au réfrigérateur pendant au moins 4 heures.

Boulettes d'agneau aux raisins

Préparation : 30 min
Trempage : 30 min
Cuisson : environ 20 min

Pour 4 personnes

400 g d'épaule d'agneau hachée
50 g de raisins secs
1 cuil. à café de cannelle
2 cuil. à soupe d'huile d'olive
1 oignon
3 œufs
sel et poivre du moulin

Faites tremper les raisins pendant 30 minutes dans un bol d'eau bouillante. Égouttez-les, puis mettez-les dans une petite casserole avec l'huile d'olive, la cannelle, ½ cuillerée à café de sel et autant de poivre. Versez 25 cl d'eau et faites cuire pendant 10 minutes à petits frémissements.

Épluchez et râpez l'oignon. Mettez l'agneau, l'oignon, les œufs et la coriandre dans un saladier. Salez, poivrez et malaxez jusqu'à obtention d'un mélange homogène, puis mouillez vos mains et formez des boulettes de la taille d'une prune.

Versez les raisins et leur liquide de cuisson dans le fond d'un plat de taille adaptée au cuit-vapeur. Posez les boulettes dans cette sauce. Placez l'ensemble dans le panier perforé, ajustez le couvercle et faites cuire environ 20 minutes. Servez chaud, dans le plat de cuisson.

Boulettes de bœuf à la cantonaise

Préparation : 30 min

Cuisson : 15 min

Pour 4 personnes

400 g de bœuf haché

2 petits oignons nouveaux

2 blancs d'œuf

3 cuil. à soupe de coriandre finement ciselée

2 cuil. à soupe de sauce soja

1 cuil. à soupe d'huile de sésame

1 cuil. à café de Maïzena

2 cuil. à café de sucre en poudre

sel et poivre du moulin

Pelez les petits oignons et hachez-les très finement avec une partie de la tige verte. Mettez la viande dans le bol d'un robot et mixez en ajoutant lentement les blancs d'œuf et 5 cuillerées à soupe d'eau très froide.

Ajoutez les oignons hachés, la coriandre, la sauce soja, l'huile de sésame, la Maïzena et le sucre, puis mixez encore 1 minute pour obtenir une pâte fine et homogène. Mouillez vos mains et formez des boulettes de la taille d'une prune.

Versez 1 litre d'eau dans la marmite du cuit-vapeur et amenez à ébullition. Huilez légèrement le fond du panier perforé. Posez les boulettes les unes à côté des autres, ajustez le couvercle et faites cuire 15 minutes. Servez chaud, avec de la sauce aigre-douce.

Boulettes de bœuf aux herbes et au citron confit

Préparation : 30 min

Cuisson : environ 25 min

Pour 4 personnes

500 g de bœuf haché

½ oignon

1 cuil. à soupe de persil plat ciselé

Préparez les boulettes : hachez finement l'oignon et les herbes dans le bol d'un robot électrique ; ajoutez l'œuf et la mie fractionnée en petits morceaux, puis donnez à nouveau quelques impulsions ; ajoutez la viande, le cumin, le paprika, le poivre et le sel, et mixez encore jusqu'à obtention d'une pâte épaisse et homogène. Mouillez vos mains et formez

1 cuil. à soupe de coriandre ciselée + quelques feuilles (pour le décor)

1 œuf

40 g de mie de pain

½ cuil. à café de cumin moulu

½ cuil. à café de paprika

½ cuil. à café de poivre fraîchement moulu

1 cuil. à café de sel

POUR LA SAUCE :

2 grosses tomates

½ citron confit

½ oignon

1 cuil. à soupe d'huile d'olive

1 cuil. à café de concentré de tomates

2 cuil. à soupe de jus de citron frais

½ cuil. à café de paprika

½ cuil. à café de curcuma

¼ de cuil. à café de cumin moulu

¼ de cuil. à café de piment de Cayenne

1 cuil. à soupe de coriandre ciselée

1 cuil. à soupe de persil plat ciselé

sel

des boulettes de la taille d'une grosse noix. Rangez-les au fur et à mesure sur une assiette, couvrez de film plastique et réservez au frais.

Versez 1,5 litre d'eau dans la marmite du cuit-vapeur et amenez à ébullition. Incisez la base des tomates en croix, posez-les dans le panier perforé, ajustez le couvercle et faites cuire 2 minutes. Retirez-les aussitôt, puis pelez-les, coupez-les en deux et épépinez-les. Taillez la chair en petits dés. Rincez le citron confit à l'eau courante, retirez toute la pulpe et les membranes, et hachez finement l'écorce.

Épluchez l'oignon, hachez-le finement et faites-le fondre à feu très doux dans une casserole avec l'huile d'olive jusqu'à ce qu'il soit translucide. Ajoutez les tomates et le concentré, le citron confit et le jus, les épices et les herbes. Salez et laissez mijoter quelques minutes à feu doux.

Versez la sauce dans un plat de taille adaptée au cuit-vapeur et posez les boulettes dedans. Placez l'ensemble dans le panier perforé et couvrez de papier sulfurisé, puis remettez le couvercle et faites cuire de 15 à 20 minutes. Servez chaud, dans le plat de cuisson, après avoir parsemé de pluches de coriandre au dernier moment.

Boulettes de porc

Préparation : 30 min

Trempage : 30 min

Cuisson : 10 min

Pour 4 personnes

400 g d'échine de porc très maigre, finement hachée

20 g de crevettes séchées

les têtes de 2 champignons chinois

1 cuil. à soupe de ciboule finement hachée

1 cuil. à soupe de sauce soja claire

1 cuil. à café d'huile de sésame

1 cuil. à soupe de vin de riz ou de xérès sec

1 cuil. à café de Maïzena

1 blanc d'œuf

Faites tremper séparément les crevettes et les champignons 30 minutes dans de l'eau bouillante. Égouttez-les et hachez-les finement au couteau.

Dans un grand bol, mélangez le porc avec le hachis de crevettes, celui de champignons, la ciboule, la sauce de soja, l'huile de sésame, le vin de riz, la Maïzena et le blanc d'œuf. Salez et poivrez, puis malaxez à la spatule jusqu'à ce que l'ensemble soit bien homogène. Humidifiez vos mains et façonnez des boulettes de la taille d'une grosse noix.

Versez 1 litre d'eau dans la marmite du cuit-vapeur et amenez à ébullition. Huilez légèrement le fond du panier perforé. Posez les boulettes les unes à côté des autres, ajustez le couvercle et faites cuire 10 minutes. Servez chaud, avec de la sauce aigre-douce.

Boulettes de veau au paprika

Préparation : 30 min

Cuisson : environ 15 min

Pour 2 ou 3 personnes

400 g d'épaule de veau dégraissée, hachée

30 g de mie de pain rassis

1 oignon moyen, pelé et haché

1 cuil. à soupe d'huile

½ cuil. à soupe de paprika

Faites tremper la mie de pain dans un bol d'eau, puis égouttez-la et pressez-la entre les doigts pour extraire toute l'eau.

Faites fondre l'oignon à feu doux dans une petite casserole avec l'huile. Ajoutez le paprika et le persil, remuez et versez dans un grand bol. Ajoutez alors la viande, le blanc d'œuf, la mie de pain, du sel et du poivre. Malaxez l'ensemble avec une spatule en bois, jusqu'à ce que la préparation soit homogène. Mouillez vos mains et formez huit boulettes.

1 cuil. à café de persil plat finement ciselé

1 blanc d'œuf

sel et poivre du moulin

Versez 1 litre d'eau dans la marmite du cuit-vapeur et amenez à ébullition. Huilez le fond du panier perforé. Posez les boulettes côte à côte, ajustez le couvercle et faites cuire de 10 à 12 minutes. Servez chaud.

Boulettes perlées

Préparation : 40 min

Trempage : 2 h

Cuisson : 35 min

Pour 4 à 6 personnes

250 g de porc haché

250 g de bœuf haché

100 g de riz à grains courts

les têtes de 6 champignons chinois

1 gousse d'ail

3 oignons nouveaux

1 noix de gingembre

40 g de châtaignes d'eau

1 œuf

sel et poivre du moulin

Faites tremper le riz au moins 2 heures dans un grand volume d'eau froide. Égouttez-le et étalez-le sur un linge propre.

Mettez les champignons dans un bol, couvrez-les d'eau bouillante et laissez-les tremper 30 minutes, puis égouttez-les et hachez-les au couteau. Pelez et hachez menu la gousse d'ail, les petits oignons et le gingembre. Émincez finement les châtaignes d'eau.

Réunissez tous les ingrédients dans un grand bol, salez et poivrez, puis mélangez jusqu'à ce que la préparation soit parfaitement homogène. Mouillez vos mains et formez des boulettes de la taille d'une grosse noix. Roulez-les l'une après l'autre dans le riz, en pressant légèrement pour que les grains adhèrent bien sur toute la surface.

Versez 1 litre d'eau dans la marmite du cuit-vapeur et amenez à ébullition. Découpez une feuille de papier sulfurisé à la taille du panier perforé, posez-la dans le fond et percez-la en plusieurs endroits. Posez-y les boulettes, en les espaçant suffisamment les unes des autres pour leur permettre de gonfler. Ajustez le couvercle et faites cuire 35 minutes. Servez bien chaud.

Carré d'agneau à la vapeur de coriandre

Préparation : 15 min
Cuisson : 1 h
Pour 4 personnes

2 carrés d'agneau de quatre côtes chacun

4 pommes de terre de taille moyenne

2 bottes de coriandre

fleur de sel

sel et cumin (pour servir)

Épluchez et lavez les pommes de terre. Rincez la coriandre. Frottez les carrés d'agneau d'un peu de fleur de sel.

Versez 1 litre d'eau dans la marmite du cuit-vapeur et amenez à ébullition. Étalez une botte de coriandre dans le fond du panier perforé. Posez les carrés d'agneau et les pommes de terre dessus, puis recouvrez-les avec la seconde botte. Ajustez le couvercle et faites cuire 1 heure.

Jetez la coriandre. Servez les carrés d'agneau et les pommes de terre sur un plat chaud, avec des coupelles de sel et de cumin.

Côtelettes d'agneau à la provençale

Préparation : 20 min
Cuisson : environ 10 min
Pour 4 personnes

4 côtelettes d'agneau doubles

8 tomates confites à l'huile

2 gousses d'ail

1 cuil. à soupe de persil plat ciselé

Égouttez et hachez les tomates au couteau. Pelez et écrasez les gousses d'ail. Essuyez bien les côtelettes avec du papier absorbant et frottez-les de sel et de poivre des deux côtés.

Découpez quatre carrés de papier sulfurisé et huilez largement le centre. Posez une côtelette double sur chacun, répartissez le hachis de tomates, l'ail et le persil, puis enveloppez la viande sans la serrer. Fermez les papillotes en repliant plusieurs fois les bords.

•••

Carré d'agneau à la vapeur de coriandre

1,5 cuil. à soupe d'huile d'olive

sel et poivre du moulin

Versez 1 litre d'eau dans la marmite du cuit-vapeur et amenez à ébullition. Posez les papillotes côte à côte dans le panier perforé, ajustez le couvercle et faites cuire environ 10 minutes. Servez chaud, dans les papillotes.

Côtelettes d'agneau au cumin

Préparation : 20 min

Macération : 1 h

Cuisson : 10 min

Pour 4 personnes

4 côtelettes d'agneau doubles

1 petite gousse d'ail (facultatif)

1 cuil. à café de sel

1 cuil. à café de cumin moulu

1 cuil. à soupe de coriandre ciselée

Pelez et hachez très finement la gousse d'ail. Mélangez le sel et le cumin dans une coupelle. Essuyez les côtelettes avec du papier absorbant, puis frottez largement les deux faces avec du sel au cumin. Couvrez et laissez macérer 1 heure au réfrigérateur.

Huilez largement quatre carrés de papier sulfurisé, sans aller jusqu'aux bords. Posez une côtelette double sur chacun, parsemez la coriandre et l'ail, puis arrosez avec le reste de l'huile. Formez des papillotes et fermez-les hermétiquement, sans serrer la viande, en repliant plusieurs fois les bords.

Versez 1 litre d'eau dans la marmite du cuit-vapeur et amenez à ébullition. Posez les papillotes côte à côte dans le panier perforé, ajustez le couvercle et faites cuire environ 10 minutes. Servez chaud, dans les papillotes.

Côtes de veau farcies en papillotes

Préparation : 30 min

Cuisson : environ 20 min

Pour 4 personnes

4 côtes de veau épaisses de 250 g pièce

60 g d'olives vertes ou noires, dénoyautées

4 filets d'anchois à l'huile

4 tomates confites à l'huile

1 cuil. à soupe de basilic ciselé

1 cuil. à soupe d'huile d'olive

sel et poivre du moulin

Incisez chaque côte de veau à mi-épaisseur de manière à créer une poche. Hachez finement au couteau les olives, les anchois et les tomates. Mélangez-les dans un bol avec le basilic et l'huile d'olive, puis glissez cette préparation à l'intérieur des côtes de veau. Salez et poivrez l'extérieur.

Huilez le centre de quatre carrés de papier sulfurisé et posez une côte farcie sur chacun. Formez des papillotes hermétiques en repliant plusieurs fois les bords, sans serrer.

Versez 1 litre d'eau dans la marmite du cuit-vapeur et amenez à ébullition. Posez les papillotes côte à côte dans le panier perforé, ajustez le couvercle et faites cuire environ 20 minutes. Servez chaud, dans les papillotes.

Crépinettes de veau aux abricots secs

Préparation : 45 min

Trempage : 30 min

Cuisson : 30 min

Pour 4 personnes

500 g d'épaule de veau

150 g de poitrine de porc fraîche

60 g d'abricots secs

1 grand morceau de crépine de porc

Faites tremper les abricots 30 minutes dans un bol d'eau bouillante. Coupez la moitié de l'épaule de veau en petits cubes et passez le reste des viandes au hachoir.

Rincez abondamment la crépine dans un récipient d'eau froide, sous un filet d'eau courante. Égouttez-la sur du papier absorbant. Étalez-la et découpez quatre carrés de 20 cm.

●●●

1 œuf

2 cuil. à soupe de vin blanc sec

1 pincée de quatre-épices

sel et poivre du moulin

Égouttez et séchez les abricots. Réunissez les viandes, l'œuf et les abricots dans un grand bol. Ajoutez le vin blanc et le quatre-épices, salez et poivrez, puis mélangez longuement pour que l'ensemble soit bien homogène. Mouillez vos mains et formez quatre grosses boulettes. Enveloppez chacune d'elles dans un carré de crépine et aplatissez-les très légèrement avec la paume de la main.

Versez 1 litre d'eau dans la marmite du cuit-vapeur et amenez à ébullition. Posez les crépinettes côte à côte dans le panier perforé, ajustez le couvercle et faites cuire environ 30 minutes.

Égouttez les crépinettes. Passez-les quelques instants sous le gril du four, en les retournant une ou deux fois pour les colorer des deux côtés. Servez chaud avec des légumes, ou laissez refroidir et accompagnez d'une salade.

Épaule d'agneau à la marocaine

Préparation : 15 min

Marinade : 12 h

Cuisson : 2 h à 2 h 30

Pour 4 à 6 personnes

1 épaule d'agneau de 1,2 kg

1,5 cuil. à café de cumin moulu

½ cuil. à café de poivre fraîchement moulu

Demandez au boucher de désosser partiellement l'épaule d'agneau en retirant l'omoplate. Essuyez-la avec du papier absorbant et incisez-la plusieurs fois superficiellement, des deux côtés.

Dans un plat creux, mélangez le cumin, le poivre, le safran et la fleur de sel, puis frottez-en l'agneau, en faisant pénétrer ces épices dans les incisions. Couvrez et laissez macérer une nuit au réfrigérateur.

1 pincée de safran en poudre

1 cuil. à café de fleur de sel

4 petites carottes

1 oignon

4 petites courgettes

1 botte de persil plat

1 botte de coriandre

3 gousses d'ail

sel et cumin moulu pour servir

Le lendemain, épluchez les carottes et l'oignon. Coupez les extrémités des courgettes. Rincez le persil, la coriandre et tous les légumes. Pelez les gousses d'ail et écrasez-les légèrement avec le plat de la lame d'un couteau, en les laissant entières.

Placez l'épaule sur un carré de tissu, côté peau vers le haut. Posez les gousses d'ail dessus, puis emballez la viande en nouant les angles du linge deux par deux au-dessus.

Versez 2 litres d'eau dans la marmite du cuit-vapeur et amenez à ébullition. Étalez le persil et la coriandre dans le fond du panier perforé. Posez la viande dessus, ajustez le couvercle et faites cuire de 1 h 30 à 2 heures. Répartissez l'oignon, les carottes et les courgettes autour de l'agneau, et poursuivez la cuisson, toujours à couvert, pendant encore environ 30 minutes, jusqu'à ce que les légumes soient tendres sans s'écraser.

Sortez la viande du cuit-vapeur et retirez le carré de mousseline. Servez-la viande avec les légumes, dans un plat très chaud.

Épaule d'agneau farcie aux fruits secs

Préparation : 30 min

Cuisson : 2 h 15

Pour 6 personnes

1 épaule d'agneau de 1,4 kg

2 grosses pincées de pistils de safran

Demandez au boucher de désosser complètement l'épaule. Étalez-la sur le plan de travail. Mélangez le safran et le gingembre avec le beurre fondu, et badigeonnez-en toute la surface de la viande. Salez et poivrez.

•••

1 cuil. à café de gingembre

30 g de beurre fondu

sel et poivre du moulin

POUR LA FARCE :

200 g de dattes

100 g de raisins secs

2 cuil. à soupe d'eau de fleur d'oranger

75 g d'amandes effilées

75 g d'amandes en poudre

½ cuil. à café de cannelle moulue

2 cuil. à soupe de miel

Versez 2 litres d'eau dans la marmite du cuit-vapeur et amenez à ébullition. Placez l'épaule d'agneau dans le panier perforé, ajustez le couvercle et faites cuire 1 h 30.

Dénoyautez les dattes et mettez-les dans une casserole avec les raisins secs et l'eau de fleur d'oranger. Couvrez d'eau et faites cuire environ 15 minutes à petits frémissements, jusqu'à ce qu'elles s'écrasent, puis égouttez-les. Faites dorer à sec les amandes effilées et concassez-les grossièrement. Mélangez dans un grand bol les dattes, les raisins secs, les amandes concassées et en poudre, la cannelle et le miel, pour obtenir une farce homogène.

Sortez l'épaule du cuit-vapeur et farcissez-la, puis roulez-la et cousez-la avec du fil de cuisine. Remettez-la dans le panier perforé et poursuivez la cuisson pendant 45 minutes. Égouttez bien et servez très chaud.

Filet de bœuf au beurre d'anchois

Préparation : 15 min

Cuisson : 4 à 10 min

Pour 4 personnes

4 pavés de bœuf épais de 180 à 200 g pièce, dans le filet

40 g de filets d'anchois à l'huile

80 g de beurre

1 cuil. à café de câpres

sel et poivre du moulin

Mettez les anchois dans le bol d'un robot et donnez quelques impulsions pour les écraser. Ajoutez le beurre, et mixez jusqu'à ce que le mélange soit homogène. Roulez-le en un petit cylindre, enveloppez-le dans du film transparent et mettez au réfrigérateur.

Essuyez les pavés de bœuf avec du papier absorbant, puis salez et poivrez les deux faces et enveloppez-les séparément dans du film transparent.

Versez 1 litre d'eau dans le panier du cuit-vapeur et amenez à ébullition. Posez les tournedos dans le panier perforé, ajustez le couvercle et faites cuire 4 ou 5 minutes pour une viande saignante, et 6 ou 7 minutes si vous préférez la viande cuite à point. Prenez en compte l'épaisseur des morceaux et prolongez la cuisson de 2 ou 3 minutes si nécessaire ou si vous préférez votre viande bien cuite.

Sortez les pavés du cuit-vapeur, laissez-les reposer quelques instants et retirez le film transparent. Posez sur des assiettes très chaudes, puis déposez une rondelle de beurre d'anchois sur chaque pavé et servez.

Filet de bœuf au roquefort

Préparation : 15 min

Cuisson : de 15 à 30 min

Pour 4 personnes

800 g de filet de bœuf

150 g de roquefort

40 cl de crème fraîche épaisse

10 cl de crème liquide

fleur de sel et poivre du moulin

Demandez au boucher un rôti sans barde et de forme régulière pour que la cuisson soit uniforme. Essuyez la viande avec du papier absorbant, puis frottez-la sur toute sa surface d'un peu de fleur de sel et de poivre du moulin.

Versez 1,5 litre d'eau dans la marmite du cuit-vapeur et amenez à ébullition. Enroulez le rôti dans du film transparent et refermez bien les extrémités de cette papillote. Placez-la dans le panier perforé, ajustez le couvercle et faites cuire de 15 à 20 minutes pour une viande saignante, et environ 25 minutes pour une cuisson à point. Prolongez la cuisson de 5 à 10 minutes si vous désirez votre viande bien cuite.

•••

Coupez le roquefort en petits morceaux dans une casserole, ajoutez la crème liquide et chauffez doucement, en remuant jusqu'à obtention d'une consistance épaisse et onctueuse. Ajoutez la crème et mélangez bien, puis salez très légèrement (pour tenir compte du roquefort) et donnez quelques tours de moulin à poivre.

Sortez le rôti du cuit-vapeur et laissez-le reposer quelques instants avant de retirer le film. Coupez-le en tranches, posez-le sur un plat chaud et nappez-le d'un peu de sauce. Servez le reste de sauce à part.

Filet de bœuf en salade thaïe

Préparation : 15 min

Cuisson : 12 min

Pour 4 personnes

500 g de filet de bœuf

2 cuil. à soupe de riz cru

1 échalote rouge

1 cuil. à café de purée de piments

5 cuil. à soupe de jus de citron vert

1 cuil. à soupe de nuoc-mâm

2 cuil. à soupe d'huile de tournesol

2 cuil. à soupe de coriandre ciselée

Demandez au boucher un morceau, sans bardes, de filet ou d'une autre partie très tendre. Essuyez la viande avec du papier absorbant et frottez légèrement sa surface de sel et de poivre. Enroulez-la plusieurs fois dans du film transparent et repliez bien les extrémités.

Faites cuire le riz à sec sur feu modéré et en remuant sans cesse jusqu'à ce qu'ils commencent à prendre couleur, puis broyez-les en poudre fine au pilon ou au mixeur. Pelez et émincez très finement l'échalote. Réservez.

Versez 1 litre d'eau dans le compartiment inférieur du cuit-vapeur et amenez à ébullition. Placez la viande dans le panier perforé, ajustez le couvercle et faites-la cuire environ 12 minutes. Sortez le filet du cuit-vapeur et laissez-le reposer 2 ou 3 minutes avant de retirer le film transparent.

Délayez la purée de piments avec le jus de citron. Ajoutez le nuoc-mâm, l'huile, 1 cuillerée d'eau et la coriandre. Mélangez bien.

Tranchez la viande en fines lamelles et posez-la quelques instants sur du papier absorbant pour la sécher. Mettez-la dans un plat creux, arrosez-la de sauce, et répartissez les échalotes. Saupoudrez de poudre de riz et servez.

Filet de veau aux poivrons

Préparation : 30 min

Cuisson : 30 à 35 min

Pour 4 personnes

700 g de filet de veau

3 poivrons rouges

10 cl d'huile d'olive

2 cuil. à soupe de crème fraîche

sel et poivre du moulin

Demandez au boucher un morceau de filet de veau sans barde. Essuyez bien la viande, puis frottez-la de sel et de poivre sur toute sa surface. Coupez les poivrons en deux, retirez le pédoncule et les graines.

Versez 1 litre d'eau dans la marmite du cuit-vapeur et amenez à ébullition. Posez les poivrons dans le panier perforé, ajustez le couvercle et faites-les cuire 10 minutes. Laissez-les tiédir un peu et pelez-les. Coupez deux poivrons en larges bandes. Mettez le troisième dans le bol d'un robot et broyez-le en purée très fine avec les trois quarts de l'huile d'olive, puis transférez-le dans une petite casserole.

Découpez une feuille de papier sulfurisé assez grande pour envelopper la viande. Badigeonnez largement la surface d'huile d'olive et posez le filet de veau au centre. Recouvrez-le des bandes de poivron et formez une papillote, sans serrer. Fermez-la hermétiquement en repliant plusieurs fois les bords.

•••

Placez la papillote dans le panier du cuit-vapeur, à la place des poivrons, remettez le couvercle et faites cuire de 20 à 25 minutes, selon l'épaisseur du morceau.

Un peu avant la fin de la cuisson, faites chauffer la purée de poivron à feu doux avec la crème fraîche. Salez et poivrez. Sortez la viande du cuit-vapeur, puis sortez-la de la papillote et coupez-la en tranches. Disposez-la sur un plat chaud, entourez des poivrons, nappez d'un peu de sauce et servez le reste séparément.

Filet mignon de porc à la chinoise

Préparation : 10 min

Marinade : 2 h

Cuisson : 20 min

Pour 4 personnes

2 filets mignons de porc de 300 à 350 g pièce

2 cuil. à soupe de miel liquide

huile

POUR LA MARINADE :

4 cuil. à soupe de sauce soja

1 cuil. à soupe de sauce d'huîtres

1 cuil. à soupe de sauce hoisin

2 cuil. à soupe de vin de riz ou de xérès sec

S'ils sont très épais, fendez les filets mignons en deux dans l'épaisseur ; sinon, pratiquez quelques incisions en surface. Mélangez bien les ingrédients de la marinade dans un plat creux. Posez les filets mignons dans le plat et retournez-les plusieurs fois pour bien les imprégner de marinade. Réservez 2 heures, en retournant plusieurs fois la viande.

Versez 1 litre d'eau dans la marmite du cuit-vapeur et amenez à ébullition. Huilez le centre de deux grands carrés de papier sulfurisé et posez un filet mignon sur chacun, après l'avoir bien égoutté. Formez des papillotes hermétiques en repliant plusieurs fois les bords, sans serrer. Posez-les côte à côte dans le panier perforé, ajustez le couvercle et faites cuire environ 20 minutes.

1 cuil. à soupe de sucre en poudre

1 pincée de cinq-épices

2 pincées de colorant alimentaire rouge (facultatif)

Sortez la viande des papillotes, coupez-les en tranches et disposez-les sur un plat chaud. Chauffez doucement le reste de la marinade avec le miel, puis versez le mélange sur les filets mignons et servez.

Filet mignon de porc à la moutarde

Préparation : 20 min

Cuisson : environ 20 min

Pour 4 personnes

2 filets mignons de porc de 300 à 350 g pièce

1 oignon

1 petite gousse d'ail

2 cuil. à soupe d'huile de tournesol

2 cuil. à soupe de moutarde à l'ancienne

3 cuil. à soupe de crème fraîche

1 feuille de laurier

2 grosses pincées de thym

sel et poivre du moulin

Essuyez soigneusement les filets mignons avec du papier absorbant, salez et poivrez toute la surface. Épluchez et émincez finement l'oignon et l'ail, puis faites-les fondre à feu doux avec l'huile jusqu'à ce qu'ils soient bien tendres. Mélangez la moutarde et la crème dans un bol.

Répartissez la fondue d'oignon au centre de deux carrés de papier sulfurisé, posez un filet mignon sur chacun et enduisez-le largement de crème à la moutarde. Effritez la feuille de laurier entre les doigts et parsemez-la à la surface avec un peu de thym. Formez des papillotes, sans serrer, et fermez-les hermétiquement, en repliant plusieurs fois les bords.

Versez 1 litre d'eau dans la marmite du cuit-vapeur et amenez à ébullition. Posez les papillotes côte à côte dans le panier perforé, ajustez le couvercle et faites cuire environ 20 minutes. Sortez les filets mignons des feuilles de papier sulfurisé et posez-les sur un plat chaud, en récupérant tout le contenu des papillotes. Coupez chacun en deux et servez aussitôt.

Filet mignon de porc aux pruneaux

Préparation : 20 min

Cuisson : 25 min

Pour 4 personnes

2 filets mignons de porc 350 à 400 g pièce

16 pruneaux dénoyautés

1 cuil. à soupe de miel

1 cuil. à soupe de sauce soja

sel et poivre du moulin

Coupez les pruneaux en deux. Faites-les cuire doucement une dizaine de minutes avec un verre d'eau pour les attendrir, puis égouttez-les. Mélangez le miel et la sauce soja.

Essuyez soigneusement les filets mignons. Coupez-les en deux et incisez-les profondément dans l'épaisseur, de manière à créer une poche. Salez et poivrez l'intérieur. Glissez 1 ou 2 cuillerées de pruneaux dans cette poche, sans trop remplir, et fermez l'ouverture avec une petite pique en bois. Badigeonnez largement de mélange miel-soja les filets mignons des deux côtés, salez et poivrez.

Enroulez chaque morceau dans du film transparent, en serrant un peu, et vrillez les extrémités. Versez 1 litre d'eau dans la marmite du cuit-vapeur et amenez à ébullition. Posez les papillotes côte à côte dans le panier perforé, ajustez le couvercle et faites cuire 15 minutes.

Sortez les filets mignons du cuit-vapeur, attendez quelques instants pour pouvoir les manipuler et retirez le film transparent. Disposez-les sur un plat chaud et répartissez le reste des pruneaux à côté.

Filets d'agneau au curry

Préparation : 15 min
Cuisson : 8 à 12 min

Pour 4 personnes

4 filets d'agneau de 150 g pièce

1 petite gousse d'ail

1 cuil. à soupe de curry en pâte ou en poudre

1 cuil. à café de concentré de tomates

2 cuil. à soupe de lait de coco

2 cuil. à soupe d'huile d'olive

sel

Pelez et écrasez la gousse d'ail. Mélangez le curry, le concentré de tomates, le lait de coco et l'ail dans un plat creux. Posez les filets d'agneau dans le plat et roulez-les plusieurs fois pour bien les imprégner du mélange.

Enduisez d'huile d'olive le centre de quatre carrés de papier sulfurisé et posez un filet d'agneau sur chacun. Salez légèrement, formez des papillotes et fermez-les hermétiquement, sans serrer la viande, en repliant plusieurs fois les bords.

Versez 1 litre d'eau dans la marmite du cuit-vapeur et amenez à ébullition. Posez les papillotes côte à côte dans le panier perforé, ajustez le couvercle et faites cuire de 8 à 12 minutes, selon le degré de cuisson souhaité. Servez dans les papillotes.

Gigot d'agneau à la menthe

Préparation : 20 min
Cuisson : 1 h 15

Pour 6 à 8 personnes

1 gigot d'agneau de 1,5 kg, désossé et ficelé

3 petites courgettes

600 g de haricots verts fins

400 g de petites pommes de terre à chair ferme

2 gros bouquets de menthe

fleur de sel et poivre du moulin

Frottez toute la surface du gigot d'un peu de fleur de sel et de poivre. Lavez les légumes sans les peler. Coupez les courgettes en deux dans la longueur et effilez les haricots. Rincez la menthe.

Versez 2 litres d'eau dans la marmite du cuit-vapeur et amenez à ébullition. Étalez la moitié de la menthe dans le fond du panier perforé, posez le gigot dessus et recouvrez-le du reste. Ajustez le couvercle et faites cuire pendant 1 heure.

•••

POUR SERVIR :

15 cl d'huile d'olive

le jus d'un citron

1 cuil. à soupe de menthe ciselée

sel et poivre du moulin

Mettez les légumes à côté du gigot (ou dans un second panier perforé posé au-dessus), remettez le couvercle et poursuivez la cuisson pendant encore 15 minutes.

Fouettez vivement l'huile d'olive et le jus de citron dans un bol pour émulsionner le mélange. Ajoutez la menthe ciselée, salez et poivrez. Jetez la menthe et égouttez le gigot quelques instants sur du papier absorbant, puis coupez-le en tranches. Disposez-le sur un plat chaud, entouré de légumes. Arrosez d'un peu d'huile d'olive citronnée et servez le reste à part.

Jambonneau aux épices

Préparation : 15 min

Repos : 1 h

Cuisson : 1 h 30

Pour 4 personnes

1 jarret de porc demi-sel de 1 kg

1 oignon

2 clous de girofle

1 cuil. à café de cumin moulu

1 cuil. à café de coriandre moulue

1 pincée de safran

Pelez l'oignon, coupez-le en deux et piquez-le des clous de girofle. Mélangez le cumin, la coriandre et le safran dans un plat creux. Rincez le jarret à l'eau fraîche, puis épongez-le avec du papier absorbant. Posez-le dans le plat, frottez-en toute sa surface avec les épices et laissez-le reposer 1 heure.

Versez 1,5 litre d'eau dans la marmite du cuit-vapeur, ajoutez l'oignon et amenez à ébullition. Posez le jarret dans le panier perforé, puis ajustez le couvercle et faites cuire environ 1 h 30, jusqu'à ce que la viande se détache de l'os.

Égouttez le jambonneau quelques instants sur du papier absorbant et servez chaud.

Jarret de veau aux carottes et au cumin

Préparation : 20 min

Repos : 30 min

Cuisson : 2 h

Pour 4 personnes

1 jarret de veau entier (environ 1,5 kg)

1,5 cuil. à café de cumin moulu

1 cuil. à café de fleur de sel

800 g de jeunes carottes, lavées et brossées

1 cuil. à soupe de graines de cumin

50 g de beurre

sel et poivre du moulin

Essuyez le jarret avec du papier absorbant et incisez-le plusieurs fois, superficiellement, des deux côtés. Mélangez le cumin et la fleur de sel, puis frottez-en la viande en les faisant pénétrer dans les incisions. Enroulez plusieurs fois le jarret dans du film transparent, repliez les extrémités et réservez 30 minutes au frais.

Versez 1,5 litre d'eau dans la marmite du cuit-vapeur et amenez à ébullition. Posez le jarret dans le panier perforé, en le laissant enveloppé, ajustez le couvercle et faites cuire pendant 1 h 45. Placez les carottes à côté du jarret (ou dans un second panier perforé posé au-dessus). Salez et poivrez légèrement, remettez le couvercle et poursuivez la cuisson pendant encore 15 minutes.

Un peu avant la fin de la cuisson, faites dorer les graines de cumin quelques instants à sec dans une petite casserole. Ajoutez le beurre et faites-le fondre. Sortez le jarret du cuit-vapeur, attendez quelques instants et jetez le film transparent. Posez la viande sur un plat chaud et entourez-la des carottes, puis arrosez l'ensemble de beurre fondu au cumin et servez aussitôt.

Jarret de veau aux légumes nouveaux et au cerfeuil

Préparation : 20 min
Cuisson : 20 min

Pour 4 personnes

4 rouelles de jarret de veau de 300 g pièce

1 botte de cerfeuil

1 botte de carottes nouvelles

4 oignons nouveaux

4 petits navets nouveaux

400 g de petites pommes de terre nouvelles

15 cl de crème fraîche épaisse

1 cuil. à café de paprika

sel et poivre du moulin

Essuyez les tranches de jarret avec du papier absorbant, salez et poivrez les deux côtés. Rincez le cerfeuil. Prélevez la valeur de 3 cuillerées à soupe de feuilles et ciselez-les finement. Épluchez et lavez les légumes.

Versez 1 litre d'eau dans la marmite du cuit-vapeur et amenez à ébullition. Étalez les brins de cerfeuil dans le fond du panier perforé, posez les rouelles de veau dessus, ajustez le couvercle et faites cuire 10 minutes. Placez les légumes à côté de la viande (ou dans un second panier posé au-dessus). Saupoudrez-les d'un peu de sel, remettez le couvercle et poursuivez la cuisson pendant encore 10 minutes.

Versez la crème dans une petite casserole, ajoutez le paprika, mélangez et faites cuire quelques minutes à feu doux pour qu'elle épaississe un peu. Salez, poivrez et gardez au chaud. Ajoutez le cerfeuil ciselé au dernier moment.

Égouttez la viande quelques instants sur du papier absorbant et posez-la sur un plat chaud. Disposez les légumes autour, arrosez viande et légumes d'un peu de sauce et servez le reste à part.

Médaillons de veau à l'italienne

Préparation : 20 min

Cuisson : 15 min

Pour 4 personnes

4 grenadins de veau épais, de 180 à 200 g pièce

1 belle tranche de jambon cru (ou 2 petites)

8 tomates séchées à l'huile

4 cuil. à soupe d'olives vertes dénoyautées

2 feuilles de sauge

2 cuil. à soupe d'huile d'olive

sel et poivre du moulin

Essuyez bien les grenadins avec du papier absorbant. Salez et poivrez les deux côtés. Coupez le jambon en quatre bandes, dans la longueur ou transversalement selon la taille des tranches, puis enroulez-en une autour de chaque grenadin.

Égouttez les tomates et hachez-les au couteau, ainsi que les olives et la sauge. Mettez-les dans un bol, ajoutez l'huile d'olive et remuez bien. Répartissez ce mélange au centre de quatre carrés de papier sulfurisé, posez un grenadin sur chacun et formez des papillotes. Fermez-les hermétiquement, sans serrer, en repliant plusieurs fois les bords.

Versez 1 litre d'eau dans la marmite du cuit-vapeur et amenez à ébullition. Posez les papillotes côte à côte dans le panier perforé, ajustez le couvercle et faites cuire environ 15 minutes. Servez chaud, dans les papillotes.

Osso bucco à la gremolata

Préparation : 20 min

Cuisson : 20 min

Pour 4 personnes

4 rouelles de jarret de veau de 250 g pièce

2 petites feuilles de laurier

huile d'olive

Essuyez les tranches de veau avec du papier absorbant, salez et poivrez les deux côtés. Pelez et écrasez les gousses d'ail. Lavez le citron à l'eau courante, puis essuyez-le et prélevez finement le zeste en frottant l'écorce contre une râpe fine.

•••

sel et poivre du moulin

POUR LA GREMOLATA :

2 gousses d'ail

1 citron non traité

2 cuil. à soupe de persil plat ciselé

Badigeonnez d'huile d'olive quatre carrés de papier sulfurisé, sans aller jusqu'aux bords, et placez une rouelle de veau au centre de chacun. Ajoutez une demi-feuille de laurier, puis formez des papillotes hermétiques en repliant plusieurs fois les bords, sans serrer la viande.

Versez 1 litre d'eau dans la marmite du cuit-vapeur et amenez à ébullition. Posez les papillotes côte à côte dans le panier perforé, ajustez le couvercle et faites-les cuire pendant environ 20 minutes.

Mélangez le persil, l'ail et le zeste de citron. Sortez les papillotes, entrouvrez-les et parsemez la viande du mélange précédent. Arrosez d'un petit filet d'huile d'olive et servez.

Pain de viande surprise

Préparation : 45 min

Cuisson : 50 min

Pour 6 personnes

400 g de bœuf haché

300 g de veau haché

1 gros oignon

3 cuil. à soupe d'huile d'olive

1 cuil. à soupe de piment doux en poudre

1 cuil. à soupe de concentré de tomates

3 œufs durs écalés

sel et poivre du moulin

Épluchez l'oignon, hachez-le et faites-le fondre dans une petite poêle avec la moitié de l'huile d'olive, jusqu'à ce qu'il soit bien tendre. Réunissez dans un bol le bœuf et le veau hachés, l'oignon fondu, la poudre de piment et le concentré de tomates. Salez, poivrez et remuez jusqu'à ce que l'ensemble soit homogène.

Huilez largement le centre d'une grande feuille de papier sulfurisé. Étalez la moitié de la préparation au centre de la feuille, en rectangle, puis alignez les trois œufs durs en longueur. Recouvrez avec le reste de la viande hachée et façonnez l'ensemble avec les mains humides, pour lui donner la forme d'un pain, bombé en surface. Formez une papillote, sans serrer, et fermez-la en repliant plusieurs fois les bords.

Versez 1,5 litre d'eau dans le panier perforé et amenez à ébullition. Posez la papillote dans le panier perforé, ajustez le couvercle et faites cuire environ 50 minutes. Pour servir, sortez le pain de viande de la papillote et tranchez-le délicatement, encore chaud, ou laissez-le refroidir. Vous pouvez accompagner de coulis de tomates.

Paupiettes de veau aux champignons et à la moutarde

Préparation : 45 min
Cuisson : 25 à 30 min

Pour 4 personnes

4 escalopes de veau de 120 g pièce

8 petits champignons de Paris

2 cuil. à café de moutarde semi-forte

4 cuil. à café de crème fraîche épaisse

2 tranches de jambon cuit

sel et poivre du moulin

POUR LA SAUCE :

15 cl de crème liquide

1 cuil. à café de moutarde semi-forte

sel et poivre du moulin

Aplatissez les escalopes à l'aide d'un rouleau à pâtisserie, en les plaçant entre deux feuilles de papier sulfurisé ou de film transparent. Salez et poivrez légèrement les deux faces. Nettoyez les champignons et émincez-les en fines lamelles. Mélangez la moutarde et la crème. Recoupez les tranches de jambon en deux.

Posez sur chaque escalope une demi-tranche de jambon. Étalez par-dessus le quart des champignons et de la crème à la moutarde, puis enroulez la viande autour de cette garniture, en veillant à ce qu'elle ne s'échappe pas aux extrémités. Ficelez les paupiettes comme des petits rôtis et enveloppez-les séparément dans du film transparent.

Versez 1 litre d'eau dans la marmite du cuit-vapeur et amenez à ébullition. Posez les paupiettes côte à côte dans le panier perforé, ajustez le couvercle et faites cuire de 25 à 30 minutes.

•••

Mélangez la crème liquide et la moutarde dans une petite casserole. Salez légèrement, poivrez et faites cuire quelques minutes à feu doux pour que le mélange épaississe un peu.

Sortez les paupiettes du cuit-vapeur, jetez le film transparent et nappez-les d'un peu de sauce. Servez le reste de sauce à part.

Paupiettes de veau aux châtaignes

Préparation : 30 min

Cuisson : environ 20 min

Pour 6 personnes

- 6 escalopes de veau de 120 g pièce
- 80 g de poitrine de porc demi-sel
- 100 g de champignons de Paris
- 20 g de beurre
- 100 g de châtaignes cuites au naturel
- 1 blanc d'œuf
- 2 cuil. à soupe de crème
- 1 cuil. à soupe de persil plat ciselé
- sel et poivre du moulin

Aplatissez les escalopes à l'aide d'un rouleau à pâtisserie, en les plaçant entre deux feuilles de papier sulfurisé ou de film transparent. Salez et poivrez légèrement les deux faces.

Retirez la couenne de la poitrine demi-sel et hachez-la. Nettoyez et hachez les champignons. Faites-les revenir quelques instants à feu vif avec le beurre pour qu'ils rendent leur eau de végétation, puis égouttez-les. Émincez finement les châtaignes au couteau.

Mélangez le hachis de champignons, les châtaignes, la poitrine demi-sel, le blanc d'œuf, la crème, le persil, un peu de sel et de poivre. Étalez les escalopes, répartissez la farce au centre et enroulez la viande autour de la garniture. Ficelez les paupiettes comme des petits rôtis, puis enveloppez-les individuellement dans du film transparent.

Posez les paupiettes côte à côte dans le panier perforé, remettez le couvercle et faites cuire environ 20 minutes. Servez chaud, après avoir retiré le film transparent.

Paupiettes de veau aux épinards et à la ricotta

Préparation : 45 min
Cuisson : 22 min

Pour 4 personnes

4 escalopes de veau de 120 g pièce

2 cuil. à soupe de pignons

200 g d'épinards

4 cuil. à soupe de ricotta

huile d'olive

sel et poivre du moulin

Aplatissez les escalopes à l'aide d'un rouleau à pâtisserie, en les plaçant entre deux feuilles de papier sulfurisé ou de film transparent ; salez et poivrez légèrement les deux faces. Faites légèrement dorer les pignons à sec, puis concassez-les. Lavez et essorez les épinards.

Versez 1 litre d'eau dans la marmite du cuit-vapeur et amenez à ébullition. Étalez les épinards dans le panier perforé, saupoudrez-les d'un peu de sel et ajustez le couvercle. Faites cuire 2 minutes, puis transférez les épinards dans une passoire, pressez-les pour extraire le maximum d'eau et hachez-les au couteau.

Mélangez la ricotta, les épinards, les pignons, 1 cuillerée à soupe d'huile d'olive, un peu de sel et de poivre jusqu'à ce que l'ensemble soit homogène. Répartissez la farce au centre des escalopes, puis enroulez la viande autour de la garniture. Ficelez les paupiettes comme des petits rôtis. Enveloppez-les séparément dans du film transparent.

Posez les paupiettes côte à côte dans le panier perforé. Remettez le couvercle et faites cuire environ 20 minutes. Servez chaud, après avoir retiré le film transparent et arrosé les paupiettes d'un filet d'huile d'olive.

Paupiettes de veau aux olives

Préparation : 45 min
Cuisson : 20 à 25 min

Pour 4 personnes

4 escalopes de veau de 120 g pièce

2 petits oignons nouveaux

1 gousse d'ail

100 g d'olives noires

100 g de chair à saucisse

4 cuil. à soupe de pulpe de tomate en dés

½ cuil. à café de thym

huile d'olive pour servir

sel et poivre du moulin

Aplatissez les escalopes à l'aide d'un rouleau à pâtisserie, en les plaçant entre deux feuilles de papier sulfurisé ou de film transparent. Salez et poivrez légèrement les deux faces.

Pelez et hachez très finement les petits oignons et l'ail. Hachez également les olives au couteau. Mettez-les dans un bol avec la chair à saucisse, la pulpe de tomate, le thym, un peu de sel et de poivre, puis mélangez pour que l'ensemble soit bien homogène.

Répartissez la farce au centre des escalopes. Enroulez la viande autour de cette garniture, ficelez les paupiettes et enveloppez-les séparément dans du film transparent.

Versez 1 litre d'eau dans la marmite du cuit-vapeur et amenez à ébullition. Posez les paupiettes côte à côte dans le panier perforé, ajustez le couvercle et faites cuire de 20 à 25 minutes. Servez chaud, après avoir retiré le film transparent et arrosé les paupiettes d'un filet d'huile d'olive.

Petites terrines thaïlandaises

Préparation : 45 min
Cuisson : 20 à 25 min

Pour 4 personnes

125 g de porc haché

125 g de poulet haché

125 g de chair de crabe cuite

2 oignons nouveaux, pelés et hachés

Dans un grand bol, réunissez les viandes et la chair de crabe émiettée. Ajoutez les oignons et l'ail, le nuoc-mâm, la crème de noix de coco, le sucre et la coriandre. Donnez quelques tours de moulin à poivre, puis travaillez l'ensemble avec une spatule en bois jusqu'à ce qu'il soit homogène. Battez l'œuf entier et incorporez-le en continuant à remuer.

4 gousses d'ail, pelées et hachées

2 cuil. à soupe de nuoc-mâm

2 cuil. à soupe de crème de noix de coco

½ cuil. à café de sucre en poudre brun

2 cuil. à soupe de coriandre ciselée

1 œuf + 1 blanc

huile (pour les moules)

poivre du moulin

Huilez légèrement quatre moules individuels, remplissez-les de la préparation précédente en tassant bien et badigeonnez la surface de blanc d'œuf.

Versez 1 litre d'eau dans la marmite du cuit-vapeur et amenez à ébullition. Posez les moules côte à côte dans le panier perforé, recouvrez-les de papier cuisson et ajustez le couvercle. Faites cuire de 20 à 25 minutes, puis laissez tiédir et démoulez.

Petits choux farcis

Préparation : 45 min

Cuisson : 40 à 45 min

Pour 4 personnes

400 g d'échine de porc hachée

200 g de poitrine de veau hachée

2 gousses d'ail

1 oignon

2 œufs

1 cuil. à soupe de persil plat ciselé

8 belles feuilles de jeune chou vert

sel et poivre du moulin

Pelez et écrasez les gousses d'ail. Épluchez et émincez finement l'oignon. Mélangez les viandes hachées, les œufs, le persil, l'ail et l'oignon. Salez et poivrez, puis malaxez jusqu'à obtention d'une farce homogène.

Versez 1 litre d'eau dans la marmite du cuit-vapeur et amenez à ébullition. Rincez les feuilles de chou. Posez-les dans le panier perforé, ajustez le couvercle et faites cuire 3 ou 4 minutes, juste le temps de les assouplir. Égouttez-les sur du papier absorbant et laissez-les tiédir légèrement.

Mouillez vos mains et formez huit boules de farce. Enveloppez chacune d'elles dans une feuille de chou, puis liez-les avec de la ficelle de cuisine. Posez les petits paquets côte à côte dans le panier perforé, remettez le couvercle et faites cuire de 30 à 40 minutes. Servez chaud ou froid, avec une salade.

Petits pains chinois fourrés

Préparation : 45 min
Repos : 1 h
Cuisson : 20 min

Pour 12 petits pains

POUR LA PÂTE :

4 g de levure sèche

10 cl d'eau tiède

200 g de farine

1 cuil. à café de sucre en poudre

1 cuil. à soupe d'huile d'arachide

POUR LA GARNITURE :

200 g de porc ou de poulet haché

1 cuil. à soupe de miel

1 cuil. à soupe de sauce hoisin

2 cuil. à soupe de sauce soja claire

1 cuil. à soupe d'oignon très finement haché

Mélangez tous les ingrédients de la garniture et réservez au réfrigérateur.

Délayez la levure dans l'eau tiède et laissez le mélange une dizaine de minutes dans un endroit tiède, jusqu'à ce qu'il commence à mousser. Mélangez la farine et le sucre dans un saladier, et creusez le centre. Versez-y la levure et l'huile, et malaxez à l'aide d'une spatule pour obtenir une pâte assez consistante. Ajoutez un peu d'eau si elle est trop sèche, ou de farine si elle est trop collante.

Pétrissez la pâte sur le plan de travail légèrement fariné jusqu'à ce qu'elle soit souple et élastique, puis roulez-la en un cylindre de 5 cm de diamètre. Coupez-le en douze tranches, façonnez celles-ci en petites boules et posez-les au fur et à mesure sur une plaque recouverte de papier sulfurisé, en les espaçant bien. Couvrez de papier sulfurisé, puis d'un linge humide, et laissez reposer 1 heure dans un endroit tiède. La pâte doit doubler de volume.

Versez 1 litre d'eau dans la marmite du cuit-vapeur et amenez à ébullition. Creusez légèrement les boulettes en appuyant sur chacune d'elles avec le dos d'une cuillère et déposez 1 cuillerée de garniture dans le creux. Placez les petits pains côte à côte dans le panier perforé huilé, ajustez le couvercle et faites cuire 20 minutes. Servez chaud.

Poitrine de veau farcie

Préparation : 45 min
Cuisson : environ 2 h

Pour 6 personnes

1 poitrine de veau de 1,2 kg

6 oignons nouveaux

2 échalotes

150 g de champignons de Paris

70 g de beurre

250 g de poitrine de porc demi-sel

150 g de châtaignes cuites au naturel

1 œuf

sel et poivre du moulin

Demandez au boucher de désosser la viande et de la préparer pour la farcir, en l'incisant pour faire une poche. Pelez et émincez les petits oignons. Épluchez et hachez finement les échalotes. Nettoyez et hachez les champignons, puis faites-les revenir avec les échalotes et 30 g de beurre dans une poêle à feu moyen. Quand ils commencent à prendre couleur, égouttez-les dans une passoire pour éliminer toute l'eau de végétation.

Retirez la couenne de la poitrine de porc et passez la chair au hachoir. Écrasez grossièrement les châtaignes à la fourchette. Mélangez la poitrine de porc hachée, les châtaignes, les champignons, les échalotes, l'œuf, du sel et du poivre, jusqu'à ce que l'ensemble soit parfaitement homogène. Salez et poivrez légèrement l'intérieur de la poitrine de veau et remplissez-la de farce. Recousez l'ouverture avec du fil de cuisine, puis salez et poivrez l'extérieur.

Découpez une feuille de papier sulfurisé assez grande pour envelopper la poitrine farcie. Beurrez-la largement avec le reste du beurre et placez la viande au centre. Parsemez l'oignon émincé, puis formez une grande papillote, sans serrer, et fermez-la hermétiquement en repliant plusieurs fois les bords.

Versez 1,5 litre d'eau dans la marmite du cuit-vapeur et amenez à ébullition. Placez la papillote dans le panier perforé, ajustez le couvercle et faites cuire environ 2 heures. Retirez le papier sulfurisé et posez la poitrine farcie sur un plat chaud. Récupérez le jus, coupez la viande en tranches et servez.

Porc à la sichuanaise

Préparation : 20 min

Cuisson : 1 h

Pour 4 personnes

500 g de viande de porc hachée

80 g de légumes chinois macérés (en conserve, dans les épiceries asiatiques)

3 oignons nouveaux

1 noix de gingembre frais

1 blanc d'œuf

1 cuil. à soupe de vin de riz ou de xérès sec

3 cuil. à soupe de sauce soja

2 cuil. à café de sucre en poudre

Rincez abondamment les légumes à l'eau courante, puis égouttez-les et hachez-les au couteau. Pelez et hachez très finement les petits oignons et le gingembre.

Mettez tous les ingrédients ainsi que la viande dans un plat creux de taille adaptée au cuit-vapeur et mélangez longuement. Creusez légèrement le centre.

Versez 1 litre d'eau dans la marmite du cuit-vapeur et amenez à ébullition. Posez le plat dans le panier perforé, ajustez le couvercle et faites cuire 1 heure. Servez dans le plat de cuisson, accompagné de nouilles de riz sautées.

Porc au cinq-épices

Préparation : 20 min

Marinade : 12 h

Cuisson : 2 h 10

Pour 6 personnes

1 kg d'échine de porc désossée

1 gousse d'ail

4 cuil. à soupe de sauce soja foncée

2 cuil. à soupe de vin chinois ou de xérès sec

¼ de cuil. à café de cinq-épices

100 g de riz cru

Dégraissez complètement la viande de porc (si le boucher ne l'a pas fait), essuyez-la avec du papier absorbant et coupez-la en cubes. Pelez et hachez finement la gousse d'ail. Mettez-la dans un plat creux avec la sauce soja, le vin chinois et le cinq-épices, mélangez bien et ajoutez les cubes de porc. Remuez plusieurs fois pour bien les enrober de marinade, puis couvrez et réservez 12 heures au réfrigérateur.

Dans une poêle antiadhésive, faites dorer le riz cru à sec, environ 10 minutes, en remuant sans cesse. Versez-le dans le bol d'un robot, broyez-le en poudre fine et roulez les cubes de viande dedans, l'un après l'autre.

Versez 1,5 litre d'eau dans la marmite du cuit-vapeur et amenez à ébullition. Posez un morceau de papier sulfurisé dans le fond du panier perforé, percez-le et huilez-le. Déposez-y le porc, ajustez le couvercle et faites cuire au moins 2 heures, jusqu'à ce que la viande se défasse sous la pression. Servez chaud, avec du riz.

Roulés de veau au jambon cru et à la mozzarella

Préparation : 45 min
Cuisson : environ 15 min

Pour 4 personnes

4 escalopes de veau de 120 g pièce
2 tranches de jambon cru
4 feuilles de basilic
2 cuil. à soupe d'huile d'olive
50 g de mozzarella
sel et poivre du moulin

Aplatissez les escalopes à l'aide d'un rouleau à pâtisserie, en les plaçant entre deux feuilles de papier sulfurisé. Salez et poivrez.

Dégraissez les tranches de jambon, puis coupez-les en deux. Ciselez les feuilles de basilic, ajoutez l'huile d'olive et mélangez. Coupez la mozzarella en quatre fines tranches.

Enduisez les escalopes d'huile au basilic sur toute leur surface. Recouvrez chacune d'elles d'une demi-tranche de jambon, puis d'une lamelle de mozzarella. Arrosez du reste de l'huile, enroulez la viande autour de cette garniture et maintenez-la avec une pique en bois ou une petite ficelle. Enveloppez chaque rouleau dans du film transparent.

Versez 1 litre d'eau dans la marmite du cuit-vapeur et amenez à ébullition. Posez les petits paquets côte à côte dans le panier perforé, ajustez le couvercle et faites cuire environ 15 minutes.

Sortez les roulés du cuit-vapeur, puis retirez le film transparent et servez.

Roulés de veau au pesto

Préparation : 30 min
Cuisson : environ 15 min

Pour 6 personnes

6 escalopes de veau de 120 g pièce
50 g de pignons
3 gousses d'ail
6 cuil. à soupe de feuilles de basilic
12,5 cl d'huile d'olive
80 g de parmesan fraîchement râpé
1 pincée de poivre
sel et poivre du moulin

Faites légèrement dorer les pignons à sec. Épluchez les gousses d'ail, coupez-les en deux et retirez le germe. Mettez le basilic, l'ail, les pignons, l'huile, ½ cuillerée à café de sel et un peu de poivre dans le bol d'un robot, puis mixez jusqu'à obtention d'une purée fine. Transférez-la dans un bol, ajoutez le parmesan et mélangez.

Badigeonnez les escalopes de pesto, sans aller jusqu'au bord. Enroulez-les et maintenez les rouleaux avec des piques en bois ou une petite ficelle, puis enveloppez chacun d'eux séparément dans du film transparent.

Versez 1 litre d'eau dans la marmite du cuit-vapeur et amenez à ébullition. Posez les rouleaux côte à côte dans le panier perforé, ajustez le couvercle et faites cuire environ 15 minutes. Ôtez le film transparent et servez chaud, accompagné du reste de pesto.

Terrine d'agneau aux épices douces

Préparation : 40 min
Cuisson : 1 h

Pour 6 personnes

800 g d'épaule d'agneau hachée
40 g de mie de pain
2 oignons moyens
2 gousses d'ail

Faites tremper la mie dans un petit bol d'eau froide, puis égouttez-la et pressez-la fortement entre les doigts pour extraire le maximum d'eau. Épluchez et hachez finement l'oignon et l'ail, puis faites-les fondre à feu très doux dans une petite casserole avec 2 cuillerées à soupe d'huile, jusqu'à ce qu'ils soient tendres et translucides.

huile d'olive

2 œufs

2 cuil. à soupe de persil ciselé

1 cuil. à soupe de cumin moulu

1 cuil. à soupe de paprika

1 cuil. à soupe de coriandre moulue

sel et poivre du moulin

Réunissez la viande, la mie de pain, les œufs, la moitié des oignons, le persil et les épices dans un saladier. Salez et poivrez, puis mélangez avec une spatule en bois jusqu'à ce que la préparation soit parfaitement homogène. Remplissez-en une terrine et tassez avec le dos d'une cuillère humide.

Versez 1,5 litre d'eau dans la marmite du cuit-vapeur et amenez à ébullition. Posez la terrine dans le panier perforé. Couvrez-la de papier sulfurisé, ajustez le couvercle et faites cuire 1 heure. Laissez refroidir et mettez au réfrigérateur.

Terrine de veau aux abricots secs

Préparation : 40 min

Marinade : 12 h

Trempage : 1 h

Cuisson : environ 1 h 15

Pour 8 personnes

700 g de noix de veau

300 g d'épaule de veau

200 g de poitrine de porc fraîche

120 g d'abricots secs

20 cl de vin blanc sec

1 œuf

1 pincée de quatre-épices

sel et poivre du moulin

Taillez la noix de veau au couteau en lanières épaisses et l'épaule en petits dés. Hachez finement la poitrine de porc. Réunissez toutes les viandes dans un grand bol. Salez, poivrez, ajoutez le vin blanc et le quatre-épices. Mélangez bien, couvrez et laissez mariner 12 heures au réfrigérateur.

Faites tremper les abricots pendant 1 heure dans un bol d'eau bouillante. Égouttez-les sur du papier absorbant et coupez-les en gros dés. Ajoutez l'œuf et les abricots aux viandes, et mélangez avec une spatule en bois jusqu'à ce que la préparation soit parfaitement homogène. Remplissez-en une terrine et tassez avec le dos d'une cuillère humide.

•••

Versez 1,5 litre d'eau dans la marmite du cuit-vapeur et amenez à ébullition. Posez la terrine dans le panier perforé. Couvrez-la de papier sulfurisé, ajustez le couvercle et faites cuire environ 1 h 15. Laissez refroidir et mettez au réfrigérateur.

Terrine vietnamienne

Préparation : 30 min
Trempage : 30 min
Cuisson : 1 h à 1 h 15

Pour 4 personnes

300 g de porc maigre, haché

150 g de chair de crabe

6 champignons chinois séchés

1 poignée de vermicelles de soja

6 oignons nouveaux

2 œufs

1 cuil. à café de nuoc-mâm

1 cuil. à café de sucre en poudre

beurre pour le moule

sel et poivre du moulin

POUR LA SAUCE :

3 cuil. à café de sucre en poudre

5 cl de jus de citron

10 cl de nuoc-mâm

2 gousses d'ail écrasées

Faites tremper les champignons 30 minutes dans un bol d'eau bouillante. Égouttez-les soigneusement, puis hachez-les finement au couteau. Plongez les vermicelles de soja une dizaine de minutes dans de l'eau très chaude, égouttez-les et coupez-les en morceaux. Pelez et hachez très finement les oignons. Réunissez tous les ingrédients dans un grand bol, salez, poivrez et mélangez jusqu'à ce que l'ensemble soit parfaitement homogène.

Versez 1,5 litre d'eau dans la marmite du cuit-vapeur et amenez à ébullition. Huilez légèrement un moule rond de taille adaptée au cuit-vapeur. Versez-y la préparation et tassez bien avec le dos d'une cuillère, puis couvrez de papier cuisson. Placez le moule dans le panier perforé, ajustez le couvercle et faites cuire de 1 h à 1 h 15, selon l'épaisseur de la terrine.

Pendant la cuisson, préparez la sauce : faites fondre le sucre dans le jus de citron, puis ajoutez les autres ingrédients. Mélangez bien et mettez au réfrigérateur.

2 cuil. à soupe de carottes râpées

1 cuil. à soupe de coriandre ciselée

Sortez le moule du cuit-vapeur, retournez-le pour démouler la terrine et laissez-la refroidir un peu avant de servir. Coupez-la en parts, puis disposez celles-ci sur un plat recouvert de salade et arrosez-les de sauce.

Travers de porc à la thaïlandaise

Préparation : 10 min

Marinade : 12 h

Cuisson : 1 h

Pour 4 personnes

1 kg de travers de porc

3 gousses d'ail

1 petite noix de gingembre frais

25 g de racines de coriandre (dans les épiceries asiatiques)

1 cuil. à soupe de sauce soja

1 cuil. à soupe de sauce d'huître

Demandez au boucher de couper les travers de porc en morceaux de 4 à 5 cm. Pelez et hachez très finement les gousses d'ail ainsi que le gingembre. Lavez soigneusement les racines de coriandre et émincez-les très finement.

Mettez les travers de porc dans un plat creux avec tous les autres ingrédients, puis remuez longuement pour bien imprégner la viande. Couvrez et laissez mariner au réfrigérateur jusqu'au lendemain.

Versez 1 litre d'eau dans la marmite du cuit-vapeur et amenez à ébullition. Posez une feuille de papier sulfurisé dans le fond du panier perforé et percez-la plusieurs fois. Posez les travers de porc dessus, ajustez le couvercle et faites cuire 1 heure, jusqu'à ce que la viande soit très tendre. Servez chaud.

Travers de porc aux haricots noirs

Préparation : 15 min

Marinade : 12 h

Cuisson : 1 h

Pour 4 personnes

1 kg de travers de porc

4 gousses d'ail

1 noix de gingembre

3 cuil. à soupe de haricots noirs (en conserve)

12 cl de bouillon de volaille

4 cuil. à soupe de sauce soja

2 cuil. à café d'huile de sésame

1 cuil. à café de purée de piments

2 cuil. à café de sucre en poudre

sel et poivre du moulin

Demandez au boucher de couper les travers de porc en petits morceaux de 3 à 4 cm. Pelez et hachez très finement les gousses d'ail ainsi que le gingembre. Égouttez et rincez les haricots noirs, puis hachez-les au couteau.

Mélangez le bouillon, la sauce soja, l'huile de sésame, le piment et le sucre dans un plat creux de taille adaptée au cuit-vapeur. Ajoutez tous les autres ingrédients, salez, poivrez et remuez longuement pour bien imprégner la viande de marinade. Couvrez et réservez au réfrigérateur jusqu'au lendemain.

Versez 1 litre d'eau dans la marmite du cuit-vapeur et amenez à ébullition. Posez le plat dans le panier perforé, ajustez le couvercle et faites cuire 1 heure, jusqu'à ce que la viande soit très tendre. Servez chaud.

Vitello tonnato (rôti de veau, sauce au thon)

Préparation : 20 min
Cuisson : 1 h 30
Pour 8 personnes

1 kg de noix de veau
2 feuilles de laurier
1 petite branche de thym
sel et poivre

POUR LA SAUCE :
300 g de thon au naturel
1 cuil. à soupe de câpres
4 filets d'anchois à l'huile
20 cl d'huile d'olive
2 jaunes d'œuf
sel et poivre du moulin

Essuyez le rôti avec du papier absorbant et frottez-le de sel et de poivre sur toute sa surface. Posez les feuilles de laurier et le thym sur la viande, puis enroulez-la, bien serrée, dans du film transparent. Fermez cette papillote en vrillant les extrémités.

Versez 1,5 litre d'eau dans la marmite du cuit-vapeur et amenez à ébullition. Posez le rôti dans le panier perforé, ajustez le couvercle et faites cuire 1 h 30. Sortez la viande du cuit-vapeur et laissez-la refroidir complètement avant de retirer le film.

Égouttez le thon. Mettez-le dans le bol d'un robot avec les câpres, les filets d'anchois et 5 cl d'huile d'olive. Mixez jusqu'à obtention d'une crème onctueuse et fluide. Préparez une mayonnaise avec les jaunes d'œuf et 15 cl d'huile. Mélangez-la avec la crème de thon et, si la préparation est trop épaisse, diluez-la avec un peu d'eau froide.

Coupez la viande en tranches très fines. Disposez celles-ci sur un plat recouvert d'un peu de sauce au thon, nappez-les avec le reste de sauce et servez.

Wontons

Préparation : 30 min

Cuisson : 20 min

Pour 6 personnes

24 carrés de pâte à wonton (dans les épiceries asiatiques)

300 g de viande de porc très finement hachée

120 g de crevettes roses crues

1 cuil. à soupe de ciboule finement ciselée

2 cuil. à café de sauce de soja claire

2 cuil. à café de vin de riz ou de xérès sec

1 blanc d'œuf

1 cuil. à café de sucre en poudre

quelques feuilles de laitue

Décortiquez les crevettes et hachez finement la chair au couteau. Mettez-les dans un grand bol avec tous les autres ingrédients de la farce et malaxez jusqu'à ce que la préparation soit parfaitement homogène.

Posez 1 cuillerée à soupe de farce au centre de chaque carré de pâte et remontez les angles pour former des petites aumônières. Pressez bien pour faire adhérer la pâte sur la garniture, puis serrez l'ouverture avec les doigts, sans la fermer complètement, en laissant apparaître la farce.

Versez 1,5 litre d'eau dans la marmite du cuit-vapeur et amenez à ébullition. Étalez quelques feuilles de laitue dans le fond du panier perforé. Posez les aumônières les unes à côté des autres, ajustez le couvercle et faites cuire 20 minutes. Servez chaud, avec de la sauce aigre-douce.

Asperges à la coque

Préparation : 20 min
Cuisson : 10 à 12 min

Pour 4 personnes

1 kg d'asperges blanches moyennes

80 g de beurre + 20 g (pour les moules)

4 gros œufs

1 cuil. à soupe de ciboulette ou de cerfeuil ciselé

sel et poivre du moulin

Égalisez les asperges en coupant l'extrémité dure, épluchez-les et lavez-les. Beurrez largement quatre ramequins. Cassez un œuf dans chacun, salez et poivrez.

Versez 1 litre d'eau dans la marmite du cuit-vapeur et amenez à ébullition. Mettez les asperges dans le panier perforé et salez un peu, puis ajustez le couvercle et faites cuire 4 minutes.

Posez les ramequins à côté des asperges (ou dans un second panier perforé placé au-dessus), couvrez-les de papier cuisson et replacez le couvercle. Poursuivez la cuisson de 7 à 8 minutes, pour que le blanc soit pris et le jaune encore coulant.

Faites fondre doucement le beurre dans une petite casserole et répartissez-le dans quatre petites coupelles chaudes. Sortez les ramequins et les asperges du cuit-vapeur. Égouttez ces dernières quelques instants sur du papier absorbant et servez-les encore chaudes ou tièdes, avec les ramequins et les coupelles de beurre. Chaque convive trempera ses asperges dans le beurre fondu, puis dans l'œuf.

Asperges tièdes, mousseline au cerfeuil

Préparation : 20 min

Cuisson : 10 à 12 min

Pour 6 personnes

1 kg de grosses asperges blanches

15 cl de crème liquide très froide

25 cl de mayonnaise

2 cuil. à soupe de cerfeuil finement ciselé

sel et poivre du moulin

Égalisez les asperges en coupant l'extrémité dure, épluchez-les et lavez-les. Versez 1 litre d'eau dans la marmite du cuit-vapeur et amenez à ébullition. Mettez les asperges dans le panier perforé. Salez un peu, ajustez le couvercle et faites cuire de 10 à 12 minutes.

Pendant ce temps, fouettez la crème liquide très froide en chantilly ferme. Incorporez-la délicatement à la mayonnaise, salez, poivrez et ajoutez le cerfeuil, puis mélangez.

Vérifiez la cuisson des asperges en piquant l'une d'elles avec la pointe d'un couteau : elles doivent être tendres mais encore fermes. Égouttez-les quelques instants sur du papier absorbant ou posez-les sur un plat recouvert d'un linge blanc.

Servez-les tièdes ou à température ambiante, nappées d'un peu de sauce mousseline. Proposez le reste de sauce à part.

Asperges vertes aux deux fromages

Préparation : 20 min

Cuisson : 7 ou 8 min

Pour 4 personnes

800 g d'asperges vertes

60 g de parmesan

Égalisez les asperges en coupant l'extrémité dure, puis rincez-les. Avec un couteau économe, détaillez le parmesan en fins copeaux. Hachez finement les olives, puis mettez-les dans un bol avec le chèvre frais, un peu de sel, de poivre et 2 cuillerées à soupe d'huile.

80 g d'olives noires dénoyautées

100 g de chèvre frais

6 cuil. à soupe d'huile d'olive

1 cuil. à soupe de vinaigre balsamique

sel et poivre du moulin

Versez 1 litre d'eau dans la marmite du cuit-vapeur et amenez à ébullition. Mettez les asperges dans le panier perforé. Salez un peu, ajustez le couvercle et faites cuire 7 ou 8 minutes. Sortez-les du cuit-vapeur et mettez-les à refroidir sur du papier absorbant.

Formez des quenelles de chèvre frais aux olives à l'aide de deux cuillères. Disposez-les sur quatre assiettes, répartissez les asperges et parsemez les copeaux de parmesan. Arrosez du reste d'huile d'olive et de quelques gouttes de vinaigre balsamique.

Aubergines à l'aigre-doux

Préparation : 15 min

Cuisson : 8 à 10 min

Marinade : 1 h

Pour 4 à 6 personnes

2 grosses aubergines

2 cuil. à soupe de coriandre ciselée

2 cuil. à soupe de noix de cajou concassées

POUR L'AIGRE-DOUX :

1 cuil. à soupe de sucre

3 cuil. à soupe de jus de citron vert

2 échalotes, pelées et finement hachées

1 petit piment fort, épépiné et haché

3 cuil. à soupe de nuoc-mâm

5 cuil. à soupe d'eau

Pelez à moitié les aubergines, en retirant une bande de peau sur deux, puis coupez-les en rondelles épaisses. Versez 50 cl d'eau dans la marmite du cuit-vapeur et amenez à ébullition. Étalez les rondelles d'aubergine les unes à côté des autres dans le panier perforé. Posez les gousses d'ail à côté, ajustez le couvercle et faites cuire de 8 à 10 minutes, en les conservant un peu fermes. Égouttez les aubergines quelques instants sur du papier absorbant et mettez-les dans un plat creux.

Faites fondre le sucre dans le jus de citron, puis ajoutez les autres ingrédients de la sauce, mélangez bien et versez le tout sur les aubergines. Remuez délicatement, couvrez et laissez mariner au moins 1 heure.

Servez à température ambiante, après avoir parsemé les aubergines de noix de cajou et de coriandre.

Aubergines au yaourt

Préparation : 10 min
Dégorgement : 1 h
Cuisson : 10 min

Pour 4 à 6 personnes

700 g d'aubergines bien fermes

2 gousses d'ail

60 cl de yaourt de brebis

1 cuil. à soupe de menthe ciselée

sel

Pelez les aubergines et coupez-les en rondelles épaisses. Mettez-les dans une passoire, saupoudrez-les légèrement de sel et laissez-les dégorger 1 heure. Rincez-les sous un filet d'eau courante et séchez-les bien.

Versez 50 cl d'eau dans la marmite du cuit-vapeur et amenez à ébullition. Posez les tranches d'aubergine dans le panier perforé, ajustez le couvercle et faites cuire 10 minutes, pour qu'elles soient juste tendres mais qu'elles ne s'écrasent pas. Sortez-les délicatement, posez-les sur du papier absorbant et laissez-les refroidir.

Pelez les gousses d'ail et écrasez au pilon. Mettez-les dans un plat creux, ajoutez le yaourt et mélangez, puis posez les rondelles d'aubergine dedans et retournez-les plusieurs fois pour bien les enrober. Parsemez de menthe au moment de servir.

Aubergines farcies à la coréenne

Préparation : 45 min
Cuisson : environ 55 min

Pour 6 personnes

4 aubergines de 15 cm de long

2 gros oignons émincés

3 cuil. à soupe d'huile de tournesol

sel

Lavez les aubergines. Coupez largement les extrémités pour ne garder que le cylindre de la partie centrale. Creusez-les en conservant 5 mm de chair sur la peau et supprimez le reste.

Préparez la farce. Lavez rapidement les champignons, hachez-les finement au couteau et faites-les revenir à feu vif dans une poêle avec l'huile de tournesol pour qu'ils rendent leur eau de végétation. Égouttez-les, puis

POUR LA FARCE :

150 g de shiitakes frais

150 g de champignons de Paris

2 cuil. à soupe d'huile de tournesol

300 g de porc haché

2 gousses d'ail écrasées

3 échalotes finement hachées

2 oignons nouveaux finement hachés

2 cuil. à soupe de persil plat ciselé

1 cuil. à soupe de sauce soja

1 cuil. à café de purée de piments

1 cuil. à café d'huile de sésame

1 cuil. à café de gingembre frais finement râpé

2 blancs d'œuf

sel et poivre du moulin

remettez-les à cuire 5 minutes avec la viande, l'ail, les échalotes et les oignons nouveaux, en remuant souvent. Retirez du feu et versez le mélange dans un grand bol. Salez et poivrez, ajoutez le persil, la sauce soja, le piment, l'huile de sésame, le gingembre et les blancs d'œuf. Mélangez, puis remplissez les aubergines de farce en tassant bien les extrémités.

Versez 1 litre d'eau dans la marmite du cuit-vapeur et amenez à ébullition. Étalez les oignons émincés dans le panier perforé et salez un peu. Posez les aubergines couchées dessus, ajustez le couvercle et faites cuire de 40 à 50 minutes, jusqu'à ce qu'elles soient bien tendres lorsque vous les piquez avec la pointe d'un couteau.

Sortez les aubergines et posez-les sur un plat. Transférez les oignons dans un bol, mélangez-les à l'huile de tournesol et étalez-les sur les aubergines avant de servir.

Aubergines marinées au basilic

Préparation : 15 min

Cuisson : 8 à 10 min

Macération : 24 h

Pour 4 à 6 personnes

2 aubergines de taille moyenne

2 belles gousses d'ail

2 cuil. à soupe de jus de citron

1 cuil. à soupe de vinaigre de vin blanc

Pelez à moitié les aubergines en retirant une bande de peau sur deux, puis coupez-les en rondelles épaisses. Versez 50 cl d'eau dans la marmite du cuit-vapeur et amenez à ébullition. Étalez les rondelles d'aubergine les unes à côté des autres dans le panier perforé. Posez les gousses d'ail à côté, ajustez le couvercle et faites cuire de 8 à 10 minutes. Quand les aubergines sont juste tendres, égouttez-les sur du papier absorbant et laissez-les refroidir.

•••

5 cuil. à soupe d'huile d'olive

2 cuil. à soupe de basilic ciselé + quelques feuilles (pour le décor)

sel

Pressez les gousses d'ail dans un bol pour récupérer la pulpe en supprimant la peau. Écrasez-les bien à la fourchette ou au pilon pour en faire une pâte, puis salez et versez peu à peu le jus de citron, l'huile d'olive et le vinaigre en fouettant vivement. Ajoutez le basilic ciselé et mélangez.

Posez les aubergines dans un plat creux en les arrosant au fur et à mesure de marinade. Couvrez de film transparent, mettez au réfrigérateur et laissez macérer 24 heures. Remettez à température ambiante et décorez de feuilles de basilic avant de servir.

Bagna cauda

Préparation : 20 min

Trempage : 2 h

Cuisson : environ 15 min

Pour 4 personnes

2 petites courgettes

2 bouquets de brocolis

2 bouquets de chou-fleur

2 carottes

1 petit quartier de céleri-rave

1 branche de céleri

100 g de haricots verts ou de pois gourmands

POUR LA SAUCE :

4 gousses d'ail

20 cl lait

20 cl d'huile d'olive

Épluchez les gousses d'ail et faites-les tremper 2 heures dans le lait.

Préparez tous les légumes, pelez ceux qui doivent l'être et lavez-les. Coupez les courgettes, les céleris et les carottes en bâtonnets. Fractionnez le brocoli et le chou-fleur en bouquets de la taille d'une bouchée.

Versez 1 litre d'eau dans la marmite du cuit-vapeur et amenez à ébullition. Étalez les légumes dans le panier perforé et faites-les cuire 2 minutes chacun les un après les autres, en ajustant bien le couvercle du cuit-vapeur. Égouttez-les et laissez-les refroidir, puis posez-les sur un grand plat.

Égouttez les gousses d'ail, écrasez-les et faites chauffer la pulpe dans une casserole avec l'huile d'olive. Quand celle-ci est bien chaude, ajoutez les anchois et faites cuire en

100 g de filets d'anchois au sel ou à l'huile

remuant sans cesse avec une cuillère en bois pour réduire l'ensemble en purée : les anchois vont fondre dans l'huile. Servez les légumes accompagnés de la sauce chaude.

Ballotins de chou aux fruits secs

Préparation : 20 min

Cuisson : 30 à 35 min

Pour 4 personnes

8 belles feuilles de jeune chou vert (ou de chou chinois)

4 cuil. à soupe de raisins secs

4 pruneaux dénoyautés

2 cuil. à soupe de pignons

100 g de riz cuit

1 grosse pincée de cannelle moulue

12 cl de crème fraîche

1 litre de bouillon de volaille (frais ou préparé avec du concentré)

sel et poivre du moulin

Hachez les raisins et les pruneaux au couteau. Faites-les cuire une dizaine de minutes à feu doux avec un demi-verre d'eau pour les attendrir, puis égouttez-les. Faites dorer les pignons à sec et hachez-les grossièrement. Mélangez le riz, les fruits secs, les pignons et la crème jusqu'à ce que l'ensemble soit homogène. Salez, poivrez et ajoutez la cannelle.

Rincez les feuilles de chou. Posez-les dans le panier perforé, ajustez le couvercle et faites-les cuire 3 ou 4 minutes, juste le temps de les assouplir. Égouttez-les sur du papier absorbant et laissez-les tiédir légèrement.

Étalez les feuilles de chou sur le plan de travail, retirez-leur les grosses côtes et recoupez les plus grandes en deux. Posez 2 cuillerées de farce à la base de chacune. Rabattez deux côtés opposés de la feuille sur cette garniture, puis enroulez-la autour pour former un petit paquet. Liez les ballotins avec de la ficelle de cuisine.

Versez le bouillon dans la marmite du cuit-vapeur et amenez à ébullition. Rangez les ballotins côte à côte dans le panier perforé, remettez le couvercle et faites cuire environ 20 minutes. Égouttez et servez, chaud ou froid.

Boulgour aux légumes

Préparation : 30 min
Cuisson : 1 h
Pour 4 à 6 personnes

500 g de blé concassé (boulgour)
1 oignon
2 blancs de poireau
4 petites courgettes
4 petites carottes
2 petits navets
1,5 litre de bouillon de volaille
2 cuil. à soupe d'huile d'arachide
6 gouttes d'eau de fleur d'oranger
50 g de beurre
1 cuil. à café de sucre
sel et poivre du moulin

Épluchez l'oignon. Pelez et lavez les légumes. Fendez les poireaux en deux dans la longueur, coupez les courgettes et les carottes en quatre. Versez le bouillon dans la marmite du cuit-vapeur, ajoutez l'oignon et amenez à ébullition. Mettez le blé dans un grand plat creux, puis arrosez-le de l'huile et remuez longuement pour bien en enrober tous les grains.

Étalez-le dans le panier perforé (après avoir recouvert le fond d'une mousseline si les trous du panier sont trop gros). Placez celui-ci au-dessus de la marmite, couvrez hermétiquement et faites cuire 20 minutes. Faites fondre le beurre dans une petite casserole. Reversez la semoule dans le plat. Remuez-la avec une spatule pour la rendre moins compacte, aérez les grains et séparez-les à l'aide d'une fourchette. Ajoutez 2 gouttes d'eau de fleur d'oranger et le tiers du beurre fondu, saupoudrez le tiers du sucre, puis laissez reposer une dizaine de minutes et remuez à nouveau.

Renouvelez deux fois ces opérations pour que la graine cuise trois fois. Avant de remettre le panier perforé sur la marmite pour la troisième cuisson de la graine, ajoutez les légumes dans le bouillon. Disposez la graine sur un plat rond et creusez le milieu. Sortez les légumes du bouillon avec une écumoire, mettez-les au centre et servez.

Brocolis marinés à la niçoise

Préparation : 20 min
Cuisson : 30 min
Pour 6 à 8 personnes

2 brocolis
4 oignons nouveaux
1 gousse d'ail
25 cl de vin blanc sec
le jus d'un citron
4 cuil. à soupe d'huile d'olive
1 petit brin de thym
1 petit bouquet de persil
sel et poivre du moulin

Pelez les oignons et émincez-les, avec leur tige verte. Épluchez l'ail. Mettez le vin blanc, le jus de citron et l'huile d'olive dans une casserole avec les oignons, un peu de sel et de poivre, le thym et l'ail. Amenez à ébullition, puis baissez le feu, couvrez et faites cuire doucement pendant 30 minutes.

Versez 1 litre d'eau dans la marmite du cuit-vapeur et amenez à ébullition. Rincez les brocolis et séparez-les en petits bouquets, en laissant 2 à 3 cm de tige. Un quart d'heure avant la fin de la cuisson de la marinade, mettez-les dans le panier perforé et salez légèrement, puis ajustez le couvercle et faites cuire pendant 10 minutes, de façon à les garder un peu fermes.

Transférez les brocolis dans un plat creux, versez la marinade et remuez délicatement. Couvrez et laissez mariner quelques heures avant de servir, à température ambiante.

Carottes au beurre d'orange

Préparation : 15 min
Cuisson : 8 à 10 min
Pour 4 à 6 personnes

700 g de carottes

Coupez le beurre en petits morceaux et laissez-le ramollir à température ambiante. Épluchez les carottes, lavez-les et coupez-les en rondelles.

•••

80 g de beurre

1 cuil. à soupe de zestes d'orange finement râpés

10 cl de jus d'orange frais

sel et poivre du moulin

Versez 1 litre d'eau dans la marmite du cuit-vapeur et amenez à ébullition. Étalez les carottes dans le panier perforé, salez un peu, donnez quelques tours de moulin à poivre et parsemez de zeste d'orange. Ajustez le couvercle et faites cuire 8 à 10 minutes, jusqu'à ce que les carottes soient tendres mais encore fermes.

Pendant ce temps, versez le jus d'orange dans une petite casserole et faites-le réduire à feu vif pour qu'il n'en reste que 2 ou 3 cuillerées à soupe. Retirez du feu et incorporez petit à petit les dés de beurre, en fouettant vivement.

Vérifiez la cuisson des carottes, transférez-les dans un plat creux en retirant les zestes et nappez-les du beurre d'orange. Servez aussitôt.

Carottes au miel et aux raisins

Préparation : 15 min

Cuisson : 20 min

Pour 4 personnes

600 g de carottes

3 cuil. à soupe d'huile d'olive

le jus d'un citron + un filet de jus de citron (pour servir)

15 cl de bouillon de légumes

2 cuil. à soupe de miel

½ cuil. à café de cannelle moulue

Dans un bol, mélangez 2 cuillerées à soupe d'huile d'olive, le jus de citron, le bouillon, le miel, la cannelle et le cumin. Épluchez les carottes, lavez-les et coupez-les en rondelles.

Enduisez d'huile d'olive le centre de quatre rectangles de papier sulfurisé et répartissez-y les rondelles de carotte et les raisins secs, puis salez et poivrez. Arrosez avec le mélange épicé, en relevant les bords des feuilles de papier cuisson. Formez ensuite des papillotes et fermez-les bien hermétiquement, en repliant plusieurs fois les bords, sans serrer sur les carottes.

1 cuil. à café de cumin moulu

2 cuil. à soupe de raisins secs

sel et poivre du moulin

Versez 1 litre d'eau dans la marmite du cuit-vapeur et amenez à ébullition. Mettez les papillotes dans le panier perforé, les unes à côté des autres, et faites cuire 20 minutes.

Sortez une des papillotes du cuit-vapeur, entrouvrez-la et vérifiez la cuisson en piquant une rondelle de carotte avec la pointe d'un couteau. Si elle est trop ferme, prolongez la cuisson de quelques minutes. Servez les carottes à température ambiante, arrosées d'un filet de jus de citron.

Céleri au cerfeuil

Préparation : 10 min

Cuisson : 10 à 15 min

Pour 4 à 6 personnes

1 petite boule de céleri (500 g)

10 cl de crème liquide

60 g de beurre

2 cuil. à soupe de cerfeuil ciselé + quelques pluches (pour le décor)

sel et poivre du moulin

Versez 1 litre d'eau dans la marmite du cuit-vapeur et amenez à ébullition. Épluchez la boule de céleri, lavez-la et coupez-la en quartiers, puis en lamelles épaisses. Étalez le céleri dans le panier perforé. Salez un peu, ajustez le couvercle et faites cuire de 10 à 15 minutes, selon la taille des morceaux, en veillant à ce qu'ils restent un peu fermes.

Pendant ce temps, faites cuire la crème à petits frémissements pour la faire épaissir légèrement.

Égouttez bien le céleri et mettez-le dans un plat chaud. Retirez la casserole de crème du feu, puis incorporez le beurre par petits morceaux, en fouettant vivement. Salez et poivrez, ajoutez le cerfeuil, remuez bien et versez sur le céleri. Mélangez délicatement et parsemez le plat de pluches de cerfeuil.

Céleri-branche à la tomate et à la mozzarella

Préparation : 20 min

Cuisson : 27 min

Pour 4 personnes

600 g de côtes tendres de céleri

2 belles tomates

2 cuil. à soupe d'huile d'olive

½ cuil. à café d'origan

100 g de mozzarella râpée

sel et poivre du moulin

Versez 1 litre d'eau dans la marmite du cuit-vapeur et amenez à ébullition. Incisez la base des tomates en croix, puis posez-les dans le panier perforé, ajustez le couvercle et faites cuire 2 minutes. Laissez tiédir un peu les tomates pour pouvoir les manipuler et pelez-les. Coupez-les en deux, retirez toute la pulpe et les graines, et taillez la chair en dés.

Coupez la partie dure de la base des tiges de céleri, ôtez-leur les fils et coupez-les en tronçons de 4 à 5 cm. Étalez ces derniers dans le panier perforé. Salez légèrement, remettez le couvercle et faites cuire environ 10 minutes. Égouttez-les ensuite sur du papier absorbant.

Huilez un plat à gratin de taille adaptée au cuit-vapeur. Étalez les tronçons de côte de céleri dans le fond, puis ajoutez les dés de tomate, en couche régulière, et arrosez du reste d'huile d'olive. Salez légèrement, parsemez l'origan et recouvrez de la mozzarella râpée. Posez le plat dans le panier perforé, remettez le couvercle et faites cuire 15 minutes. Servez dans le plat de cuisson.

Champignons farcis à la chinoise

Préparation : 40 min

Cuisson : 30 min

Pour 4 personnes

les têtes de 8 ou 12 gros champignons de Paris (selon la taille)

250 g de viande de porc finement hachée

6 châtaignes d'eau, finement hachées

1 cuil. à soupe de Maïzena

1 cuil. à soupe de sauce soja

1 noisette de gingembre finement râpé

½ cuil. à café de sucre en poudre

huile de sésame

quelques feuilles de coriandre (pour décorer)

Essuyez les champignons avec du papier absorbant humide. Mélangez tous les autres ingrédients dans un grand bol jusqu'à ce que l'ensemble soit parfaitement homogène, puis remplissez les têtes de champignon de cette farce.

Versez 1 litre d'eau dans la marmite du cuit-vapeur et amenez à ébullition. Posez un morceau de papier sulfurisé dans le fond du panier perforé. Enduisez-la d'un peu d'huile de sésame et posez les champignons dessus, les uns à côté des autres. Ajustez le couvercle et faites cuire environ 30 minutes.

Sortez les champignons du cuit-vapeur et disposez-les sur un plat. Laissez tiédir un peu et parsemez de coriandre avant de servir.

Champignons farcis à l'italienne

Préparation : 30 min

Cuisson : environ 20 min

Pour 4 personnes

8 ou 12 beaux champignons de Paris (selon la taille)

Coupez le pied terreux des champignons, puis lavez-les sans les faire tremper. Séparez les pieds des chapeaux et hachez-les finement. Hachez également finement le jambon et les pignons. Pelez et écrasez la gousse d'ail.

•••

150 g de jambon cru

2 cuil. à soupe de pignons

1 gousse d'ail

3 cuil. à soupe de ricotta

2 cuil. à soupe de parmesan

2 cuil. à soupe d'huile d'olive

1 cuil. à soupe de basilic ciselé

sel et poivre du moulin

Faites rapidement revenir les pieds de champignon hachés à feu vif, dans une poêle antiadhésive, pour qu'ils rendent leur eau de végétation. Égouttez-les et mettez-les dans un grand bol avec la ricotta, le parmesan, le jambon, les pignons, l'huile d'olive et le basilic. Salez et poivrez, puis mélangez bien et remplissez de cette farce les champignons.

Versez 1 litre d'eau dans la marmite du cuit-vapeur et amenez à ébullition. Posez les champignons dans le panier perforé, les uns à côté des autres, ajustez le couvercle et faites cuire de 15 à 20 minutes. Servez très chaud.

Charlotte d'aubergine

Préparation : 40 min

Cuisson : 1 h 20

Pour 6 personnes

6 grosses aubergines

1 oignon

5 gousses d'ail

6 œufs

10 cl de crème liquide

beurre pour le moule

sel et poivre du moulin

Retirez le pédoncule des aubergines, puis fendez-les en deux dans la longueur. Épluchez l'oignon et coupez-le en rondelles épaisses. Pelez et écrasez les gousses d'ail.

Versez 1,5 litre d'eau dans la marmite du cuit-vapeur et amenez à ébullition. Posez les demi-aubergines dans le panier perforé, côté peau vers le bas, et recouvrez-les de rondelles d'oignon. Saupoudrez légèrement de sel, ajustez le couvercle et faites cuire 20 minutes.

Jetez l'oignon et prélevez la pulpe des aubergines à la cuillère. Taillez les peaux en larges bandes dans la longueur. Cassez les œufs dans un saladier et battez-les en omelette avec la crème. Ajoutez le hachis d'aubergine, l'ail, du sel et du poivre, et mélangez bien.

Beurrez un moule à charlotte ou un moule à manqué de taille adaptée au cuit-vapeur.

Tapissez-le avec les bandes d'aubergine, en partant du centre et en les laissant largement dépasser du moule. Versez la préparation aux aubergines dedans, puis rabattez les peaux vers le milieu.

Posez le moule dans le panier perforé du cuit-vapeur. Couvrez-le avec du papier sulfurisé, remettez le couvercle et faites cuire environ 1 heure. Sortez le moule du cuit-vapeur, puis retournez-le délicatement sur un plat chaud et servez, avec du coulis de tomates.

Chiffonnade de chou au beurre demi-sel

Préparation : 10 min

Cuisson : 5 min

Pour 4 à 6 personnes

1 petit chou vert

60 g de beurre demi-sel

Supprimez les grosses feuilles dures extérieures du chou. Séparez les feuilles une par une, retirez les côtes et lavez-les soigneusement.

Versez 1 litre d'eau dans la marmite du cuit-vapeur et amenez à ébullition. Étalez le chou dans le panier perforé. Salez très légèrement, ajustez le couvercle et faites cuire 5 minutes.

Égouttez rapidement le chou dans une passoire et pressez-le bien avec le dos d'une cuillère pour éliminer le maximum d'eau. Transférez-le dans un légumier bien chaud.

Chauffez doucement le beurre dans une petite casserole pour le faire fondre sans le cuire. Versez-le sur le chou, donnez quelques tours de moulin à poivre, remuez un peu et servez aussitôt.

Chou-fleur en aïoli

Préparation : 15 min
Cuisson : environ 25 min

Pour 4 personnes

4 œufs

8 petites pommes de terre

1 petit chou-fleur

sel et poivre du moulin

POUR L'AÏOLI :

2 gousses d'ail

2 jaunes d'œuf

25 cl d'huile d'olive

Versez 1 litre d'eau dans la marmite du cuit-vapeur et amenez à ébullition. Posez les œufs dans le panier perforé, ajustez le couvercle et faites cuire 10 minutes pour qu'ils soient durs. Plongez-les aussitôt dans un récipient d'eau froide et laissez-les refroidir, puis écalez-les.

Épluchez et lavez les pommes de terre. Rincez le chou-fleur et séparez-le en petits bouquets, en laissant 2 à 3 cm de tige. Déposez les pommes de terre dans le panier perforé, ajustez le couvercle et faites cuire 5 minutes. Posez les bouquets de chou-fleur à côté, salez un peu, puis remettez le couvercle et poursuivez la cuisson pendant encore 8 à 10 minutes, jusqu'à ce que les légumes soient tendres mais encore fermes. Laissez-les refroidir à température ambiante.

Pendant ce temps, préparez l'aïoli : pelez les gousses d'ail et écrasez-les finement au pilon ou au presse-ail. Mélangez-les aux jaunes d'œuf, salez et poivrez, puis versez l'huile très progressivement, en fouettant vivement, pour que la sauce épaississe comme une mayonnaise. Disposez les légumes et les œufs sur un plat, et servez-les avec l'aïoli, à température ambiante.

Cœurs de céleri en salade aux noix

Préparation : 15 min
Cuisson : 15 min
Pour 6 personnes

2 petits cœurs de céleri-branche

2 cuil. à soupe de cerneaux de noix

1 cuil. à soupe de vinaigre balsamique

3 cuil. à soupe d'huile de noix

½ pomme

sel et poivre du moulin

Supprimez la partie dure des céleris, puis retirez largement les grosses côtes pour ne conserver que la partie tendre. Coupez chaque cœur de céleri en deux. Concassez sommairement les cerneaux de noix.

Versez 75 cl d'eau dans la marmite du cuit-vapeur et amenez à ébullition. Posez les cœurs de céleri dans le panier perforé. Salez, ajustez le couvercle et faites cuire de 10 à 15 minutes, pour les conserver légèrement croquants. Mettez-les à refroidir sur du papier absorbant.

Mélangez le vinaigre, l'huile, un peu de sel et de poivre dans un saladier, et fouettez vivement pour émulsionner l'ensemble. Épluchez la pomme en retirant le cœur et les pépins, puis coupez-la en très petits dés que vous jetterez aussitôt dans la vinaigrette pour éviter qu'ils noircissent.

Émincez les cœurs de céleri en lamelles, mettez-les dans le saladier et remuez délicatement. Parsemez les cerneaux de noix concassés avant de servir.

Compote d'oignons aux épices

Préparation : 10 min
Cuisson : environ 30 min

Épluchez les oignons, puis émincez-les en fines rondelles. Versez 1 litre d'eau dans la marmite du cuit-vapeur et amenez à ébullition.

•••

Pour 4 à 6 personnes

2 gros oignons

1 cuil. à café de cumin moulu

1 cuil. à café de coriandre moulue

1 cuil. à café de paprika

1 cuil. à soupe de sucre

2 cuil. à soupe d'huile d'olive

2 cuil. à soupe de miel

sel

Étalez les rondelles d'oignon en couche régulière dans le fond du panier perforé, en les saupoudrant au fur et à mesure de cumin, de coriandre, de paprika, de sucre et d'un peu de sel. Ajustez le couvercle et faites cuire pendant 15 minutes.

Arrosez les oignons avec l'huile et remuez doucement, puis remettez le couvercle et poursuivez la cuisson pendant 10 minutes.

Versez le miel en filet sur les oignons et faites cuire encore 3 ou 4 minutes. Transférez dans une coupelle, remuez bien et laissez refroidir. Servez avec une viande froide ou rôtie.

Courgettes farcies à l'agneau

Préparation : 30 min

Cuisson : 30 à 40 min

Pour 4 personnes

4 courgettes longues, fermes et bien régulières

POUR LA FARCE :

1 oignon haché

2 gousses d'ail hachées

½ cuil. à café de gingembre en poudre

½ cuil. à café de cumin moulu

1 pincée de cannelle

¼ de cuil. à café de poivre moulu

300 g d'agneau haché

8 cuil. à soupe de riz cuit

2 cuil. à soupe d'huile d'olive

Pour la farce, faites revenir l'oignon pendant 5 minutes à feu moyen dans une casserole, avec l'huile d'olive.

Ajoutez l'ail, le gingembre, le cumin, la cannelle, le poivre et la viande, et remuez bien pour briser tous les petits blocs. Salez, ajoutez le riz et mélangez.

Coupez les courgettes en deux dans le sens de la longueur, puis creusez-les en laissant 1 cm de chair sur la peau. Versez 1 litre d'eau dans la marmite du cuit-vapeur et amenez à ébullition.

Remplissez largement de farce la moitié des demi-courgettes, puis reformez les légumes avec les autres demi-courgettes. Maintenez avec des piques en bois.

Posez les courgettes dans le panier perforé, ajustez le couvercle et faites cuire de 30 à

3 cuil. à soupe d'herbes ciselées mélangées (persil, coriandre et menthe)

sel

40 minutes selon leur taille. Piquez-en une pour vérifier la cuisson : quand elles sont bien tendres, servez sans attendre.

Courgettes-fleurs au pesto

Préparation : 10 min

Cuisson : environ 6 min

Pour 4 personnes

12 fleurs de courgette femelle (c'est-à-dire avec la petite courgette attachée à la fleur)

quelques copeaux de parmesan (pour le décor)

POUR LE PESTO :

2 cuil. à soupe de feuilles de basilic

1 cuil. à soupe de pignons

1 gousse d'ail

15 cl d'huile d'olive

1 cuil. à soupe de parmesan râpé

sel et poivre du moulin

Mettez les feuilles de basilic, les pignons, l'ail et une pincée de gros sel dans le bol d'un robot. Mixez en pâte épaisse, puis versez progressivement l'huile d'olive en filet, en continuant à mixer. Transférez dans un bol, ajoutez le parmesan et mélangez bien.

Versez 1 litre d'eau dans la marmite du cuit-vapeur et amenez à ébullition. Rincez délicatement les courgettes et leur fleur à l'eau fraîche. Ouvrez chaque fleur, retirez le pistil et coupez l'extrémité de la courgette. Posez les fleurs côte à côte dans le panier perforé. Salez légèrement, ajustez le couvercle et faites-les cuire environ 6 minutes. Égouttez-les quelques instants sur du papier absorbant.

Servez tiède ou à température ambiante, nappé d'un peu de pesto. Parsemez de quelques copeaux de parmesan au dernier moment et proposez le reste de pesto à part.

Courgettes rondes farcies aux trois fromages

Préparation : 30 min

Cuisson : 30 à 40 min

Pour 4 personnes

- 8 petites courgettes rondes
- 200 g de fromage de chèvre frais
- 100 g de ricotta
- 60 g de parmesan fraîchement râpé
- 1 œuf
- 6 cuil. à soupe d'huile d'olive
- 2 cuil. à soupe de basilic frais
- 8 feuilles de basilic (pour le décor)
- sel et poivre du moulin

Lavez les courgettes. Coupez un chapeau dans le haut, taillez légèrement la base pour qu'elles tiennent debout, puis creusez-les, à l'aide d'une cuillère parisienne ou d'une petite cuillère, en laissant une épaisseur régulière de 3 mm de chair. Récupérez la pulpe et hachez-la finement au couteau.

Mettez-la dans un grand bol avec le fromage de chèvre, la ricotta, le parmesan, l'œuf, 4 cuillerées à soupe d'huile d'olive et le basilic. Salez, poivrez et malaxez l'ensemble pour qu'il soit bien homogène. Remplissez-en les courgettes en formant un petit dôme et replacez les chapeaux.

Versez 50 cl d'eau dans la marmite du cuit-vapeur et amenez à ébullition. Posez les courgettes farcies les unes à côté des autres dans le panier perforé, ajustez le couvercle et faites-les cuire de 30 à 40 minutes. Vérifiez que les courgettes sont cuites en les piquant avec la pointe d'un couteau, et prolongez la cuisson quelques minutes si elles ne sont pas assez tendres. Servez chaud, en arrosant avec le reste d'huile d'olive et en posant une feuille de basilic sur chaque courgette.

Courgettes rondes farcies aux trois fromages

Courgettes roulées aux noix

Cuisson : 3 à 5 min

Pour 4 à 6 personnes

3 courgettes
de taille moyenne

2 gousses d'ail

2 cuil. à soupe
de cerneaux de noix

1 cuil. à soupe d'aneth
ciselé (ou de ciboulette)

100 g de fromage
blanc lisse

100 g de ricotta

huile d'olive pour servir

sel et poivre du moulin

Pelez les gousses d'ail et écrasez-les au pilon (ou mixez-les) avec les noix et l'aneth pour obtenir une pâte épaisse. Ajoutez ensuite le fromage blanc et la ricotta, cuillerée par cuillerée, en remuant sans cesse. Salez, poivrez et réservez.

Rincez les courgettes et supprimez-leur les extrémités, puis coupez-les dans la longueur, en tranches fines de 3 mm d'épaisseur. Versez 50 cl dans la marmite du cuit-vapeur et amenez à ébullition. Étalez les bandes de courgette dans le panier perforé, les unes à côté des autres, sans quelles se chevauchent, et salez un peu. Ajustez le couvercle et faites cuire de 3 à 5 minutes, selon leur épaisseur, juste le temps de les assouplir. Procédez en plusieurs fois si nécessaire.

Sortez délicatement les courgettes du cuit-vapeur et mettez-les à refroidir sur du papier absorbant. Étalez 1 cuillerée à soupe de farce aux noix sur chaque tranche, sans aller jusqu'aux extrémités, puis roulez et maintenez avec une pique en bois. Rangez les petits rouleaux sur un plat, arrosez-les d'un filet d'huile d'olive et servez, à température ambiante.

Écrasée de pommes de terre aux olives

Préparation : 15 min
Cuisson : 15 à 20 min

Pour 4 personnes

700 g de pommes de terre

1 cuil. à café de thym frais

5 cl d'huile d'olive

80 g d'olives noires dénoyautées

quelques olives noires (pour le décor)

sel et poivre du moulin

Versez 75 cl dans la marmite du cuit-vapeur et amenez à ébullition. Épluchez les pommes de terre, lavez-les et coupez-les en morceaux. Étalez-les dans le panier perforé et salez un peu, puis ajustez le couvercle et faites cuire de 15 à 20 minutes ; elles doivent être tendres.

Écrasez les pommes de terre à la fourchette ou au presse-purée, en ajoutant éventuellement un peu de leur eau de cuisson pour assouplir le mélange. Ajoutez le thym et l'huile d'olive, et mélangez bien.

Hachez les olives au couteau et mélangez-les aux pommes de terre écrasées, au dernier moment, en remuant vivement. Servez aussitôt, dans un plat creux bien chaud, après avoir décoré de quelques olives.

Écrasée de potimarron à l'eau de fleur d'oranger

Préparation : 15 min
Cuisson : 15 à 20 min

Pour 4 personnes

700 g de chair de potimarron

un petit morceau de zeste d'orange

60 g de beurre

1 petite cuil. à café d'eau de fleur d'oranger

Versez 1 litre d'eau dans la partie inférieure du cuit-vapeur et portez à ébullition. Retirez l'écorce et les graines du potimarron, puis taillez la chair en cubes. Mettez-les dans le panier perforé, avec le zeste d'orange à côté. Salez un peu, ajustez le couvercle et faites cuire environ 15 minutes, jusqu'à ce que la pulpe s'écrase sous le doigt. Retirez le zeste d'orange.

●●●

1 cuil. à café de graines de carvi

sel et poivre du moulin

Écrasez le potimarron à la fourchette ou au presse-purée, en ajoutant éventuellement un peu de son eau de cuisson pour assouplir cette purée. Incorporez le beurre, coupé en morceaux, puis ajoutez l'eau de fleur d'oranger et mélangez bien. Transférez dans un plat creux très chaud, parsemez de graines de carvi et servez.

Endives au parme et à la mozzarella

Préparation : 20 min

Cuisson : 30 min

Pour 4 personnes

4 belles endives

beurre (pour le plat)

100 g de mozzarella râpée

20 cl de crème liquide

4 tranches de jambon de Parme

50 g de parmesan en copeaux (pour servir)

sel et poivre du moulin

Versez 1 litre d'eau dans la marmite du cuit-vapeur et amenez à ébullition. Retirez éventuellement les premières feuilles abîmées des endives. Coupez-les en deux dans la longueur et supprimez le cône dur de la base, puis posez-les dans le panier perforé. Salez légèrement, ajustez le couvercle et faites cuire 20 minutes. Mettez-les à égoutter ensuite sur plusieurs épaisseurs de papier absorbant ; épongez-les bien pour extraire toute l'eau.

Beurrez un plat à gratin pouvant aller dans le panier du cuit-vapeur. Faites fondre la mozzarella avec la crème fraîche à feu doux dans une petite casserole, salez et poivrez. Enroulez chacune des endives dans une tranche de jambon et rangez-les, serrées les unes à côté des autres, dans le plat, puis arrosez-les de la crème à la mozzarella.

Posez le plat dans le panier perforé. Couvrez de papier cuisson, replacez le couvercle et faites cuire pendant 10 minutes. Servez aussitôt, en parsemant la surface de copeaux de parmesan.

Épinards au citron confit

Préparation : 15 min

Cuisson : environ 10 min

Pour 4 personnes

1 kg d'épinards

2 gousses d'ail

½ citron confit

4 cuil. à soupe d'huile d'olive

1 cuil. à café de cumin

1 cuil. à café de paprika

150 g de petites olives noires (niçoises)

Épluchez et écrasez les gousses d'ail. Retirez la pulpe et les membranes du citron confit à la petite cuillère, puis rincez abondamment l'écorce à l'eau courante et hachez-la en très petits dés.

Triez les épinards. Retirez-leur les grosses nervures et déchiquetez les plus grandes feuilles. Lavez-les dans plusieurs eaux, puis égouttez-les. Versez 75 cl d'eau dans la marmite du cuit-vapeur et amenez à ébullition. Mettez les épinards dans le panier perforé, salez un peu, ajustez le couvercle et faites cuire durant 5 minutes. Procédez en plusieurs fois si le volume est trop important. Transférez les épinards dans une passoire et pressez-les fortement, plusieurs fois, pour en extraire toute l'eau. Mettez-les dans un plat creux.

Dans une petite casserole, faites revenir les gousses d'ail 2 ou 3 minutes à feu modéré avec l'huile d'olive. Ajoutez le citron confit et laissez cuire encore 2 ou 3 minutes sur feu doux. Versez le mélange sur les épinards, saupoudrez le cumin et le paprika, puis remuez bien et laissez mariner quelques heures avant de servir. Parsemez les olives au dernier moment.

Fenouils marinés à la provençale

Préparation : 15 min
Cuisson : 15 min
Macération : 48 h

Pour 4 personnes

4 petits bulbes de fenouil

1 gousse d'ail

1 échalote

4 filets d'anchois à l'huile

2 cuil. à café de vinaigre

6 cuil. à soupe d'huile d'olive

sel et poivre du moulin

Épluchez et hachez très finement la gousse d'ail et l'échalote. Préparez les fenouils : enlevez les grosses feuilles extérieures, coupez les tiges au ras des bulbes et réservez les petites feuilles vertes. Versez 1 litre d'eau dans la marmite du cuit-vapeur et amenez à ébullition. Posez les bulbes côte à côte dans le panier perforé. Salez légèrement, ajustez le couvercle et faites cuire 15 minutes.

Coupez les filets d'anchois en petits morceaux, mettez-les dans une petite casserole et chauffez doucement en remuant pour les faire fondre. Retirez du feu et, sans cesser de remuer, ajoutez l'ail et l'échalote, puis le vinaigre et l'huile. Goûtez et rectifiez l'assaisonnement. Au moment d'utiliser cette sauce, fouettez-la vivement à la fourchette pour l'homogénéiser.

Égouttez les fenouils sur du papier absorbant, puis détachez les feuilles l'une après l'autre et coupez-les en lamelles dans la hauteur. Rangez celles-ci dans une terrine en couches successives, en les nappant de sauce au fur et à mesure. Terminez avec les petites feuilles vertes réservées. Laissez macérer 48 heures, à température ambiante ou au réfrigérateur (dans ce cas, sortez la terrine 1 heure avant le repas pour que l'huile ne soit pas figée).

Fèves et oignons nouveaux en salade

Préparation : 30 min

Cuisson : environ 5 min

Pour 4 personnes

500 g de fèves écossées, fraîches ou surgelées

4 oignons nouveaux

1 ou 2 gousses d'ail, finement hachées

1 cuil. à café de cumin moulu

1 cuil. à café de paprika

3 cuil. à soupe d'huile d'olive

1 citron

2 cuil. à soupe de coriandre et de persil plat ciselés et mélangés

sel et poivre du moulin

Versez 1 litre d'eau dans la marmite du cuit-vapeur et amenez à ébullition. Étalez les fèves dans le panier perforé, ajustez le couvercle et faites cuire 1 minute (si elles sont encore surgelées, prolongez la cuisson de 2 minutes).

Égouttez-les, puis retirez la petite membrane qui enveloppe chacune d'elles. Remettez-les dans le panier perforé, ajustez le couvercle et faites cuire encore 3 ou 4 minutes, en veillant à ce qu'elles ne s'écrasent pas. Égouttez-les.

Pelez les petits oignons, coupez la tige en laissant un peu de vert, puis émincez-les finement. Mélangez les fèves encore chaudes dans un plat creux avec les oignons, l'ail, le cumin et le paprika, l'huile d'olive et le jus du citron. Salez et poivrez, ajoutez les herbes et remuez à nouveau. Servez chaud.

Fleurs de courgette farcies au chèvre frais et aux olives

Préparation : 40 min

Cuisson : 8 min

Pour 4 personnes

12 fleurs de courgette

80 g d'olives noires

300 g de fromage de chèvre frais (ou de ricotta)

Rincez délicatement les fleurs de courgette à l'eau fraîche. Ouvrez-les, retirez le pistil et coupez l'extrémité de la tige. Hachez les olives au couteau. Mélangez le fromage de chèvre avec le parmesan, le jaune d'œuf, l'huile d'olive, les olives, du sel et du poivre jusqu'à ce que l'ensemble soit bien homogène.

●●●

4 cuil. à soupe rases de parmesan râpé

1 jaune d'œuf

3 cuil. à soupe d'huile d'olive + un peu (pour servir)

sel et poivre du moulin

Versez 1 litre d'eau dans la marmite du cuit-vapeur et amenez à ébullition. Ouvrez les fleurs et remplissez-les de farce, à l'aide d'une poche à douille ou à la petite cuillère, puis refermez-les en vrillant légèrement l'extrémité pour envelopper la garniture. Posez-les côte à côte dans le panier perforé. Salez légèrement, ajustez le couvercle et faites cuire pendant 8 minutes.

Égouttez-les quelques instants sur du papier absorbant, puis servez-les tièdes ou à température ambiante, arrosées d'un filet d'huile d'olive.

Fonds d'artichaut marinés à la coriandre

Préparation : 15 min

Cuisson : 10 à 12 min

Marinade : 1 h

Pour 4 personnes

16 petits fonds d'artichaut surgelés

1 cuil. à café de graines de coriandre

1 cuil. à café de concentré de tomates

2 cuil. à soupe de vin blanc sec

5 cuil. à soupe d'huile d'olive

1 cuil. à soupe de feuilles de coriandre ciselées

1 cuil. à soupe de feuilles de coriandre (pour le décor)

Laissez dégeler les fonds d'artichaut à température ambiante.

Versez 1 litre d'eau dans le panier du cuit-vapeur et amenez à ébullition. Étalez les artichauts dans le panier perforé, saupoudrez-les d'un peu de sel et parsemez-les de graines de coriandre. Ajustez le couvercle et faites cuire de 10 à 12 minutes, jusqu'à ce qu'ils soient juste tendres. Égouttez-les et laissez refroidir, puis taillez-les en lamelles épaisses.

Dans un saladier, délayez le concentré de tomates avec le vin blanc. Versez progressivement l'huile d'olive, en fouettant à la fourchette, ajoutez la coriandre ciselée et poivrez un peu. Mettez les lamelles d'artichaut dans le saladier et remuez délicatement pour bien

sel et poivre du moulin

les imprégner de marinade. Couvrez, puis laissez mariner 1 heure.

Juste avant de servir, remuez à nouveau et parsemez de pluches de coriandre.

Gâteau de céleri à la ciboulette

Préparation : 20 min

Cuisson : 45 à 55 min

Pour 4 personnes

1 boule de céleri de 800 g

3 gros œufs

1 cuil. à soupe de Maïzena

2 cuil. à soupe de crème

3 cuil. à soupe de ciboulette ciselée

beurre (pour le moule)

sel et poivre du moulin

Versez 1 litre d'eau dans la marmite et amenez à ébullition. Épluchez la boule de céleri, lavez-la et coupez-la en cubes que vous étalerez dans le panier perforé. Salez un peu, puis ajustez le couvercle et faites cuire environ 15 minutes, jusqu'à ce que le céleri soit très tendre.

Cassez les œufs en séparant les blancs des jaunes. Égouttez bien le céleri et passez-le au moulin à légumes muni d'une grille fine. Ajoutez la Maïzena, la crème, les jaunes d'œuf et la ciboulette, salez et poivrez, puis mélangez bien.

Beurrez un moule ou un plat pouvant aller dans le panier du cuit-vapeur. Battez les blancs d'œuf en neige très ferme, puis incorporez-les délicatement à la préparation. Versez-la dans le moule beurré et placez celui-ci dans le panier perforé. Couvrez de papier cuisson, ajustez le couvercle et faites cuire de 30 à 40 minutes. Servez chaud, directement dans le moule, comme un soufflé.

Gâteau de champignons aux marrons et aux fruits secs

Préparation : 30 min
Trempage : 1 h
Cuisson : environ 1 h

Pour 6 à 8 personnes

250 g de champignons de Paris

250 g de marrons cuits au naturel

50 g de gros raisins secs

50 g de pistaches

100 g de cerneaux de noix

1 gros oignon

3 œufs

25 cl de crème liquide

50 g de poudre d'amandes

50 g de chapelure

sel et poivre du moulin

Faites tremper les raisins secs pendant 1 heure dans un bol d'eau bouillante, puis égouttez-les. Coupez les marrons, au couteau, en gros morceaux. Hachez grossièrement les noix et les pistaches. Nettoyez et émincez les champignons. Pelez et hachez l'oignon.

Versez 1 litre d'eau dans la marmite du cuit-vapeur et amenez à ébullition. Étalez les champignons et l'oignon dans le panier perforé, ajustez le couvercle et faites cuire 5 minutes.

Battez les œufs en omelette, en incorporant peu à peu la crème. Ajoutez tous les autres ingrédients, salez, poivrez et mélangez jusqu'à ce que la préparation soit homogène.

Versez-la dans un moule à cake largement beurré et placez celui-ci dans le panier perforé. Couvrez de papier cuisson, ajustez le couvercle et faites cuire de 50 à 60 minutes, jusqu'à ce qu'une pointe fine piquée au cœur du gâteau ressorte sèche. Démoulez et servez.

Gâteau de chou-fleur

Préparation : 30 min
Cuisson : environ 1 h

Pour 6 personnes

1 petit chou-fleur

1 carotte

Versez 1 litre d'eau dans la marmite du cuit-vapeur et amenez à ébullition. Rincez le chou-fleur et séparez-le en petits bouquets. Épluchez et lavez la carotte, puis taillez-la en petits dés.

5 œufs
50 cl de crème liquide
beurre (pour le moule)
sel et poivre du moulin

Posez le chou-fleur dans le panier perforé. Salez un peu, ajustez le couvercle et faites cuire 5 minutes. Mettez les dés de carotte dans une assiette supportant la chaleur. Placez-la à côté du chou-fleur, remettez le couvercle et poursuivez la cuisson 3 ou 4 minutes.

Beurrez un moule de taille adaptée au cuit-vapeur. Étalez les bouquets de chou-fleur et les dés de carotte sur du papier absorbant le temps qu'ils refroidissent, puis répartissez-les dans le moule. Battez les œufs en omelette en ajoutant progressivement la crème. Salez, poivrez et versez sur les légumes.

Posez le moule dans le panier perforé, couvrez de papier sulfurisé et remettez le couvercle. Faites cuire environ 50 minutes, jusqu'à ce que la surface soit ferme sous la pression. Sortez le gâteau du cuit-vapeur et retournez délicatement le moule sur un plat chaud.

Gâteau de patates douces aux carottes

Préparation : 20 min
Cuisson : 1 h 15 à 1 h 20
Pour 4 personnes
300 g de patates douces
200 g de carottes
2 gros œufs
50 cl de crème liquide
40 g de mie de pain

Battez les œufs en omelette avec la crème, ajoutez la mie de pain réduite en miettes et laissez tremper.

Versez 1 litre d'eau dans la marmite et amenez à ébullition. Épluchez et lavez les carottes et les patates douces. Coupez-les en morceaux, étalez-les dans le panier perforé et salez un peu. Ajustez le couvercle et faites cuire de 15 à 20 minutes, selon la taille des morceaux.

2 cuil. à soupe de sucre en poudre

1 grosse pincée de noix de muscade

beurre (pour le moule)

sel et poivre du moulin

Égouttez les légumes et écrasez-les pour les réduire en purée. Ajoutez la préparation précédente, le sucre et la noix de muscade, salez et poivrez, puis mélangez bien, jusqu'à ce que l'ensemble soit homogène.

Beurrez largement un moule à manqué ou à charlotte pouvant aller dans le panier du cuit-vapeur. Versez-y la préparation, posez-le dans le panier perforé et couvrez de papier cuisson. Ajustez le couvercle, puis laissez cuire environ 1 heure, jusqu'à ce que la pointe d'un petit couteau piqué dans le gâteau ressorte sèche. Démoulez et servez chaud.

Gâteau de petits légumes

Préparation : 30 min

Cuisson : 1 h

Pour 8 personnes

150 g de pommes de terre (type bintje)

150 g de carottes

120 g de petits pois écossés

150 g de haricots verts

120 g de champignons de Paris

2 oignons nouveaux

1 gousse d'ail

beurre (pour le moule)

4 œufs

15 cl de crème liquide

100 g de gruyère râpé

sel

Versez 1 litre d'eau dans la marmite et amenez à ébullition. Épluchez les pommes de terre, lavez-les et coupez-les en morceaux. Préparez les autres légumes et coupez-les en jardinière. Mettez les pommes de terre dans le panier perforé, ajustez le couvercle et faites cuire pendant 10 minutes, puis posez les autres légumes à côté et prolongez la cuisson de 5 minutes.

Égouttez tous les légumes. Écrasez les pommes de terre à la fourchette, et réservez les autres. Beurrez largement un moule rond ou un moule à cake pouvant aller dans le panier du cuit-vapeur. Battez les œufs en omelette dans un grand bol, en incorporant peu à peu la crème, puis le fromage râpé et la purée. Salez, poivrez et mélangez vivement pour homogénéiser l'ensemble.

Ajoutez les légumes à cette préparation en remuant délicatement. Transférez l'ensemble dans le moule, placez-le dans le panier perforé et couvrez-le de papier cuisson. Ajustez le couvercle et faites cuire environ 45 minutes, jusqu'à ce que la lame d'un couteau plantée dans le gâteau ressorte sèche. Démoulez et servez chaud.

Gâteau de pommes de terre aux lardons

Préparation : 30 min

Cuisson : 1 h 20

Pour 6 à 8 personnes

1,4 kg de pommes de terre

200 g de poitrine de porc demi-sel

4 œufs

20 cl de crème liquide

150 g de gruyère râpé

beurre (pour le moule)

sel et poivre du moulin

Versez 1 litre d'eau dans la marmite et amenez à ébullition. Épluchez les pommes de terre et lavez-les. Mettez-les dans le panier perforé, salez un peu et ajustez le couvercle. Faites-les cuire 20 minutes, jusqu'à ce qu'elles soient juste tendres.

Retirez la couenne de la poitrine et taillez-la en petits lardons que vous ferez dorer à sec dans une poêle antiadhésive. Égouttez les pommes de terre, écrasez-en le quart à la fourchette et coupez les autres en rondelles. Battez les œufs avec la crème, ajoutez les pommes de terre écrasées, le gruyère, les lardons un peu de sel et du poivre. Mélangez vivement, puis ajoutez les rondelles de pomme de terre et remuez délicatement pour ne pas les briser.

•••

Beurrez largement un moule rond pouvant aller dans le panier du cuit-vapeur. Versez-y la préparation et placez-le dans le panier perforé. Couvrez de papier cuisson, ajustez le couvercle et faites cuire environ 1 heure, jusqu'à ce qu'une pointe fine piquée dans le gâteau ressorte sèche. Démoulez et servez chaud.

Grecque de petits champignons

Préparation : 15 min

Cuisson : 8 à 10 min

Marinade : 4 heures

Pour 4 à 6 personnes

600 g de très petits champignons de Paris

50 cl de bouillon de volaille

1 cuil. à café de graines de coriandre

1 petit ruban de zeste de citron

1 cuil. à soupe de concentré de tomates

4 cuil. à soupe d'huile d'olive

1 cuil. à soupe de coriandre ciselée

Coupez le pied terreux des champignons, puis lavez-les sans les laisser tremper et égouttez-les. Versez le bouillon dans la marmite du cuit-vapeur avec les graines de coriandre et amenez à ébullition. Étalez les champignons dans le panier perforé, salez très légèrement et posez le zeste de citron à côté. Ajustez le couvercle et faites cuire de 8 à 10 minutes.

Égouttez les champignons et laissez-les tiédir. Versez 10 cl du bouillon de cuisson dans un saladier, en le filtrant pour retenir les graines de coriandre. Ajoutez le concentré de tomates et versez progressivement l'huile d'olive en fouettant pour émulsionner l'ensemble. Ajoutez alors la coriandre ainsi que les champignons, et mélangez bien.

Couvrez, laissez refroidir et mettez au réfrigérateur. Laissez mariner quelques heures avant de servir, très frais.

Grenailles aux escargots

Préparation : 20 min
Cuisson : 20 min

Pour 4 personnes

12 petites pommes de terre grenaille (d'environ 50 g pièce)

200 g de beurre mou

3 échalotes

24 escargots petits-gris (en conserve)

1 tranche de jambon cru

3 cuil. à soupe de fines herbes ciselées (cerfeuil, persil et ciboulette)

sel et poivre du moulin

Laissez le beurre quelques minutes à température ambiante pour qu'il soit souple à travailler. Épluchez et hachez très finement les échalotes. Rincez les escargots dans une passoire, puis laissez-les égoutter. Retirez la couenne du jambon et hachez-le au couteau aussi finement que possible.

Versez 1 litre d'eau dans la marmite du cuit-vapeur et amenez à ébullition. Lavez les pommes de terre. Posez-les dans le panier perforé, ajustez le couvercle et faites-les cuire environ 15 minutes, jusqu'à ce qu'elles soient juste tendres quand on les pique.

Égouttez-les, laissez-les tiédir un peu et pelez-les. Creusez-les avec une cuillère parisienne, en laissant une épaisseur de chair régulière sur les bords et dans le fond. Si nécessaire, tranchez légèrement la base pour qu'elles soient stables.

Malaxez le beurre à la spatule avec le jambon, les herbes, les échalotes, du sel et du poivre, jusqu'à obtention d'un mélange homogène. Mettez un peu de beurre aux herbes dans le creux de chaque pomme de terre, puis ajoutez deux escargots et recouvrez-les de beurre. Tassez pour bien remplir la cavité.

Rangez les pommes de terre dans quatre poêlons individuels et posez ces derniers côte à côte dans le panier perforé. Recouvrez de papier sulfurisé, remettez le couvercle et faites cuire environ 5 minutes : le beurre doit juste mousser. Servez aussitôt.

Haricots verts en salade à la libanaise

Préparation : 10 min
Cuisson : 5 à 10 min
Marinade : 2 h

Pour 4 personnes

500 g de haricots verts
1 oignon
2 gousses d'ail
6 cuil. à soupe d'huile
sel et poivre du moulin

Équeutez et effilez les haricots verts. Coupez-les en morceaux, lavez-les et égouttez-les. Versez 50 cl d'eau dans la marmite du cuit-vapeur et amenez à ébullition. Mettez les haricots dans le panier perforé, ajustez le couvercle et faites cuire de 5 à 10 minutes (vérifiez la cuisson en en goûtant un de temps en temps). Quand ils sont juste tendres, égouttez-les et laissez-les refroidir.

Épluchez et émincez finement l'oignon. Pelez les gousses d'ail et écrasez-les au pilon dans un saladier avec une pincée de sel. Versez l'huile en filet, en remuant sans cesse, puis ajoutez les haricots et l'oignon. Mélangez bien, couvrez de film transparent et laissez mariner 2 heures à température ambiante avant de servir.

Légumes de printemps à la ciboulette

Préparation : 30 min
Cuisson : 8 à 12 min

Pour 4 à 6 personnes

250 g de carottes nouvelles
200 g de petites pommes de terre nouvelles
150 g de navets nouveaux

Pelez finement les carottes, les pommes de terre et les navets. S'ils sont frais, écossez les petits pois. Effilez les haricots verts et coupez-les en deux. Lavez tous les légumes.

Versez 1 litre d'eau dans la marmite du cuit-vapeur et amenez à ébullition. Faites cuire les légumes en deux fois, ou dans deux paniers superposés. Mettez les carottes, les navets et les pommes de terre ensemble et laissez-

200 g de petits pois frais écossés (ou surgelés)

250 g de haricots verts fins

1 botte d'oignons nouveaux

10 cl de crème liquide

50 g de beurre

2 cuil. à soupe de ciboulette finement ciselée

quelques brins de ciboulette (pour le décor)

sel et poivre du moulin

les cuire de 8 à 12 minutes. Dans un second panier, faites cuire environ 5 minutes les oignons, les haricots verts et les petits pois. Tous les légumes doivent être tendres mais ne pas s'écraser.

Pendant ce temps, faites cuire la crème à petits frémissements dans une casserole pour qu'elle épaississe un peu.

Égouttez les légumes et mettez-les dans un légumier chaud. Retirez la crème du feu, puis incorporez le beurre par petits morceaux, en fouettant vivement. Ajoutez la ciboulette, salez, poivrez et mélangez bien. Versez sur les légumes, parsemez de brins de ciboulette et servez aussitôt.

Légumes en salade aigre-douce

Préparation : 20 min

Cuisson : environ 10 min

Pour 4 personnes

100 g de chou chinois

100 g de pois gourmands

1 carotte

100 g de concombre

1 cuil. à soupe de graines de sésame

POUR LA SAUCE :

1 cuil. à soupe de sucre en poudre

1 citron vert

2 cuil. à soupe d'huile

Versez 1 litre d'eau dans la marmite du cuit-vapeur et amenez à ébullition. Pelez la carotte et le concombre, puis détaillez-les en fins bâtonnets. Émincez le chou en fines lanières. Nettoyez les pois gourmands.

Faites cuire les légumes séparément. Étalez-les les uns après les autres dans le panier perforé, ajustez le couvercle et faites cuire chacun d'eux 2 ou 3 minutes, pour qu'ils restent croquants. Égouttez-les au fur et à mesure et laissez-les refroidir, puis disposez-les ensemble dans un plat creux.

•••

1 cuil. à soupe de nuoc-mâm

1 cuil. à soupe de sauce soja claire

1 cuil. à soupe d'eau

2 petites gousses d'ail, pelées et écrasées

1 petit morceau de piment finement haché

Préparez la sauce : faites fondre le sucre dans le jus du citron en remuant doucement, ajoutez l'huile, le nuoc-mâm, la sauce de soja, l'eau, l'ail et le piment. Mélangez bien. Au dernier moment, nappez les légumes de sauce et parsemez-les des graines de sésame.

Navets nouveaux au cumin

Préparation : 20 min

Cuisson : 10 à 12 min

Pour 4 personnes

600 g de petits navets ronds de printemps

1 litre de bouillon de volaille

1 cuil. à soupe de cumin moulu + un peu

1 feuille de laurier

40 g de beurre

1 cuil. à soupe de persil plat ciselé

sel et poivre du moulin

Grattez les navets et supprimez-leur la tige ainsi que la racine. Lavez-les à l'eau fraîche, puis égouttez-les.

Versez le bouillon dans la marmite du cuit-vapeur, ajoutez le cumin et le laurier, et amenez à ébullition. Mettez les navets dans le panier perforé. Salez, ajustez le couvercle et faites-les cuire de 10 à 12 minutes, selon leur taille, en veillant à ce qu'ils soient tendres mais fermes. Égouttez-les quelques instants sur du papier absorbant pour bien les sécher et mettez-les dans un légumier chaud.

Faites fondre à feu très doux le beurre coupé en morceaux. Retirez toutes les petites impuretés en surface, puis ajoutez 3 cuillerées à soupe de bouillon de cuisson, salez et poivrez. Goûtez et ajoutez un peu de cumin si vous le souhaitez. Versez cette sauce sur les navets et remuez plusieurs fois pour bien les enrober. Parsemez de persil ciselé et servez chaud.

Nems aux petits légumes

Préparation : 30 min
Cuisson : 3 ou 4 min
Pour 4 personnes

8 galettes de riz
2 carottes
1 petit concombre
100 g de haricots verts
1 quartier de céleri
8 belles feuilles de cœur de laitue (pour servir)

POUR LA SAUCE :

1 cuil. à café de purée de piments
5 cl de jus de citron frais
2 cuil. à soupe de nuoc-mâm
2 cuil. à soupe d'huile de tournesol

Épluchez et lavez les légumes. Séchez-les soigneusement, puis taillez-les tous en très fins bâtonnets de 8 cm de long. Formez huit petits fagots de légumes assortis.

Trempez une galette de riz pendant quelques secondes dans l'eau chaude pour la ramollir, puis étalez-la devant vous sur un torchon humide. Posez un petit paquet de légumes sur chacune, à mi-chemin entre le centre et le bord de la galette. Repliez d'abord la base de la galette sur cette garniture, puis rabattez par-dessus les deux côtés opposés et roulez la galette autour des légumes, en serrant bien et en lui donnant la forme d'un cylindre.

Versez 1 litre d'eau dans la marmite du cuit-vapeur et amenez à ébullition. Posez les petits rouleaux dans le panier perforé, ajustez le couvercle et faites-les cuire 3 ou 4 minutes.

Pendant ce temps, mélangez tous les ingrédients de la sauce dans un bol et fouettez vivement pour émulsionner l'ensemble. Égouttez les nems et disposez-les sur un plat, chacun sur une feuille de laitue. Arrosez de la sauce et servez.

Nems de riz aux épices

Préparation : 30 min
Trempage : 1 h
Cuisson : 5 min
Pour 4 personnes

Faites tremper les raisins pendant 1 heure dans un bol d'eau bouillante, puis égouttez-les sur du papier absorbant.

●●●

8 galettes de riz

1 oignon

2 cuil. à soupe d'huile d'olive

80 g de raisins secs

250 g de riz cuit

1 cuil. à café de coriandre moulue

1 pincée de curcuma

1 pincée de cannelle

Pelez et hachez finement l'oignon. Faites-le fondre à feu très doux avec l'huile d'olive, jusqu'à ce qu'il soit tendre et commence juste à dorer.

Transférez l'oignon et son huile de cuisson dans un grand bol. Ajoutez les raisins, le riz ainsi que les épices, et mélangez jusqu'à ce que l'ensemble soit parfaitement homogène.

Trempez une galette de riz pendant quelques secondes dans l'eau chaude pour la ramollir, puis étalez-la devant vous sur un torchon humide. Posez 2 cuillerées de riz sur chacune, à mi-chemin entre le centre et le bord de la galette. Façonnez-les en un petit boudin, puis rabattez deux côtés opposés sur cette garniture et roulez la galette autour, en serrant bien.

Versez 1 litre d'eau dans la marmite du cuit-vapeur et amenez à ébullition. Posez les petits rouleaux dans le panier perforé, ajustez le couvercle et faites cuire 3 ou 4 minutes. Servez bien chaud.

Oignons blancs farcis

Préparation : 30 min

Cuisson : 45 à 50 min

Pour 4 personnes

4 gros oignons blancs

20 g de mie de pain

4 cuillerées à soupe de bouillon de volaille

150 g de jambon cru

Faites tremper la mie de pain dans le bouillon. Hachez finement le jambon. Pelez les oignons et coupez un chapeau du côté de la tige aux trois quarts de la hauteur, puis creusez-les en gardant tout autour une épaisseur de deux couches ; hachez finement la pulpe obtenue.

Égouttez la mie de pain sans la presser et mettez-la dans un bol avec le jambon, la pulpe d'oignon hachée, le parmesan, l'origan

2 cuil. à soupe de parmesan fraîchement râpé

1 cuil. à café d'origan ciselé

2 cuil. à soupe d'huile d'olive

huile d'olive (pour servir)

sel et poivre du moulin

et l'huile d'olive. Salez, poivrez et mélangez bien. Emplissez les oignons de cette farce et replacez les chapeaux.

Versez 1 litre d'eau dans la marmite du cuit-vapeur et amenez à ébullition. Posez les oignons dans le panier perforé, ajustez le couvercle et faites-les cuire de 45 à 50 minutes. Vérifiez qu'ils sont bien tendres en les piquant de la pointe d'un couteau, puis servez-les bien chauds, arrosés d'un filet d'huile d'olive.

Oignons nouveaux au vinaigre balsamique

Préparation : 20 min

Cuisson : 40 min

Pour 4 personnes

24 oignons nouveaux

4 cuil. à soupe rases de sucre en poudre

4 pincées de coriandre moulue

4 cuil. à soupe de vinaigre balsamique

4 cuil. à café d'huile d'olive

sel et poivre du moulin

Coupez les tiges des oignons en laissant un peu de vert. Retirez la peau fine et les petites racines de la base.

Découpez quatre carrés de papier sulfurisé. Posez six petits oignons au centre de chacun, saupoudrez-les de sucre en poudre et d'une pincée de coriandre, puis ajoutez le vinaigre balsamique et l'huile d'olive, en relevant les bords du papier pour retenir le liquide dans le creux. Formez des papillotes et fermez-les hermétiquement, sans les serrer, en repliant plusieurs fois les bords.

Versez 1 litre d'eau dans la marmite du cuit-vapeur et amenez à ébullition. Posez les papillotes dans le panier perforé, ajustez le couvercle et faites cuire environ 40 minutes. Laissez tiédir et servez, dans les papillotes.

Patates douces au paprika

Préparation : 15 min

Cuisson : 15 à 20 min

Pour 4 personnes

800 g de patates douces à chair orangée

1 petit oignon

1 cuil. à soupe de paprika (ou de piment doux)

80 g de beurre ramolli

quelques brins de ciboulette ciselés

sel et poivre du moulin

Épluchez et hachez finement l'oignon, puis faites-le fondre à feu très doux avec une noix de beurre, jusqu'à ce qu'il soit translucide. Ajoutez le paprika et laissez cuire encore 1 minute avant de le mixer en purée fine et de laisser refroidir. Malaxez la préparation avec le beurre en pommade, salez et poivrez.

Versez 1 litre d'eau dans la marmite du cuit-vapeur et amenez à ébullition. Pelez les patates douces, lavez-les et coupez-les en morceaux de même taille. Étalez ces derniers dans le panier perforé. Salez-les, ajustez le couvercle et faites-les cuire pendant 15 à 20 minutes, selon leur taille, en veillant à ce que la chair reste ferme.

Égouttez et transférez dans un plat bien chaud. Ajoutez quelques noix de beurre au paprika, parsemez de ciboulette et servez, en proposant le reste de beurre séparément.

Paupiettes de chou chinois à l'asiatique

Préparation : 45 min

Trempage : 20 min

Cuisson : environ 25 min

Pour 4 personnes

4 belles feuilles de chou chinois (ou 8 plus petites)

20 g de champignons noirs séchés

Faites tremper les champignons 20 minutes dans de l'eau bouillante. Égouttez-les sur du papier absorbant, puis coupez la base et hachez-les finement. Plongez les vermicelles 5 minutes dans de l'eau tiède. Égouttez-les bien et coupez-les en morceaux de 2 cm de long. Réunissez tous les ingrédients de la farce dans un bol. Salez et poivrez, puis malaxez

40 g de vermicelles transparents

250 g de viande de porc finement hachée

1 carotte râpée

1 cuil. à soupe de sauce soja

1 cuil. à soupe de vin de riz ou de xérès sec

½ cuil. à café de Maïzena

sel et poivre du moulin

l'ensemble à la spatule pour qu'il soit parfaitement homogène.

Versez 1 litre d'eau dans la marmite du cuit-vapeur et amenez à ébullition. Rincez les feuilles de chou. Posez-les dans le panier perforé, ajustez le couvercle et faites-les cuire pendant 3 ou 4 minutes, juste le temps de les assouplir. Égouttez-les sur du papier absorbant et laissez-les tiédir légèrement.

Étalez les feuilles de chou sur le plan de travail, retirez les côtes (ou aplatissez-les) et recoupez les plus grandes feuilles en deux. Posez 2 cuillerées de farce sur chacune, rabattez deux côtés opposés de la feuille sur la garniture et roulez pour constituer un petit paquet.

Rangez les paupiettes côte à côte dans le panier du cuit-vapeur, remettez le couvercle et faites-les cuire environ 20 minutes. Servez chaud, avec une coupelle de sauce à nems.

Paupiettes de chou chinois aux champignons

Préparation : 45 min

Cuisson : environ 25 min

Pour 4 personnes

4 belles feuilles de chou chinois (ou 8 plus petites)

1 échalote

250 g de champignons shiitakes

150 g de fromage blanc

Pelez et hachez très finement l'échalote. Essuyez les champignons un à un avec du papier absorbant humide. Émincez-les finement et mettez-les dans un grand bol avec le fromage blanc, l'œuf battu, le gruyère, le persil et l'échalote. Salez et poivrez, puis mélangez jusqu'à ce que l'ensemble soit parfaitement homogène.

•••

1 œuf battu

50 g de gruyère râpé

2 cuil. à soupe de persil plat ciselé

sel et poivre du moulin

Versez 1 litre d'eau dans la marmite du cuit-vapeur et amenez à ébullition. Rincez les feuilles de chou. Posez-les dans le panier perforé, ajustez le couvercle et faites cuire 3 ou 4 minutes, juste le temps de les assouplir. Égouttez-les sur du papier absorbant et laissez-les tiédir légèrement.

Étalez les feuilles de chou sur le plan de travail, retirez les côtes (ou aplatissez-les) et recoupez les plus grandes feuilles en deux. Posez 2 cuillerées de farce sur chacune, rabattez deux côtés opposés de la feuille sur cette garniture et roulez pour former un petit paquet.

Rangez les paupiettes côte à côte dans le panier du cuit-vapeur, remettez le couvercle et faites-les cuire 20 minutes. Servez chaud, en hors-d'œuvre ou en accompagnement.

Paupiettes de chou chinois aux fruits secs

Préparation : 45 min

Trempage : 1 h

Cuisson : environ 25 min

Pour 4 personnes

4 belles feuilles de chou chinois (ou 8 plus petites)

50 g de raisins secs

50 g d'abricots secs

50 g de pruneaux

¼ de cuil. à café de cannelle

1 oignon

Faites tremper tous les fruits secs ensemble pendant 1 heure dans un grand bol d'eau bouillante additionnée de la cannelle. Égouttez-les sur du papier absorbant et hachez-les en très petits dés au couteau.

Épluchez l'oignon, hachez-le et faites-le fondre à feu doux avec l'huile, jusqu'à ce qu'il soit tendre et translucide. Versez-le dans un grand bol avec l'huile de cuisson, puis ajoutez le riz, les fruits secs, les pignons, du sel et du poivre. Mélangez jusqu'à ce que l'ensemble soit bien homogène.

2 cuil. à soupe d'huile de tournesol

150 g de riz cuit

2 cuil. à soupe de pignons

1 litre de bouillon de volaille

sel et poivre du moulin

Versez le bouillon dans la marmite du cuit-vapeur et amenez à ébullition. Rincez les feuilles de chou. Posez-les dans le panier perforé, ajustez le couvercle et faites cuire 3 ou 4 minutes, juste le temps de les assouplir. Égouttez-les sur du papier absorbant et laissez-les tiédir légèrement.

Étalez les feuilles de chou sur le plan de travail et retirez ou aplatissez la grosse côte centrale. Recoupez les plus grandes en deux. Posez 2 cuillerées de farce sur chacune, rabattez deux côtés opposés de la feuille sur cette garniture et roulez pour former un petit paquet.

Rangez les paupiettes côte à côte dans le panier du cuit-vapeur, remettez le couvercle et faites-les cuire environ 20 minutes. À l'issue de la cuisson, égouttez-les soigneusement sur du papier absorbant. Servez chaud, en garniture, ou froid, avec une salade.

Paupiettes de chou vert aux châtaignes

Préparation : 45 min

Cuisson : environ 25 min

Pour 4 personnes

4 belles feuilles de jeune chou vert (ou 8 plus petites)

2 échalotes

200 g de poitrine de porc demi-sel

Épluchez et hachez finement les échalotes. Retirez la couenne et les cartilages de la poitrine de porc ; hachez-la très finement au couteau. Émincez finement les châtaignes ou écrasez-les grossièrement à la fourchette. Faites tremper la mie de pain dans le bouillon, puis égouttez-la et pressez-la fortement entre les doigts pour extraire le maximum de liquide.

•••

250 g de châtaignes au naturel

50 g de mie de pain rassis

25 cl de bouillon de volaille

1 œuf

sel et poivre du moulin

Battez l'œuf en omelette dans un saladier. Ajoutez tous les autres ingrédients de la farce, salez, poivrez et mélangez jusqu'à ce que l'ensemble soit parfaitement homogène.

Versez 1 litre d'eau dans la marmite du cuit-vapeur et amenez à ébullition. Rincez les feuilles de chou. Posez-les dans le panier perforé, ajustez le couvercle et faites-les cuire 3 ou 4 minutes, juste le temps de les assouplir. Égouttez-les sur du papier absorbant et laissez-les tiédir légèrement.

Étalez les feuilles de chou sur le plan de travail, retirez la grosse côte centrale et coupez les plus grandes feuilles en deux. Posez 2 cuillerées de farce sur chacune, rabattez deux côtés opposés de la feuille sur cette garniture et roulez pour former un petit paquet.

Rangez les paupiettes côte à côte dans le panier perforé, remettez le couvercle et faites cuire pendant environ 20 minutes. Égouttez rapidement sur du papier absorbant et servez bien chaud.

Paupiettes de chou vert aux petits légumes

Préparation : 45 min

Cuisson : environ 25 min

Pour 4 personnes

8 petites feuilles de jeune chou vert

100 g de pommes de terre

Versez 1 litre d'eau dans la marmite du cuit-vapeur et amenez à ébullition. Rincez les feuilles de chou. Posez-les dans le panier perforé, ajustez le couvercle et faites-les cuire 3 ou 4 minutes, juste le temps de les assouplir. Égouttez-les sur du papier absorbant et laissez-les tiédir légèrement.

350 g de légumes mélangés (carottes, haricots verts, petits pois, céleri)

80 g de beurre

sel et poivre du moulin

Épluchez et lavez les légumes. Râpez les pommes de terre et coupez les autres en très petits dés ou en fins bâtonnets. Étalez les feuilles de chou sur le plan de travail et retirez ou aplatissez la grosse côte centrale. Posez 2 cuillerées de légumes et une noix de beurre sur chacune, rabattez deux côtés opposés de la feuille sur cette garniture et roulez pour former un petit paquet.

Rangez les paupiettes côte à côte dans le panier du cuit-vapeur, remettez le couvercle et faites cuire 20 minutes. Égouttez et disposez les paupiettes sur un plat chaud. Servez-les en garniture, arrosées du reste du beurre fondu.

Petites rattes au beurre d'estragon

Préparation : 10 min

Cuisson : 25 à 35 min

Pour 4 personnes

800 g de rattes (ou de petites pommes de terre à chair ferme)

80 g de beurre

1 cuil. à soupe d'estragon finement haché

fleur de sel (pour servir)

sel et poivre du moulin

Coupez le beurre en petits morceaux dans un bol et laissez-le ramollir à température ambiante. Ajoutez alors l'estragon, du sel et du poivre, puis malaxez à la fourchette pour lui donner la consistance d'une pommade.

Versez 1 litre d'eau dans la marmite du cuit-vapeur et amenez à ébullition. Lavez avec soin les pommes de terre à l'eau courante (laissez-leur la peau). Étalez-les dans le panier perforé, ajustez le couvercle et faites-les cuire de 25 à 35 minutes, selon leur taille : elles doivent être juste tendres, sans éclater.

Égouttez les rattes et servez-les dans un légumier chaud, accompagnées du beurre à l'estragon et d'une coupelle de fleur de sel.

Petits bavarois d'asperges

Préparation : 30 min
Cuisson : 10 à 12 min
Réfrigération : 3 h

Pour 4 personnes

1 kg d'asperges
15 cl de crème liquide
3 feuilles de gélatine
sel et poivre du moulin

Placez la crème dans la partie la plus froide du réfrigérateur. Faites tremper les feuilles de gélatine dans un bol d'eau froide.

Versez 1 litre d'eau dans la marmite du cuit-vapeur et amenez à ébullition. Coupez l'extrémité dure des asperges, puis épluchez-les et lavez-les. Coupez les pointes à la même longueur, et les tiges en tronçons. Étalez le tout dans le panier perforé. Salez un peu, ajustez le couvercle et faites cuire de 10 à 12 minutes.

Égouttez les asperges ; réservez les pointes et mixez les tiges. Égouttez les feuilles de gélatine, incorporez-les à la purée de tiges d'asperge chaude et remuez pour bien les faire fondre. Laissez refroidir.

Fouettez la crème liquide très froide en chantilly ferme, incorporez-la délicatement à la préparation et rectifiez l'assaisonnement. Mouillez l'intérieur de quatre moules individuels, versez-y la préparation et réservez 3 heures au réfrigérateur.

Trempez rapidement le fond des moules dans l'eau chaude et démoulez les bavarois en les retournant sur des assiettes très froides. Servez-les nappés d'une vinaigrette aux herbes et accompagnés des pointes d'asperge réservées.

Petits bavarois de poivrons

Préparation : 30 min
Cuisson : 12 à 15 min
Réfrigération : 3 h

Pour 4 personnes

- 3 poivrons rouges
- 10 cl de crème liquide
- 3 feuilles de gélatine
- 100 g de pulpe de tomate en dés
- ½ cuil. à café de piment doux ou de paprika
- 1 pincée de piment d'Espelette
- sel et poivre du moulin

Placez la crème dans la partie la plus froide du réfrigérateur. Faites tremper les feuilles de gélatine dans un bol d'eau froide.

Versez 1 litre d'eau dans la marmite du cuit-vapeur et amenez à ébullition. Coupez les poivrons en deux, retirez-leur le pédoncule, toutes les graines et les filaments blancs, puis posez-les dans le panier perforé. Salez, ajustez le couvercle et faites cuire de 12 à 15 minutes.

Laissez tiédir un peu les poivrons pour pouvoir les manipuler. Pelez-les, mettez-les dans le bol d'un robot avec les dés de tomate et mixez-les en purée fine. Égouttez les feuilles de gélatine et faites-les fondre dans 2 ou 3 cuillerées du liquide de cuisson bouillant, puis incorporez-les à la purée. Mixez à nouveau quelques instants et laissez refroidir.

Fouettez la crème liquide très froide en chantilly ferme et incorporez-la délicatement à la préparation. Salez, ajoutez les piments et mélangez bien. Mouillez l'intérieur de quatre moules individuels, puis versez-y la préparation et réservez 3 heures au réfrigérateur.

Trempez rapidement le fond des moules dans l'eau chaude, retournez les bavarois sur des assiettes froides et servez.

Petits gâteaux d'aubergine au riz et au cumin

Préparation : 30 min

Cuisson : 50 min

Pour 4 personnes

4 aubergines

1 oignon

2 gousses d'ail

2 œufs

2 cuil. à soupe de crème fraîche

100 g de riz cuit

1 cuil. à café de cumin moulu

1 cuil. à soupe de persil plat ciselé

beurre (pour les moules)

sel et poivre du moulin

Versez 1 litre d'eau dans la marmite du cuit-vapeur et amenez à ébullition. Pelez l'oignon et coupez-le en rondelles. Coupez les aubergines en deux dans la longueur. Retirez-leur le pédoncule et mettez-les dans le panier perforé, côté peau vers le bas. Posez les rondelles d'oignon dessus, puis salez légèrement, ajustez le couvercle et faites cuire 20 minutes.

Épluchez et écrasez les gousses d'ail. Récupérez les rondelles d'oignon et hachez-les finement. Égouttez bien les aubergines, laissez-les tiédir pour pouvoir les manipuler et prélevez la pulpe à la cuillère ; hachez-la aussi. Battez les œufs en omelette avec la crème. Ajoutez la pulpe d'aubergine, l'ail, le riz, le cumin, le persil, du sel et du poivre, puis mélangez jusqu'à ce que l'ensemble soit parfaitement homogène.

Beurrez largement quatre moules individuels. Répartissez-y la préparation et placez-les dans le panier perforé. Recouvrez-les de papier sulfurisé, remettez le couvercle et faites cuire environ 30 minutes, jusqu'à ce que les petits gâteaux soient fermes sous la pression. Démoulez et servez chaud.

Poireaux de printemps en vinaigrette crémée

Préparation : 15 min
Cuisson : 8 à 10 min
Pour 4 personnes

- 12 très jeunes poireaux
- 1 cuil. à café de moutarde mi-forte
- 2 cuil. à soupe de vinaigre de vin rouge
- 2 cuil. à soupe d'huile de maïs ou de tournesol
- 4 cuil. à soupe de crème liquide
- 2 cuil. à soupe de cerfeuil et de ciboulette ciselés, mélangés
- sel et poivre du moulin

Coupez la partie vert foncé des poireaux pour ne garder que le blanc et le vert pâle, fendez-les en deux dans la longueur sans aller jusqu'à la base et lavez-les avec soin.

Versez 75 cl d'eau dans la marmite du cuit-vapeur et amenez à ébullition. Posez les poireaux dans le panier perforé, en les étalant autant que possible. Salez un peu, ajustez le couvercle et faites-les cuire de 8 à 10 minutes.

Mettez la moutarde dans un bol avec un peu de sel et de poivre. Délayez avec le vinaigre, puis versez progressivement l'huile et la crème en fouettant sans cesse. Ajoutez les herbes et mélangez bien. Égouttez les poireaux quelques instants sur du papier absorbant, laissez-les tiédir et servez-les, nappés de vinaigrette.

Pois gourmands aux petits lardons

Préparation : 10 min
Cuisson : 8 à 10 min
Pour 4 personnes

- 600 g de pois gourmands
- 120 g de poitrine de porc demi-sel
- 4 grandes feuilles de cœur de laitue bien creuses

Enlevez les extrémités des pois gourmands ainsi que les fils, s'ils en ont, puis lavez-les. Retirez la couenne et les cartilages de la poitrine demi-sel et taillez-la en petits lardons. Rincez les feuilles de laitue.

Versez 75 cl d'eau dans la marmite du cuit-vapeur et amenez à ébullition.

•••

8 cuil. à soupe de crème fraîche liquide

sel et poivre du moulin

Découpez quatre carrés de papier sulfurisé. Posez une feuille de laitue sur chacun, puis répartissez les pois gourmands et les lardons au creux des feuilles. Ajoutez 2 cuillerées à soupe de crème, salez et poivrez, puis formez des aumônières en remontant les bords des carrés et en les liant avec de la ficelle de cuisine (serrez bien pour fermer hermétiquement).

Placez les papillotes dans le panier perforé, ajustez le couvercle et faites cuire pendant 6 à 8 minutes. Sortez les papillotes du panier et servez aussitôt.

Poivrons aux anchois

Préparation : 20 min

Cuisson : 12 à 15 min

Pour 4 personnes

2 gros poivrons rouges ou 3 plus petits

8 ou 12 anchois au sel

6 cuil. à soupe d'huile d'olive

2 cuil. à soupe de vinaigre balsamique

1 cuil. à café d'origan séché

sel et poivre du moulin

Dessalez les anchois en les faisant tremper 1 heure dans un grand bol d'eau froide ; changez l'eau deux ou trois fois. Égouttez-les, ouvrez-les en deux avec les doigts et retirez toutes les arêtes, puis rincez-les à nouveau et épongez-les avec du papier absorbant.

Versez 1 litre d'eau dans la marmite du cuit-vapeur et amenez à ébullition. Retirez le pédoncule des poivrons, coupez-les en deux et supprimez toutes les graines ainsi que les filaments blancs. Posez-les dans le panier perforé, ajustez le couvercle et faites cuire de 12 à 14 minutes.

Égouttez-les sur du papier absorbant et attendez qu'ils tiédissent un peu pour pouvoir les manipuler. Pelez-les, recoupez la chair en larges bandes verticales et laissez-les refroidir. Étalez-les sur un plat ou des assiettes, et disposez les filets d'anchois en croisillon dessus.

Fouettez vivement l'huile et le vinaigre à la fourchette pour émulsionner l'ensemble. Salez et poivrez un peu, versez sur les poivrons et parsemez d'origan.

Poivrons farcis à la cantonaise

Préparation : 30 min
Cuisson : 20 à 30 min

Pour 6 personnes

800 g de très petits poivrons (au rayon des produits exotiques)

Maïzena

POUR LA FARCE :

200 g de queues de crevette crues décortiquées

100 g de châtaignes d'eau en conserve, rincées et égouttées

300 g de viande de porc hachée

1 cuil. à café de Maïzena

1 blanc d'œuf

2 cuil. à soupe de sauce soja

1 cuil. à café d'huile de sésame

1 cuil. à café de sucre en poudre

1 cuil. à café de vinaigre de riz

2 oignons nouveaux très finement hachés

Hachez finement les crevettes et les châtaignes d'eau au couteau. Mettez-les dans une jatte avec tous les autres ingrédients de la farce, et mélangez jusqu'à ce que l'ensemble soit parfaitement homogène.

Versez 1 litre d'eau dans le panier du cuit-vapeur et amenez à ébullition. Coupez les poivrons en deux, puis retirez-leur toutes les graines ainsi que les filaments blancs. Saupoudrez légèrement l'intérieur de Maïzena, puis remplissez-les de farce et posez-les côte à côte dans le panier perforé. Ajustez le couvercle et faites-les cuire de 20 minutes pour des poivrons « bouchées » à 30 minutes pour des plus gros. Servez chaud.

Poivrons farcis au couscous

Préparation : 30 min
Trempage : 2 h
Cuisson : 15 min

Pour 6 personnes

3 poivrons
4 abricots secs
6 cuil. à soupe de raisins secs
1 oignon
1 cuil. à soupe d'huile d'olive
150 g de semoule
1 cuil. à soupe de menthe ciselée
½ cuil. à café de sucre en poudre
¼ de cuil. à café de cannelle
1 cuil. à café de cumin
quelques feuilles de menthe (pour le décor)
sel et poivre du moulin

Hachez les abricots secs au couteau en tout petits dés. Faites-les tremper 2 heures dans l'eau bouillante avec les raisins secs, puis égouttez-les. Épluchez l'oignon, hachez-le et faites-le fondre à feu doux avec l'huile d'olive jusqu'à ce qu'il soit translucide et tendre. Préparez la semoule en suivant les instructions de l'emballage. Coupez les poivrons en deux, ôtez toutes les graines et les filaments blancs.

Versez 1 litre d'eau dans la marmite du cuit-vapeur et amenez à ébullition. Dans un grand bol, mélangez la semoule avec l'oignon, les fruits secs, la menthe ciselée, le sucre, l'huile d'olive et les épices. Remplissez largement les demi-poivrons de ce mélange. Posez-les côte à côte dans le panier perforé, ajustez le couvercle et faites cuire environ 15 minutes. Servez chaud ou froid, décoré de quelques feuilles de menthe.

Pommes de terre farcies au confit

Préparation : 30 min
Cuisson : 40 min

Pour 4 personnes

8 pommes de terre moyennes, à chair ferme
1 oignon
2 cuil. à soupe d'huile
1 grosse cuisse de canard confit

Versez 1 litre d'eau dans la marmite du cuit-vapeur et amenez à ébullition. Épluchez les pommes de terre et lavez-les. Mettez-les dans le panier perforé, ajustez le couvercle et faites cuire 20 minutes.

Égouttez les pommes de terre et coupez une fine lamelle sur la longueur de chacune pour qu'elles soient stables quand on les pose.

30 g de beurre

sel et poivre du moulin

Coupez un chapeau de l'autre côté, puis creusez délicatement l'intérieur. Récupérez la pulpe et écrasez-la à la fourchette.

Épluchez l'oignon, émincez-le et faites-le fondre à feu doux avec l'huile jusqu'à ce qu'il soit translucide et tendre. Retirez la peau et l'os de la cuisse de canard, puis effilochez la chair dans un bol. Ajoutez la pulpe de pomme de terre, l'oignon et le beurre. Salez, poivrez et mélangez bien.

Farcissez les pommes de terre de cette préparation et replacez les chapeaux. Rangez-les dans le panier perforé, remettez le couvercle et faites cuire encore 20 minutes. Servez chaud.

Pousses de soja en salade

Préparation : 10 min

Cuisson : 45 s

Marinade : 2 h

Pour 4 personnes

400 g de germes de soja frais

1 gousse d'ail

1 petit piment

1 cuil. à soupe de vinaigre de riz ou de vinaigre de vin blanc

2 cuil. à soupe de jus de citron vert

3 cuil. à soupe de sauce soja claire

2 cuil. à soupe de coriandre ciselée

Pelez et écrasez la gousse d'ail. Hachez le piment aussi finement que possible. Mettez le soja dans une grande passoire, rincez-le sous l'eau froide et laissez-le égoutter.

Versez 50 cl d'eau dans la marmite du cuit-vapeur et amenez à ébullition. Étalez les pousses de soja dans le panier perforé, ajustez le couvercle et faites-les cuire durant 45 secondes. Retirez-les aussitôt, égouttez-les à nouveau et laissez refroidir complètement.

Versez le vinaigre, le jus de citron et la sauce de soja dans un saladier. Ajoutez les germes de soja, le piment, l'ail et la moitié de la coriandre. Mélangez bien, puis couvrez de film transparent, mettez au réfrigérateur et laissez mariner 2 heures.

•••

Égouttez le soja, disposez-le dans un plat froid et parsemez le reste de coriandre juste avant de servir.

Purée d'aubergines au cumin

Préparation : 30 min
Cuisson : 40 min

Pour 4 personnes

700 g d'aubergines
2 gousses d'ail
1 cuil. à soupe de tahin
2 citrons
1 cuil. à café de cumin en poudre
1 cuil. à café de persil plat ciselé
5 cl d'huile d'olive
sel

Versez 1 litre d'eau dans la marmite du cuit-vapeur et amenez à ébullition. Piquez plusieurs fois les aubergines avec la pointe d'un petit couteau. Posez-les dans le panier perforé, puis ajustez le couvercle et faites cuire environ 40 minutes.

Sortez les aubergines du four, laissez-les refroidir un peu pour pouvoir les manipuler et coupez-les en deux dans la longueur. Récupérez la pulpe et mettez-la dans une passoire, puis pressez bien avec le dos d'une cuillère pour extraire le maximum d'eau.

Éplucher les gousses d'ail et écrasez-les au pilon. Transférez la pulpe d'aubergine dans un saladier, ajoutez le tahin, le jus des citrons, le cumin et l'ail, puis malaxez longuement l'ensemble à la fourchette jusqu'à obtention d'une purée homogène et onctueuse. Servez dans un plat creux, arrosé d'un filet d'huile d'olive et parsemé de persil.

Purée de carottes aux noisettes

Préparation : 15 min
Cuisson : 15 à 20 min

Épluchez les carottes, lavez-les et coupez-les en rondelles épaisses. Gardez 1 ou 2 cuillerées à soupe de noisettes pour le décor et brisez-

Pour 4 personnes

800 g de carottes

70 g de noisettes

50 g de beurre

sel et poivre du moulin

les grossièrement ; concassez le reste comme du poivre mignonnette.

Versez 50 cl dans la marmite du cuit-vapeur et amenez à ébullition. Étalez les carottes dans le panier perforé. Salez un peu, ajustez le couvercle et faites cuire de 15 à 20 minutes, jusqu'à ce qu'elles soient tendres.

Passez les carottes au moulin à légumes muni d'une grille à gros trous ou écrasez-les au presse-purée de façon que la purée ait une certaine texture. Si elle est trop épaisse, ajoutez un peu d'eau de cuisson.

Incorporez le beurre et remuez bien pour le faire fondre. Ajoutez les noisettes concassées, mélangez à nouveau et servez dans un plat creux bien chaud, parsemé des noisettes mises de côté.

Purée de céleri aux pommes

Préparation : 15 min

Cuisson : 15 à 20 min

Pour 4 à 6 personnes

1 petite boule de céleri (500 g)

200 g de pommes de terre

1 pomme

30 g de beurre

1 cuil. à soupe de cerfeuil ciselé (facultatif) (pour le décor)

sel et poivre du moulin

Versez 1 litre d'eau dans la marmite du cuit-vapeur et amenez à ébullition. Épluchez la boule de céleri et les pommes de terre, lavez-les et coupez-les en cubes. Pelez la pomme, puis coupez-la en quartiers et retirez le cœur ainsi que les pépins. Mettez les légumes et la pomme dans le panier perforé. Salez-les un peu, ajustez le couvercle et faites-les cuire de 15 à 20 minutes, jusqu'à ce qu'ils soient très tendres.

•••

Égouttez le tout et passez-le au moulin à légumes muni d'une grille à gros trous pour que la purée ait une certaine consistance. Si elle est trop épaisse, ajoutez un peu du liquide de cuisson. Mettez-la dans un plat chaud, ajoutez le beurre et remuez bien pour le faire fondre. Salez et poivrez, puis parsemez de cerfeuil et servez.

Purée de patates douces et d'ignames au coco

Préparation : 15 min

Cuisson : 20 à 25 min

Pour 4 à 6 personnes

400 g de patates douces à chair orangée

400 g d'ignames

20 g de beurre

2 pincées de noix de muscade

15 cl de crème ou de lait de noix de coco

1 ou 2 cuil. à soupe de noix de coco râpée (pour le décor)

Versez 75 cl dans la marmite du cuit-vapeur et amenez à ébullition. Épluchez les patates douces et les ignames, lavez-les et coupez-les en morceaux. Étalez les légumes dans le panier perforé. Salez un peu, ajustez le couvercle et faites cuire de 20 à 25 minutes, jusqu'à ce qu'ils soient bien tendres.

Écrasez les légumes au presse-purée ou au moulin équipé d'une grille à gros trous pour que la purée ait une certaine consistance. Si elle est trop épaisse, ajoutez un peu d'eau de cuisson. Incorporez le beurre et remuez pour le faire fondre, puis ajoutez la noix de muscade, le lait de coco et mélangez.

Transférez dans un plat creux bien chaud, parsemez de noix de coco râpée et servez.

Purée de pommes de terre et de fonds d'artichaut

Préparation : 15 min
Cuisson : 20 à 25 min

Pour 4 personnes

400 g de fonds d'artichaut frais ou surgelés

300 g de pommes de terre (type bintje)

de 5 à 10 cl d'huile d'olive

1 cuil. à soupe de pluches de coriandre (pour servir)

sel et poivre du moulin

Versez 1 litre d'eau dans la marmite du cuit-vapeur et amenez à ébullition. Mettez les fonds d'artichaut (dégelés) dans le panier perforé, ajustez le couvercle et faites-les cuire 10 minutes.

Pelez les pommes de terre, puis lavez-les et coupez-les en morceaux. Posez-les à côté des fonds d'artichaut, remettez le couvercle et poursuivez la cuisson pendant 10 à 15 minutes, pour que tous les légumes soient tendres.

Passez l'ensemble au moulin à légumes muni d'une grosse grille, en incorporant juste assez d'huile et de liquide de cuisson pour que la purée soit à la bonne consistance. Goûtez et assaisonnez. Transférez dans un plat chaud, puis versez un filet d'huile d'olive en surface et parsemez de coriandre au dernier moment.

Rémoulade de céleri landaise

Préparation : 25 min
Cuisson : 2 min

Pour 6 personnes

1 petite boule de céleri-rave

1 magret de canard séché

2 gésiers confits

Retirez la peau du magret, dégraissez ce dernier et coupez-le en fines lamelles. Émincez les gésiers. Épluchez largement la boule de céleri et taillez-la en très fins bâtonnets (ou râpez-la grossièrement sur une grille à gros trous).

•••

POUR LA MAYONNAISE :

1 jaune d'œuf

2 cuil. à café de moutarde forte

1 cuil. à soupe de vinaigre de vin

25 cl d'huile de tournesol

sel et poivre du moulin

Versez 1 litre d'eau dans la marmite du cuit-vapeur et amenez à ébullition. Étalez le céleri dans le panier perforé. Saupoudrez-le d'un peu de sel, ajustez le couvercle et faites-le cuire 2 minutes, pour qu'il reste croquant. Passez le panier du cuit-vapeur sous un filet d'eau froide pour refroidir le céleri. Égouttez-le, puis étalez-le sur du papier absorbant pour qu'il finisse de sécher.

Préparez la mayonnaise : mélangez le jaune d'œuf, la moutarde et le vinaigre ; versez l'huile en filet, en fouettant sans cesse, salez et poivrez. Mélangez délicatement le céleri et la mayonnaise, en adaptant la quantité à votre goût. Mettez-le en dôme au centre d'un plat, disposez les lamelles de gésier et de magret autour, et servez.

Riz gluant à la vapeur

Préparation : 10 min

Trempage : 12 h

Cuisson : 30 min

Pour 4 personnes

300 g de riz gluant (ou riz glutineux, dans les épiceries asiatiques)

Versez le riz dans une passoire et rincez-le longuement à l'eau courante. Transférez le riz dans un grand saladier, recouvrez-le largement d'eau froide ou légèrement tiède et laissez-le tremper 12 heures (il va s'attendrir).

Versez 1 litre d'eau dans la marmite du cuit-vapeur et amenez à ébullition. Égouttez à nouveau le riz. Posez un tissu très fin dans le fond du panier perforé, puis étalez le riz dessus. Ajustez le couvercle et faites cuire environ 30 minutes, jusqu'à ce que les grains soient gonflés et tendres. Servez chaud ou réchauffé, toujours à la vapeur.

Salade aux deux pommes

Préparation : 20 min
Trempage : 2 h
Cuisson : 25 à 35 min

Pour 4 à 6 personnes

400 g de pommes de terre à chair ferme

2 petites pommes

3 cuil. à soupe de gros raisins secs

1 cuil. à soupe de jus de citron

1 cuil. à soupe de vinaigre de cidre

3 cuil. à soupe de crème fraîche

3 cuil. à soupe de yaourt

sel et poivre du moulin

Faites tremper les raisins secs pendant 2 heures dans un bol d'eau bouillante, puis égouttez-les et épongez-les avec du papier absorbant.

Versez 1 litre d'eau dans la marmite du cuit-vapeur et amenez à ébullition. Lavez les pommes de terre, mettez-les dans le panier perforé et ajustez le couvercle. Faites cuire de 25 à 35 minutes, selon leur taille. Égouttez-les et laissez-les refroidir.

Épluchez les pommes. Coupez-les en quartiers, retirez-leur le cœur et les pépins, et détaillez-les en lamelles. Arrosez-les aussitôt de jus de citron pour éviter qu'elles ne noircissent. Pelez les pommes de terre et coupez-les en rondelles de 3 ou 4 mm d'épaisseur.

Mélangez le vinaigre, la crème et le yaourt, en fouettant vivement. Salez légèrement et donnez quelques tours de moulin à poivre. Ajoutez les pommes de terre, les lamelles de pomme et les raisins, remuez délicatement et servez à température ambiante.

Salade crémée de pommes de terre

Préparation : 15 min
Cuisson : 20 à 35 min

Pour 4 personnes

700 g de pommes de terre à chair ferme

½ cuil. à café de moutarde semi-forte

Versez 1 litre d'eau dans la marmite du cuit-vapeur et amenez à ébullition. Lavez les pommes de terre. Mettez-les dans le panier perforé, ajustez le couvercle et faites-les cuire de 20 à 35 minutes, selon leur taille.

•••

2 cuil. à soupe de mayonnaise

3 cuil. à soupe de crème fraîche

2 cuil. à soupe de fines herbes ciselées au choix ou mélangées (ciboulette, cerfeuil, estragon)

sel et poivre du moulin

Mélangez la moutarde, la mayonnaise et la crème dans un saladier. Salez légèrement et donnez quelques tours de moulin à poivre.

Une fois les pommes de terre tièdes, pelez-lez et détaillez-les en rondelles épaisses ; si elles sont très grosses, coupez-les d'abord en deux dans la longueur. Mettez-les au fur et à mesure dans le saladier, parsemez les herbes et mélangez délicatement. Servez tiède.

Salade de carottes aux épices

Préparation : 10 min

Cuisson : 10 min

Marinade : 2 h

Pour 4 personnes

500 g de carottes

½ cuil. à café de paprika

½ cuil. à café de cumin moulu

2 cuil. à soupe de persil plat ciselé

1 cuil. à soupe de jus de citron frais

2 cuil. à soupe d'huile d'olive

sel

Épluchez et lavez les carottes. Coupez-les en quatre dans la longueur, puis en bâtonnets de 5 à 6 cm de longueur. Versez 1 litre d'eau dans la marmite du cuit-vapeur et amenez à ébullition. Étalez les carottes dans le panier perforé. Saupoudrez-les légèrement de sel, ajustez le couvercle et faites-les cuire 10 minutes, jusqu'à ce qu'elles soient juste tendres.

Égouttez les carottes et mettez-les à refroidir sur du papier absorbant. Mélangez le paprika, le cumin, le persil, le jus de citron, un peu de sel et l'huile d'olive dans un saladier. Ajoutez les carottes et remuez délicatement, puis laissez mariner 2 heures. Servez chaud ou à température ambiante.

Salade de carottes aux épices

Salade de chou chinois à la coriandre

Préparation : 20 min
Cuisson : 2 min
Pour 4 à 6 personnes

1 petit chou chinois (ou la moitié d'un plus gros)

1 carotte de taille moyenne

sel et poivre du moulin

POUR LA SAUCE :

1 citron vert

½ cuil. à soupe de purée de piments

2 cuil. à soupe d'huile d'arachide

1 cuil. à soupe de nuoc-mâm

2 cuil. à soupe d'eau

½ cuil. à café de sucre en poudre

2 cuil. à soupe de coriandre grossièrement ciselée

Versez 1 litre d'eau dans le panier du cuit-vapeur et amenez à ébullition. Épluchez la carotte, lavez-la et coupez-la en très fins bâtonnets. Mettez ces derniers dans le panier perforé, ajustez le couvercle et faites-les cuire 1 minute, puis mettez-les à refroidir sur du papier absorbant pour bien les sécher.

Supprimez les feuilles extérieures du chou, retirez-lui le cœur dur et les grosses côtes, et émincez-le finement. Posez-le dans le panier perforé à la place de la carotte, remettez le couvercle et faites-le cuire 1 minute également, pour le garder croquant. Étalez-le sur du papier absorbant et laissez-le refroidir.

Mélangez tous les ingrédients de la sauce dans un saladier, en fouettant légèrement à la fourchette. Ajoutez le chou et la carotte, remuez bien et servez aussitôt.

Salade de chou-fleur au poivron

Préparation : 30 min
Cuisson : 20 min
Pour 4 personnes

1 petit chou-fleur

1 gros poivron rouge

Versez 1 litre d'eau dans le panier du cuit-vapeur et amenez à ébullition. Coupez le poivron en deux, retirez-lui les graines et les filaments blancs. Posez-le dans le panier perforé, ajustez le couvercle et faites-le

1 cuil. à soupe d'huile d'olive

1 cuil. à soupe de jus de citron

1 cuil. à soupe de crème liquide

1 pincée de piment de Cayenne

sel

cuire pendant 10 minutes, puis égouttez-le et laissez-le refroidir.

Rincez le chou-fleur et séparez-le en petits bouquets en laissant 2 ou 3 cm de tige. Étalez ces derniers dans le panier perforé à la place du poivron, remettez le couvercle et faites-les cuire 10 minutes, en les gardant un peu fermes. Mettez-les à refroidir sur du papier absorbant, puis disposez-les sur un plat.

Pelez le poivron et mettez-le dans le bol d'un robot avec l'huile d'olive, le jus de citron et un peu de sel. Mixez de façon à obtenir une purée très fine, puis ajoutez la crème, le piment de Cayenne et donnez encore quelques impulsions. Nappez le chou-fleur de coulis de poivron et servez.

Salade de fenouil à la marocaine

Préparation : 15 min

Cuisson : 5 min

Pour 4 personnes

2 petits bulbes de fenouil

2 cuil. à soupe de jus de citron frais

8 cl d'huile d'olive

1 pincée de piment en poudre (ou plus, selon le goût)

2 cuil. à soupe de persil plat finement ciselé

125 g d'olives noires dénoyautées

Versez 1 litre d'eau dans la marmite du cuit-vapeur et amenez à ébullition. Lavez et parez les bulbes de fenouil, en retirant éventuellement les feuilles extérieures si elles sont dures et fibreuses. Coupez largement la base ainsi que les tiges.

Posez les bulbes côte à côte dans le panier perforé. Salez-les légèrement, ajustez le couvercle et faites-les cuire 5 minutes, pour qu'ils restent croquants. À l'issue de la cuisson, égouttez-les bien et laissez-les refroidir, puis détaillez-les en très fines lamelles.

•••

Mélangez le jus de citron et l'huile d'olive dans un saladier, en fouettant vivement pour émulsionner l'ensemble. Ajoutez le piment et le persil, salez et poivrez. Mettez les lamelles de fenouil dans le saladier et remuez pour bien les enrober de marinade. Parsemez les olives juste avant de servir.

Salade de haricots verts et de petits artichauts violets

Préparation : 20 min

Cuisson : 8 à 10 min

Pour 4 personnes

8 ou 12 petits artichauts poivrades

400 g de haricots verts extrafins

½ citron

4 cuil. à soupe d'huile d'olive

1 cuil. à soupe de vinaigre balsamique

petites olives noires ou copeaux de parmesan (pour servir)

sel et poivre du moulin

Coupez la tige et l'extrémité des feuilles des artichauts. Parez-les en supprimant largement les feuilles dures du pourtour, puis recoupez-les en quartiers. S'ils ne sont pas très petits, éliminez le foin et frottez-les au fur et à mesure avec le citron pour éviter qu'ils ne noircissent. Équeutez les haricots et coupez-les en deux ou trois morceaux.

Versez 50 cl d'eau dans la marmite du cuit-vapeur et amenez à ébullition. Mettez les haricots verts et les artichauts ensemble dans le panier perforé. Saupoudrez-les d'un peu de sel, ajustez le couvercle et faites-les cuire de 8 à 10 minutes, pour qu'ils restent légèrement croquants. Égouttez-les et laissez-les tiédir.

Fouettez vivement l'huile et le vinaigre dans un saladier pour émulsionner l'ensemble. Salez, poivrez, ajoutez les légumes et mélangez bien. Ajoutez éventuellement quelques olives noires ou des copeaux de parmesan, et servez à température ambiante.

Salade de patates douces à la créole

Préparation : 15 min
Cuisson : 10 à 15 min
Pour 4 personnes

600 g de patates douces
3 petits oignons nouveaux
le jus d'un citron vert
2 cuil. à soupe de jus d'orange
3 cuil. à soupe d'huile de maïs ou de tournesol
sel et poivre du moulin

Versez 1 litre d'eau dans la marmite du cuit-vapeur et amenez à ébullition. Pelez les patates douces et coupez-les en cubes, puis étalez ces derniers dans le panier perforé. Salez-les légèrement, ajustez le couvercle et faites-les cuire de 10 à 15 minutes, jusqu'à ce qu'ils soient tendres sans s'écraser.

Mettez les cubes de patate douce à tiédir sur du papier absorbant pour bien les égoutter. Pelez et hachez les oignons nouveaux.

Versez le jus de citron dans un saladier et faites fondre dedans un peu de sel. Ajoutez le jus d'orange et l'huile, en fouettant vivement pour émulsionner l'ensemble. Ajoutez alors les oignons et les cubes de patate douce, donnez quelques tours de moulin à poivre et remuez bien. Servez tiède ou laissez refroidir.

Salade de poivrons à l'ail et au cumin

Préparation : 15 min
Cuisson : 10 min
Marinade : 1 h
Pour 4 personnes

1 poivron rouge
1 poivron vert
1 poivron jaune
2 petites gousses d'ail

Pelez et émincez les gousses d'ail en fines lamelles. Coupez les poivrons en deux, puis retirez-leur le pédoncule et les graines.

Versez 1 litre d'eau dans la marmite du cuit-vapeur et amenez à ébullition. Posez les demi-poivrons dans le panier perforé, ajustez le couvercle et faites-les cuire 10 minutes.

•••

1 cuil. à soupe de jus de citron frais

1 cuil. à café de cumin moulu

3 cuil. à soupe d'huile d'olive

sel

Égouttez-les, attendez quelques instants pour pouvoir les manipuler et pelez-les. Laissez-les refroidir complètement avant de couper la chair en fines lanières.

Mélangez le jus de citron, un peu de sel, le cumin et l'huile d'olive dans un petit saladier, en fouettant vivement avec une fourchette. Ajoutez les lanières de poivron ainsi que l'ail. Remuez délicatement et laissez mariner 1 heure au réfrigérateur avant de servir.

Salade indonésienne aux cacahuètes (*gado-gado*)

Préparation : 30 min

Cuisson : environ 30 min

Pour 4 personnes

150 g de haricots plats ou de haricots verts

150 g de carottes

150 g de chou chinois

1 petit concombre

150 g de germes de soja

4 petits bouquets de chou-fleur

4 œufs

oignons frits (pour servir)

POUR LA SAUCE :

100 g de cacahuètes décortiquées

5 cl d'huile de tournesol

12,5 cl de bouillon de volaille

Faites dorer les cacahuètes à sec, puis broyez-les au mixer pour les réduire en grosse poudre. Mélangez tous les ingrédients de la sauce dans une casserole, à l'exception du lait de noix coco, et amenez à ébullition. Réduisez aussitôt la température et laissez mijoter quelques minutes pour que la sauce épaississe légèrement. Ajoutez le lait de coco en fin de cuisson et gardez au chaud.

Versez 1 litre d'eau dans la marmite du cuit-vapeur et amenez à ébullition. Posez les œufs dans le panier perforé, ajustez le couvercle et faites-les cuire 10 minutes pour les durcir. Refroidissez-les sous un filet d'eau froide, puis écalez-les et coupez-les en quartiers.

Épluchez les légumes qui doivent l'être et lavez-les. Émincez très finement le chou chinois. Taillez les carottes et le concombre en fins bâtonnets. Coupez les haricots en

1 cuil. à soupe de sauce soja

1 cuil. à soupe de jus de citron frais

½ cuil. à café de purée de piments

2 cuil. à café de sucre

1 gousse d'ail pelée et écrasée

10 cl de lait de noix coco

tronçons. Faites cuire les légumes séparément : étalez-les les uns après les autres dans le panier perforé, ajustez le couvercle et faites cuire chacun d'eux 3 minutes. Égouttez-les au fur et à mesure et laissez-les refroidir.

Disposez les légumes dans un grand plat creux et parsemez-les d'oignons frits. Servez la salade à température ambiante, en laissant chacun se servir de sauce chaude.

Salade japonaise de légumes, sauce au sésame

Préparation : 20 min

Cuisson : 5 min

Pour 4 à 6 personnes

6 pointes d'asperge

125 g de chou-fleur

4 radis roses

1 petit poivron rouge

1 courgette de taille moyenne

POUR LA SAUCE :

4 cuil. à soupe de graines de sésame

1 cuil. à soupe de sucre

1 cuil. à café de sel

2 cuil. à café de sauce soja

2 cuil. à soupe de vinaigre de riz

3 cuil. à soupe de bouillon de volaille (ou de bouillon de légumes)

Réunissez tous les ingrédients de la sauce dans le bol d'un robot, à l'exception du tofu, et broyez pour homogénéiser l'ensemble. Coupez le tofu en cubes, jetez-le dans le bol et mixez à nouveau jusqu'à obtention d'une crème lisse. Versez-la dans un grand bol et réservez-la au réfrigérateur jusqu'au moment de servir.

Rincez tous les légumes. Taillez les pointes d'asperge en biais, séparez le chou-fleur en petits bouquets, coupez les radis en fines rondelles et détaillez le poivron ainsi que la courgette en fins bâtonnets.

Versez 50 cl d'eau dans la marmite du cuit-vapeur et amenez à ébullition. Mettez le poivron et le chou-fleur dans le panier perforé, ajustez le couvercle et faites cuire 3 minutes. Ajoutez la courgette et les asperges, couvrez et faites cuire 2 minutes.

•••

1 cuil. à soupe de vin blanc

300 g de tofu soyeux (dans les épiceries asiatiques)

Plongez les légumes dans un grand saladier d'eau glacée dès la fin de la cuisson. Égouttez-les et mettez-les à sécher sur du papier absorbant, puis répartissez-les dans les assiettes en ménageant un creux au milieu, dans lequel vous verserez la sauce au sésame.

Tagliatelles de courgettes à la carbonara

Préparation : 20 min

Cuisson : 3 ou 4 min

Pour 4 personnes

400 g de courgettes de taille moyenne

200 g de poitrine demi-sel (ou de pancetta)

15 cl de crème fraîche

1 œuf

sel et poivre du moulin

Rincez les courgettes, supprimez leurs extrémités et coupez-les en tranches fines dans la longueur, avec un long couteau ou un rasoir à légumes. Recoupez ces tranches en bandes plus étroites, comme de larges tagliatelles.

Retirez la couenne et les cartilages de la poitrine demi-sel et taillez-la en petits lardons. Faites-les revenir à sec dans une petite casserole antiadhésive, jusqu'à ce qu'ils commencent à dorer. Ajoutez la crème et amenez doucement à la limite de l'ébullition.

Versez 1 litre d'eau dans la marmite du cuit-vapeur et amenez à ébullition. Disposez les tagliatelles de courgette dans le panier perforé et saupoudrez-les d'un peu de sel. Ajustez le couvercle et faites-les cuire 3 ou 4 minutes, juste pour les assouplir.

Battez les œufs en omelette dans un saladier. À la fin de la cuisson des courgettes, ajoutez la crème chaude et les lardons dans le saladier, en fouettant vivement. Égouttez bien les courgettes, versez-les aussitôt dans le saladier et mélangez très délicatement. Servez sans attendre.

Terrines d'épinards à la noix de coco

Préparation : 20 min
Cuisson : 35 à 45 min

Pour 4 personnes

1 kg d'épinards

3 œufs

10 cl de lait de noix de coco

10 cl de crème liquide

30 g de beurre

sel et poivre du moulin

Versez 1 litre d'eau dans la marmite du cuit-vapeur et amenez à ébullition. Triez les épinards, retirez les grosses nervures et déchiquetez les plus grandes feuilles. Lavez-les à plusieurs eaux, puis égouttez-les et mettez-les dans le panier perforé. Salez un peu, ajustez le couvercle et faites cuire 5 minutes. Procédez en plusieurs fois si le volume est important.

Transférez les épinards dans une passoire au fur et à mesure de leur cuisson et pressez-les fortement pour en extraire toute l'eau ou épongez-les avec du papier absorbant. Hachez-les ensuite finement à l'aide d'un couteau et ajoutez 20 g de beurre. Battez les œufs en omelette, puis versez progressivement le lait de noix coco et la crème, en continuant à fouetter. Quand l'ensemble est bien homogène, ajoutez les épinards, salez, poivrez et mélangez bien.

Beurrez quatre ramequins et répartissez-y la préparation. Couvrez de papier cuisson, ajustez le couvercle et faites cuire de 30 à 40 minutes, jusqu'à ce que la pointe d'un petit couteau piquée dedans ressorte sèche. Servez chaud.

Biscuit chocolat-noisettes

Préparation : 15 min

Cuisson : 45 à 50 min

Pour 6 personnes

4 œufs

100 g de sucre en poudre extrafin

45 g de beurre fondu

100 g de farine de riz

30 g de cacao en poudre

30 g de noisettes en poudre

½ sachet de levure chimique

1 pincée de sel

Beurrez un moule rond à bord haut, de taille adaptée au cuit-vapeur. Versez 1 litre d'eau dans la marmite de ce dernier et amenez à ébullition.

Cassez les œufs en séparant les blancs des jaunes. Fouettez les jaunes 2 à 3 minutes avec le sucre en poudre jusqu'à ce que le mélange blanchisse et soit mousseux. Incorporez ensuite successivement le beurre fondu, puis la farine, le cacao, la levure et la poudre de noisettes, en fouettant jusqu'à obtention d'une pâte onctueuse et mousseuse.

Battez les blancs en neige ferme avec la pincée de sel, puis incorporez-les délicatement au mélange précédent. Versez la préparation dans le moule, posez celui-ci dans le panier perforé et recouvrez-le de papier cuisson. Ajustez le couvercle et faites cuire de 45 à 50 minutes, jusqu'à ce que la surface soit ferme. Laissez tiédir avant de démouler.

Biscuits au pandanus

Préparation : 15 min

Cuisson : 15 à 20 min

Pour 6 personnes

3 œufs

145 g de sucre en poudre extrafin

1 pincée de sel

155 g de farine

½ paquet de levure chimique

12,5 cl de lait de noix de coco

1 cuil. à café d'extrait de pandanus (dans les épiceries asiatiques)

huile pour les moules

Cassez les œufs dans un saladier et battez-les avec le sucre et le sel jusqu'à ce que l'ensemble blanchisse et soit mousseux. Incorporez petit à petit la farine et la levure, puis ajoutez le lait de noix de coco et l'extrait de pandanus. Mélangez jusqu'à obtention d'une pâte parfaitement homogène.

Versez 1 litre d'eau dans la marmite du cuit-vapeur et amenez à ébullition. Versez la pâte dans des moules légèrement huilés, en les remplissant aux trois quarts, et placez-les côte à côte dans le panier perforé. Recouvrez-les de papier cuisson, ajustez le couvercle et faites cuire de 15 à 20 minutes, jusqu'à ce que la consistance soit souple et élastique.

Laissez reposer quelques instants à la sortie du cuit-vapeur, puis démoulez et mettez à refroidir sur une grille.

Bodding bruxellois

Préparation : 15 min

Trempage : 1 h

Cuisson : 1 h

Pour 8 personnes

400 g de pain brioché rassis

100 g de pain d'épice

150 g de raisins secs

le zeste d'une orange finement râpé

2 ou 3 cuil. à soupe de rhum brun

Retirez la croûte du pain brioché et celle du pain d'épice, puis émiettez ces deux derniers dans un saladier. Mettez les raisins et le zeste d'orange dans un bol, ajoutez le rhum et recouvrez complètement d'eau bouillante. Laissez-les tremper pendant 1 heure, puis égouttez-les et versez le liquide de trempage sur la mie des pains.

Battez les œufs avec 15 cl de lait, le sel, le sucre, la cassonade et la cannelle. Pressez fortement la mie entre les mains pour sup-

3 œufs

de 15 à 25 cl de lait

1 pincée de sel

3 cuil. à soupe de sucre en poudre

3 cuil. à soupe de cassonade

1 cuil. à café de cannelle moulue

beurre pour le moule

primer le maximum de liquide, puis ajoutez la préparation précédente et mélangez avec une spatule en bois jusqu'à ce que l'ensemble soit homogène. Ajoutez éventuellement un peu de lait ainsi que les raisins, et remuez à nouveau.

Versez 1 litre d'eau dans la marmite du cuit-vapeur et amenez à ébullition. Beurrez largement un moule à charlotte ou à manqué de taille adaptée au cuit-vapeur. Versez-y la préparation, recouvrez de papier cuisson et placez le moule dans le panier perforé. Ajustez le couvercle et faites cuire 1 heure, jusqu'à ce que la surface soit ferme sous la pression. Laissez tiédir avant de démouler, et servez avec une sauce au chocolat.

Cake-pudding au café

Préparation : 20 min

Cuisson : 50 min à 1 h

Pour 6 à 8 personnes

5 œufs

40 cl de crème liquide

70 g de sucre

1 cuil. à soupe d'extrait de café

20 biscuits à la cuiller

25 cl de café très fort

beurre (pour le moule)

Battez les œufs en omelette avec la crème, le sucre et l'extrait de café. Beurrez largement un moule à cake ou préparez un moule en silicone.

Trempez rapidement les biscuits dans le café, les uns après les autres, pour les imprégner sans les ramollir. Étalez une couche de biscuits dans le fond du moule, versez le tiers de la crème au café par-dessus et laissez les biscuits s'en imprégner, pour éviter qu'ils ne remontent à la surface. Renouvelez deux fois l'opération.

Versez 1 litre d'eau dans la marmite du cuit-vapeur et amenez à ébullition.

•••

Posez le moule dans le panier perforé et recouvrez-le de papier cuisson. Ajustez le couvercle, puis faites cuire de 50 minutes à 1 heure, jusqu'à ce que la surface soit ferme.

Laissez tiédir avant de démouler et de mettre au réfrigérateur. Coupez en tranches et accompagnez d'une crème anglaise ou d'une sauce au chocolat.

Cheese-cake au citron

Préparation : 20 min
Cuisson : 50 min à 1 h
Réfrigération : 4 h

Pour 6 à 8 personnes

4 jaunes d'œuf

80 g de sucre en poudre extrafin

30 g de Maïzena

1 pincée de sel

350 g de fromage blanc battu

le zeste finement râpé d'un citron non traité

le jus d'un citron

3 blancs d'œuf

quelques gouttes de jus de citron

sucre glace (pour servir)

beurre (pour le moule)

Fouettez les jaunes d'œuf 2 à 3 minutes avec le sucre en poudre, jusqu'à ce que le mélange blanchisse et soit mousseux. Incorporez ensuite progressivement la Maïzena, le sel et le fromage blanc, en fouettant vivement de façon à obtenir une préparation bien lisse. Ajoutez le zeste et le jus de citron, et mélangez.

Versez 1 litre d'eau dans le panier du cuit-vapeur et amenez à ébullition. Beurrez un moule rond à bord haut, de taille adaptée au cuit-vapeur.

Battez les blancs en neige ferme avec 2 ou 3 gouttes de jus de citron, puis incorporez-les délicatement au mélange précédent. Versez la préparation dans le moule, posez celui-ci dans le panier perforé et recouvrez-le de papier cuisson. Ajustez le couvercle et faites cuire 50 minutes à 1 heure, jusqu'à ce que la surface soit ferme.

Laissez tiédir le cheese-cake avant de le démouler et de le réserver au réfrigérateur pendant quelques heures. Saupoudrez de sucre glace au moment de servir.

Cheese-cakes aux framboises

Préparation : 40 min
Cuisson : 30 à 35 min
Réfrigération : 4 h

Pour 6 personnes

300 g de framboises
4 jaunes d'œuf
100 g de sucre en poudre
30 g de Maïzena
400 g de fromage blanc battu
2 blancs d'œuf
2 ou 3 gouttes de jus de citron
beurre (pour les moules)

Écrasez la moitié des framboises à la fourchette ; réservez le reste. Mélangez les jaunes d'œuf, le sucre et la Maïzena dans un grand bol, puis ajoutez progressivement le fromage blanc et la purée de framboises, en fouettant vivement jusqu'à ce que l'ensemble soit parfaitement homogène. Ajoutez les framboises entières, en remuant délicatement.

Battez les blancs en neige ferme avec le jus de citron, puis incorporez-les délicatement au mélange précédent.

Versez 1 litre d'eau dans la marmite du cuit-vapeur et amenez à ébullition. Beurrez six moules individuels. Répartissez-y la préparation, posez-les dans le panier perforé et recouvrez-les de papier cuisson. Ajustez le couvercle et faites cuire de 30 à 35 minutes, jusqu'à ce que la surface soit ferme.

Laissez tiédir les cheese-cakes, puis démoulez-les et mettez-les au réfrigérateur pendant quelques heures. Dégustez bien frais.

Clafoutis à l'ananas et au rhum

Préparation : 40 min
Cuisson : 30 à 35 min

Pour 6 personnes

1 petit ananas frais
4 œufs
120 g de sucre en poudre blond
80 g de Maïzena

Battez les œufs en omelette avec le sucre. En fouettant vivement, incorporez successivement la Maïzena, la crème et le rhum jusqu'à obtention d'une pâte homogène et lisse.

Épluchez soigneusement l'ananas. Coupez-le en quartiers et retirez la partie dure du cœur, puis taillez la chair en dés.

•••

Cheese-cakes aux framboises

40 cl de crème liquide

2 cuil. à café de rhum

2 cuil. à soupe de noix de coco râpée

beurre et sucre (pour les moules)

Beurrez largement six ramequins, saupoudrez-les de sucre. Répartissez les dés d'ananas dans le fond, puis versez la pâte par-dessus.

Versez 1 litre d'eau dans la marmite du cuit-vapeur et amenez à ébullition. Posez les ramequins côte à côte dans le panier perforé, recouvrez-les de papier cuisson et ajustez le couvercle. Faites cuire de 30 à 35 minutes, jusqu'à ce que la surface soit ferme.

Sortez les ramequins du cuit-vapeur et laissez-les tiédir avant de servir. Au dernier moment, parsemez la surface de noix de coco râpée.

Clafoutis aux griottes et aux amandes

Préparation : 20 min

Cuisson : 30 à 35 min

Pour 6 personnes

3 œufs + 3 jaunes

100 g de sucre en poudre

80 g de Maïzena

100 g d'amandes en poudre

30 cl de crème liquide

80 g de beurre fondu

500 g de griottes

beurre et sucre cristallisé (pour les moules)

Battez les œufs entiers avec les jaunes et le sucre en poudre. Mélangez la Maïzena et la poudre d'amandes dans un grand bol. Creusez le centre, puis incorporez progressivement les œufs et la crème en fouettant vivement. Incorporez le beurre, en fouettant toujours jusqu'à ce que le mélange soit homogène.

Rincez et essuyez soigneusement les cerises. Dénoyautez-les uniquement si vous désirez faciliter la dégustation. Beurrez largement six ramequins et saupoudrez-les de sucre. Répartissez les cerises dans le fond et recouvrez-les de pâte.

Versez 1 litre d'eau dans la marmite du cuit-vapeur et amenez à ébullition.

•••

Posez les ramequins dans le panier perforé. Recouvrez-les de papier cuisson, ajustez le couvercle et faites cuire de 30 à 35 minutes, jusqu'à ce que la surface soit ferme.

Sortez les clafoutis du cuit-vapeur et laissez-les tiédir avant de les servir. Au dernier moment, vous pouvez les colorer en saupoudrant la surface d'un peu de sucre cristallisé que vous ferez caraméliser quelques secondes au chalumeau, comme pour une crème brûlée.

Clafoutis aux mirabelles et aux pignons

Préparation : 20 min

Cuisson : 50 min

Pour 6 personnes

80 g de farine

100 g de sucre en poudre extrafin

4 œufs

30 cl de crème liquide

50 g de pignons

500 g de mirabelles

beurre et sucre (pour le moule)

Mélangez la farine et le sucre dans un saladier. Creusez le centre et ajoutez progressivement les œufs battus, puis la crème, sans cesser de fouetter.

Faites très légèrement dorer les pignons à sec dans une poêle antiadhésive. Rincez et essuyez les mirabelles, puis dénoyautez-les en essayant de les laisser entières. Beurrez largement un moule rond ou rectangulaire de taille adaptée au cuit-vapeur. Saupoudrez-le de sucre et répartissez les mirabelles et les pignons dans le fond, puis versez la pâte.

Versez 1 litre d'eau dans la marmite du cuit-vapeur et amenez à ébullition. Posez le moule dans le panier perforé. Couvrez-le de papier cuisson, ajustez le couvercle et faites cuire 50 minutes ; la surface doit être ferme.

Sortez le clafoutis du cuit-vapeur et laissez-le tiédir quelques instants avant de servir.

Au dernier moment, vous pouvez le colorer en saupoudrant la surface d'un peu de sucre cristallisé que vous ferez caraméliser quelques secondes au chalumeau, comme pour une crème brûlée.

Clafoutis de bananes aux raisins secs

Préparation : 20 min
Trempage : 1 h
Cuisson : 50 min

Pour 4 à 6 personnes

100 g de gros raisins secs blonds

2 œufs

50 g de farine

50 g de Maïzena

15 cl de crème liquide

15 cl de lait de noix de coco

4 bananes

beurre et sucre en poudre (pour le moule)

noix de coco râpée pour servir

Faites tremper les raisins secs 1 heure dans un bol d'eau bouillante, puis égouttez-les sur du papier absorbant.

Battez les œufs en omelette avec la farine et la Maïzena. Quand le mélange est bien lisse, incorporez progressivement la crème et le lait de noix de coco.

Beurrez largement un moule rond ou rectangulaire de taille adaptée au cuit-vapeur, puis saupoudrez-le de sucre. Pelez les bananes, coupez-les en rondelles et répartissez-les dans le fond. Parsemez les raisins et versez la pâte.

Versez 1 litre d'eau dans la marmite du cuit-vapeur et amenez à ébullition. Posez le moule dans le panier perforé. Couvrez-le de papier cuisson, ajustez le couvercle et faites cuire environ 50 minutes, jusqu'à ce que la surface soit ferme.

Sortez le clafoutis du cuit-vapeur et laissez-le tiédir quelques instants. Saupoudrez la noix de coco râpée en surface avant de servir, tiède ou froid.

Clafoutis pommes-framboises

Préparation : 20 min

Cuisson : 50 min

Pour 6 personnes

4 œufs

60 g de sucre en poudre

60 g de farine

40 cl de crème liquide

3 grosses pommes (de type golden ou reinette)

200 g de framboises

beurre et sucre en poudre (pour le moule)

Battez les œufs en omelette. Mélangez le sucre et la farine dans un grand bol. Versez progressivement les œufs et la crème, en fouettant vivement jusqu'à obtention d'une pâte fluide et homogène.

Beurrez largement un moule rond ou rectangulaire de taille adaptée au cuit-vapeur et saupoudrez-le de sucre. Pelez les pommes, coupez-les en deux en retirant le cœur et les pépins, puis taillez-les en lamelles épaisses. Rangez-les dans le plat en répartissant les framboises au fur et à mesure et recouvrez les fruits de pâte.

Versez 1 litre d'eau dans la marmite du cuit-vapeur et amenez à ébullition. Posez le moule dans le panier perforé. Couvrez-le de papier cuisson, ajustez le couvercle et faites cuire environ 50 minutes, jusqu'à ce que la surface soit ferme.

Sortez le clafoutis du cuit-vapeur et laissez-le tiédir quelques minutes avant de servir. Au dernier moment, vous pouvez le colorer en saupoudrant la surface d'un peu de sucre cristallisé que vous ferez caraméliser quelques secondes au chalumeau, comme pour une crème brûlée.

Couscous sucré aux amandes et aux raisins

Préparation : 1 h
Trempage : 1 h
Cuisson : 1 h

Pour 6 personnes

- 50 g de raisins secs
- 250 g de semoule fine
- 1 cuil. à soupe d'huile d'arachide
- 1,5 cuil. à soupe d'eau de fleur d'oranger
- 75 g de beurre fondu
- 25 g de sucre en poudre
- 50 g d'amandes effilées
- 1 cuil. à café de cannelle
- sucre glace (pour servir)

Recouvrez les raisins d'eau bouillante. Laissez-les tremper 1 heure, puis égouttez-les.

Versez 1 litre d'eau dans la marmite du cuit-vapeur et amenez à ébullition. Mettez la semoule dans un grand plat creux, arrosez-la de l'huile et remuez longuement pour bien en enrober tous les grains.

Étalez-la dans le panier perforé, en recouvrant le fond d'une mousseline si les trous sont trop gros. Placez le panier au-dessus de la marmite, couvrez hermétiquement et faites cuire 20 minutes. Reversez la semoule dans le plat creux et remuez avec une spatule pour la rendre moins compacte, puis aérez les grains et séparez-les à l'aide d'une fourchette. Arrosez avec le tiers de l'eau de fleur d'oranger et du beurre fondu, saupoudrez du tiers du sucre et laissez reposer une dizaine de minutes. Remuez à nouveau et renouvelez deux fois ces opérations : la semoule doit cuire trois fois.

Faites légèrement dorer les amandes à sec. Mélangez la moitié des amandes, des raisins et de la cannelle à la semoule. Disposez-la en dôme sur un plat rond, puis décorez-la de sucre glace et du reste des amandes et de la cannelle.

Crèmes à la carotte et à l'orange

Préparation : 20 min
Cuisson : 20 à 25 min
Pour 4 personnes

1 kg de carottes (ou 30 cl de jus de carotte frais)

15 cl de jus d'orange

2 œufs + 2 jaunes

4 cuil. à soupe de sucre en poudre

15 cl de crème liquide

Pelez les carottes et rincez-les, puis passez-les à la centrifugeuse et récupérez le jus. Gardez-en 30 cl et mélangez-le au jus d'orange.

Fouettez les œufs avec le sucre en poudre jusqu'à ce que le mélange blanchisse. Ajoutez la crème et le jus de carotte à l'orange en fouettant vivement, puis passez le mélange au chinois et répartissez-le dans quatre moules individuels.

Versez 1 litre d'eau dans la marmite du cuit-vapeur et amenez à ébullition. Posez les petits moules dans le panier perforé. Couvrez-les de papier sulfurisé, ajustez le couvercle et faites cuire de 20 à 25 minutes, jusqu'à ce que les crèmes soient prises. Sortez-les du cuit-vapeur, laissez-les refroidir et mettez-les au réfrigérateur. Servez très frais.

Crèmes à l'amande et aux abricots

Préparation : 15 min
Cuisson : 15 min
Pour 6 personnes

6 gros oreillons d'abricot au sirop léger

2 œufs

50 g de sucre en poudre extrafin

100 g de mascarpone

Égouttez bien les abricots sur du papier absorbant, puis coupez-les en petits cubes.

Cassez les œufs dans un bol et fouettez-les avec le sucre jusqu'à ce que le mélange blanchisse. Sans cesser de fouetter, ajoutez successivement et petit à petit le mascarpone, la crème, la poudre d'amandes et l'extrait d'amande amère. Mélangez jusqu'à ce

15 cl de crème liquide

125 g de poudre d'amandes

2 ou 3 gouttes d'extrait d'amande amère

que l'ensemble soit bien homogène, ajoutez les cubes d'abricot et répartissez la préparation dans quatre ramequins.

Versez 1 litre d'eau dans la marmite du cuit-vapeur et amenez à ébullition. Posez les ramequins dans le panier perforé. Couvrez-les de papier sulfurisé, ajustez le couvercle et faites cuire environ 15 minutes, jusqu'à ce que les crèmes soient prises. Sortez-les du cuit-vapeur, laissez-les refroidir et mettez-les au réfrigérateur.

Crèmes à la pistache

Préparation : 15 min

Repos : 1 h

Cuisson : 20 à 25 min

Pour 6 personnes

6 jaunes d'œuf

80 g de sucre en poudre

80 g de pâte de pistaches colorée

25 cl de lait

35 cl de crème liquide

beurre (pour les moules)

Fouettez les jaunes d'œuf avec le sucre jusqu'à ce qu'ils blanchissent. Ajoutez la pâte de pistaches et remuez vivement avec une spatule en bois pour obtenir un mélange homogène. Versez peu à peu le lait et la crème, en remuant doucement.

Versez 1 litre d'eau dans la marmite du cuit-vapeur et amenez à ébullition. Beurrez quatre ramequins et répartissez-y la préparation, sans les remplir complètement. Posez les ramequins côte à côte dans le panier perforé. Couvrez-les de papier sulfurisé, ajustez le couvercle et faites-les cuire de 20 à 25 minutes, jusqu'à ce que la surface soit juste ferme. Laissez tiédir un peu avant de servir.

Crèmes au café

Préparation : 20 min
Cuisson : 20 à 25 min

Pour 4 personnes

50 cl de lait

6 jaunes d'œuf

50 g de sucre en poudre

1 cuil. à café de Maïzena

1,5 cuil. à soupe d'extrait de café

Faites chauffer le lait dans une casserole et retirez du feu aux premiers frémissements. Fouettez les jaunes d'œuf avec le sucre et la Maïzena. Incorporez lentement le lait très chaud, sans cesser de remuer, jusqu'à obtention d'une crème bien lisse. Ajoutez l'extrait de café et mélangez à nouveau.

Versez 1 litre d'eau dans la marmite du cuit-vapeur et amenez à ébullition. Répartissez la crème dans des petits pots ou des moules, sans trop les remplir, puis posez-les côte à côte dans le panier perforé. Couvrez-les de papier cuisson, ajustez le couvercle et faites cuire de 20 à 25 minutes, jusqu'à ce que la surface soit juste ferme. Sortez les crèmes du cuit-vapeur et laissez-les refroidir avant de les mettre au réfrigérateur. Servez bien froid.

Crèmes au caramel et au pain d'épice

Préparation : 20 min
Repos : 15 min
Cuisson : 20 à 25 min

Pour 4 personnes

100 g de pain d'épice rassis

25 cl de lait

35 cl de crème liquide

1 œuf entier + 4 jaunes

Broyez le pain d'épice en chapelure fine à l'aide d'un robot. Versez le lait et la crème dans une casserole et amenez à ébullition, puis retirez du feu. Fouettez l'œuf et les jaunes avec le sucre jusqu'à ce que le mélange blanchisse. Sans cesser de remuer, versez doucement le lait et la crème bouillants, puis ajoutez le pain d'épice. Mélangez bien, couvrez et laissez reposer 15 minutes.

Crèmes au caramel et au pain d'épice

2 cuil. à soupe de sucre en poudre fin

3 cuil. à soupe de caramel liquide

Versez 1 litre d'eau dans la marmite du cuit-vapeur et amenez à ébullition. Remuez à nouveau la préparation, répartissez-la dans quatre ramequins et posez ces derniers dans le panier perforé. Couvrez-les de papier sulfurisé, ajustez le couvercle et faites cuire de 20 à 25 minutes, jusqu'à ce que la préparation soit juste prise. Laissez refroidir, puis mettez au réfrigérateur.

Crèmes au citron, au miel et aux pignons

Préparation : 20 min

Cuisson : 20 à 25 min

Pour 6 personnes

50 g de pignons

3 citrons non traités

100 g de sucre en poudre extrafin

2 œufs + 4 jaunes

10 cl de crème liquide

2 cuil. à soupe de miel

Faites légèrement dorer les pignons à sec. Lavez et essuyez les citrons, puis prélevez finement leur zeste en frottant toute l'écorce sur une râpe fine. Pressez-les pour recueillir le jus. Chauffez doucement le sucre avec 25 cl d'eau, en remuant jusqu'à ce qu'il soit complètement fondu. Ajoutez les zestes de citron et faites cuire 2 minutes, puis retirez du feu.

Battez les œufs en omelette avec les jaunes. Sans cesser de fouetter, ajoutez progressivement la crème, puis le miel et le jus de citron.

Versez 1 litre d'eau dans la marmite du cuit-vapeur et amenez à ébullition. Répartissez la préparation dans six moules, posez-les dans le panier perforé et répartissez les pignons à la surface des crèmes. Couvrez de papier cuisson, ajustez le couvercle et faites cuire de 20 à 25 minutes, jusqu'à ce que les crèmes soient juste prises. Laissez-les refroidir et mettez-les au réfrigérateur. Servez très frais.

Crèmes au coco

Préparation : 20 min
Cuisson : 20 à 25 min

Pour 4 personnes

10 cl de lait concentré non sucré

30 cl de lait de noix de coco

1 gousse de vanille

1 œuf + 3 jaunes

2 cuil. à soupe de sucre en poudre

2 cuil. à soupe de noix de coco râpée

Faites chauffer le lait et le lait de coco dans une casserole avec la gousse de vanille fendue en deux dans la longueur. Retirez du feu aux premiers frémissements. Récupérez les graines de vanille en grattant l'intérieur de la gousse au-dessus de la casserole avec un petit couteau ; jetez l'écorce.

Fouettez vivement l'œuf entier et les jaunes avec le sucre, jusqu'à ce que le mélange blanchisse. Sans cesser de remuer, incorporez doucement le contenu de la casserole. Laissez reposer 5 minutes, puis retirez délicatement la mousse en surface.

Versez 1 litre d'eau dans la marmite du cuit-vapeur et amenez à ébullition. Répartissez la crème dans des moules individuels et posez ces derniers côte à côte dans le panier perforé. Couvrez-les de papier sulfurisé, ajustez le couvercle et faites cuire de 20 à 25 minutes, jusqu'à ce que la surface soit juste ferme.

Faites très légèrement blondir la noix de coco râpée, à sec, dans une poêle antiadhésive. Sortez les crèmes du cuit-vapeur, parsemez-les de noix de coco râpée et laissez refroidir. Mettez au réfrigérateur jusqu'au moment de servir.

Crèmes aux fruits de la Passion

Préparation : 20 min
Cuisson : 25 min
Pour 4 personnes

8 fruits de la Passion bien mûrs

5 jaunes d'œuf

4 cuil. à soupe de sucre en poudre

15 cl de crème liquide

20 cl de jus de mangue

Coupez les fruits de la Passion en deux. Récupérez la pulpe à la petite cuillère, mettez-la dans une passoire fine au-dessus d'un bol et pressez fortement pour récupérer le jus.

Fouettez les jaunes d'œuf avec le sucre jusqu'à ce qu'ils blanchissent. Incorporez doucement la crème, le jus des fruits de la Passion et le jus de mangue, puis filtrez le mélange à l'aide d'une passoire.

Versez 1 litre d'eau dans la marmite du cuit-vapeur et amenez à ébullition. Répartissez la préparation dans quatre ramequins et placez ces derniers côte à côte dans le panier perforé. Couvrez-les de papier cuisson, ajustez le couvercle et faites cuire environ 20 minutes, jusqu'à ce que la surface soit juste ferme. Sortez les ramequins du cuit-vapeur, laissez-les refroidir et réservez-les au réfrigérateur.

Crèmes brûlées à la réglisse

Préparation : 20 min
Cuisson : 30 min
Réfrigération : 2 h
Pour 6 personnes

5 rouleaux de réglisse

30 cl de lait

15 cl de crème liquide

5 jaunes d'œuf

3 cuil. à soupe de sucre en poudre

4 cuil. à soupe de sucre cristallisé

Déroulez les rouleaux de réglisse, coupez-les en morceaux et faites-les fondre à feu doux avec 10 cl d'eau. Versez le liquide obtenu dans le bol d'un blender avec le lait et mixez jusqu'à ce que le mélange soit lisse et onctueux. Transférez-le dans une casserole avec la crème et chauffez doucement, puis retirez du feu aux premiers frémissements.

Fouettez les jaunes d'œuf avec le sucre en poudre jusqu'à ce que mélange soit bien mousseux. Sans cesser de remuer, incorporez doucement la crème à la réglisse très chaude et filtrez le mélange à l'aide d'une passoire.

Versez 1 litre d'eau dans la marmite du cuit-vapeur et amenez à ébullition. Répartissez la préparation dans quatre ramequins, puis placez-les côte à côte dans le panier perforé et couvrez-les de papier cuisson. Ajustez le couvercle et faites cuire environ 30 minutes, jusqu'à ce que la surface soit juste ferme.

Sortez les ramequins du cuit-vapeur, laissez refroidir et mettez au réfrigérateur au moins 2 heures. Au dernier moment, saupoudrez les crèmes de sucre cristallisé et caramélisez-les quelques secondes au chalumeau.

Crèmes brûlées à la vanille

Préparation : 15 min
Infusion : 30 min
Repos : 1 h
Cuisson : 20 à 25 min
Réfrigération : 2 h

Pour 6 personnes

35 cl de lait
35 cl de crème liquide
2 gousses de vanille
7 jaunes d'œuf
100 g de sucre en poudre
6 cuil. à soupe de sucre cristallisé

Versez le lait et la crème dans une casserole, ajoutez les gousses de vanille fendues en deux dans la longueur et amenez à ébullition. Aux premiers bouillons, retirez du feu et couvrez, puis laissez infuser 30 minutes.

Avec la pointe d'un couteau, grattez l'intérieur des gousses de vanille au-dessus du lait pour récupérer les graines ; jetez les écorces. Fouettez vivement les jaunes d'œuf avec le sucre en poudre, puis délayez peu à peu ce mélange avec le lait. Ôtez délicatement la mousse qui se forme à la surface avec une écumoire, passez le mélange à travers une passoire fine et laissez reposer 1 heure au frais.

Versez 1 litre d'eau dans la marmite du cuit-vapeur et amenez à ébullition.

•••

Répartissez la préparation dans six ramequins, puis posez-les côte à côte dans le panier perforé. Couvrez-les de papier cuisson, ajustez le couvercle et faites cuire de 20 à 25 minutes, jusqu'à ce que la surface soit juste ferme.

Sortez les ramequins du cuit-vapeur, laissez refroidir et mettez au réfrigérateur au moins 2 heures. Juste avant de servir, saupoudrez les crèmes de sucre cristallisé et caramélisez-les quelques secondes au chalumeau.

Crèmes brûlées au caramel et aux noisettes

Préparation : 15 min

Repos : 1 h

Cuisson : 20 à 25 min

Réfrigération : 2 h

Pour 6 personnes

35 cl de lait

35 cl de crème liquide

3 cuil. à soupe de caramel liquide

7 jaunes d'œuf

70 g de sucre en poudre extrafin

60 g de noisettes

4 cuil. à soupe de sucre blond

Faites chauffer le lait, la crème et le caramel dans une casserole. Aux premiers bouillons, retirez du feu. Fouettez vivement les jaunes d'œuf avec le sucre en poudre, puis délayez peu à peu le mélange avec le lait. Ôtez délicatement la mousse qui se forme à la surface avec une écumoire, filtrez le mélange à l'aide d'une passoire fine et laissez reposer 1 heure au réfrigérateur.

Versez 1 litre d'eau dans la marmite du cuit-vapeur et amenez à ébullition. Répartissez la préparation dans six ramequins, puis posez-les côte à côte dans le panier perforé. Couvrez-les de papier cuisson, ajustez le couvercle et faites cuire 10 minutes.

Broyez les noisettes au robot pour leur donner l'aspect du poivre concassé. Soulevez le couvercle du cuit-vapeur et le papier cuisson en veillant à ne pas faire tomber de gouttes sur les crèmes, puis répartissez les noisettes à la surface. Couvrez à nouveau et poursuivez la cuisson pendant encore 10 à 15 minutes, jusqu'à ce que les crèmes soient prises.

Sortez les ramequins du cuit-vapeur, laissez refroidir et réservez au réfrigérateur au moins 2 heures. Juste avant de servir, saupoudrez les crèmes de sucre blond et caramélisez-les quelques secondes au chalumeau.

Crèmes brûlées aux dattes et aux abricots secs

Préparation : 20 min
Cuisson : 20 à 25 min
Réfrigération : 2 h

Pour 4 personnes

5 jaunes d'œuf

2 cuil. à soupe de sucre en poudre extrafin

20 cl de lait

20 cl de crème liquide

1 pincée de cannelle moulue

200 g de dattes

200 g d'abricots secs moelleux

4 cuil. à soupe de cassonade

Fouettez les jaunes d'œuf avec le sucre jusqu'à ce que le mélange blanchisse, puis incorporez doucement le lait et la crème. Ajoutez la cannelle et mélangez. Dénoyautez les dattes. Coupez les abricots et les dattes en petits dés à l'aide d'un couteau. Répartissez les fruits dans quatre ramequins et versez la crème pardessus.

Versez 1 litre d'eau dans la marmite du cuit-vapeur et amenez à ébullition. Posez les ramequins côte à côte dans le panier perforé, puis recouvrez-les de papier cuisson, ajustez le couvercle et faites cuire de 20 à 25 minutes, jusqu'à ce que la crème soit juste prise.

Sortez les ramequins du cuit-vapeur, laissez refroidir et mettez au réfrigérateur au moins 2 heures. Juste avant de servir, saupoudrez les crèmes de cassonade et caramélisez-les quelques secondes au chalumeau.

Crèmes brûlées aux fruits rouges

Préparation : 20 min

Cuisson : 20 min

Réfrigération : 2 h

Pour 4 personnes

5 jaunes d'œuf

4 cuil. à soupe de sucre en poudre extrafin

25 cl de lait

25 cl de crème liquide

300 g de fruits rouges mélangés

4 cuil. à soupe de sucre cristallisé

Fouettez les jaunes d'œuf avec le sucre en poudre jusqu'à ce qu'ils blanchissent. Incorporez doucement le lait et la crème sans cesser de remuer. Répartissez les fruits dans quatre ramequins et nappez-les de crème.

Versez 1 litre d'eau dans la marmite du cuit-vapeur et amenez à ébullition. Posez les ramequins côte à côte dans le panier perforé, puis couvrez-les de papier sulfurisé, ajustez le couvercle et faites cuire environ 20 minutes, jusqu'à ce que les crèmes soient prises.

Sortez les ramequins du cuit-vapeur, laissez refroidir et mettez au réfrigérateur au moins 2 heures. Juste avant de servir, saupoudrez les crèmes de sucre cristallisé et caramélisez-les quelques secondes au chalumeau.

Flan à l'ananas

Préparation : 20 min

Cuisson : 45 à 55 min

Pour 6 personnes

500 g de chair d'ananas (frais, surgelé ou au sirop léger)

20 cl de lait de noix de coco

4 œufs

40 g de sucre vanillé

40 g de Maïzena

beurre et sucre (pour le moule)

Coupez l'ananas en cubes, mettez-le dans le bol d'un robot et mixez-le en purée très fine, en ajoutant éventuellement une partie du lait de noix de coco pour lui donner de la fluidité. Cassez les œufs dans un saladier et battez-les en omelette avec le sucre. Sans cesser de fouetter, ajoutez progressivement la Maïzena, la purée d'ananas et la totalité du lait de noix de coco.

Versez 1 litre d'eau dans la marmite du cuit-vapeur et amenez à ébullition. Beurrez largement un moule à manqué de taille adaptée au cuit-vapeur et saupoudrez-le de sucre. Versez-y la préparation, puis posez-le dans le panier perforé et recouvrez-le de papier cuisson. Ajustez le couvercle et faites cuire de 45 à 55 minutes, jusqu'à ce que le flan soit ferme. Laissez tiédir, démoulez et mettez au réfrigérateur. Servez très frais.

Flan aux figues et au miel

Préparation : 20 min
Cuisson : 45 à 50 min

Pour 6 personnes

500 g de figues violettes
3 œufs
100 g de miel
50 g de Maïzena
40 cl de crème liquide
beurre et sucre en poudre (pour le moule)

Beurrez largement un plat à gratin de taille adaptée au cuit-vapeur et saupoudrez-le de sucre. Essuyez les figues avec du papier absorbant humide, coupez-les en quatre et rangez-les dans le plat.

Cassez les œufs dans un grand bol et battez-les vivement avec le miel. Sans cesser de fouetter, incorporez la Maïzena, puis la crème. Quand la consistance de la pâte est homogène et onctueuse, versez-la sur les figues.

Versez 1 litre d'eau dans la marmite du cuit-vapeur et amenez à ébullition. Placez le moule dans le panier perforé, puis couvrez-le de papier cuisson, ajustez le couvercle et faites cuire de 45 à 50 minutes, jusqu'à ce que le flan soit ferme. Servez chaud ou tiède, dans le plat de cuisson.

Flan aux mirabelles

Préparation : 15 min
Cuisson : 45 à 50 min

Pour 6 personnes

600 g de mirabelles

80 g de sucre en poudre

80 g de poudre d'amandes

3 œufs

25 cl de crème liquide

beurre et sucre (pour le moule)

Rincez et essuyez les mirabelles. Coupez-les en deux et dénoyautez-les. Beurrez largement un moule rond ou rectangulaire de taille adaptée au cuit-vapeur, saupoudrez-le de sucre et répartissez-y les fruits.

Battez les œufs en omelette avec le sucre. En continuant de fouetter, ajoutez successivement la poudre d'amandes et la crème. Quand le mélange est parfaitement homogène, versez-le sur les mirabelles.

Versez 1 litre d'eau dans la marmite du cuit-vapeur et amenez à ébullition. Posez le moule dans le panier perforé, puis couvrez-le de papier cuisson, ajustez le couvercle et faites cuire de 45 à 50 minutes, jusqu'à ce que le flan soit pris. Laissez tiédir et démoulez. Servez tiède ou froid.

Flan de poires au caramel et aux noix

Préparation : 20 min
Cuisson : 45 à 55 min

Pour 6 personnes

60 g de Maïzena

40 g de sucre en poudre extrafin

3 œufs + 2 jaunes

40 cl de crème liquide

6 cuil. à soupe de caramel liquide

4 poires

Mélangez la Maïzena et le sucre dans un grand bol. En fouettant vivement, incorporez un à un les œufs entiers, puis les jaunes. Ajoutez ensuite peu à peu la crème liquide et le caramel, en fouettant jusqu'à ce que la consistance soit bien homogène.

Beurrez largement un moule à manqué ou un moule rectangulaire de taille adaptée au cuit-vapeur. Pelez les poires, coupez-les en quartiers et retirez-leur le cœur ainsi que les

60 g de noix

beurre et sucre en poudre pour le moule

pépins. Rangez-les dans le plat et répartissez les noisettes, puis versez la crème par-dessus.

Versez 1 litre d'eau dans la marmite du cuit-vapeur et amenez à ébullition. Posez le plat dans le panier perforé. Couvrez-le de papier cuisson, ajustez le couvercle et faites cuire de 45 à 55 minutes, jusqu'à ce que le flan soit ferme. Servez chaud ou tiède, dans le plat.

Flan épicé à l'indienne

Préparation : 20 min

Cuisson : environ 30 min

Pour 4 personnes

75 g de sucre de palme ou de sucre brun

25 cl d'eau

4 œufs

20 cl de lait ou de crème de noix de coco

1 cuil. à café de garam massala

Mélangez le sucre à 15 cl d'eau dans une petite casserole et chauffez doucement en remuant. Quand il est bien fondu, amenez à ébullition et faites cuire 3 ou 4 minutes à petits frémissements pour obtenir un sirop léger. Laissez refroidir. Battez les œufs en omelette puis, sans cesser de fouetter, incorporez successivement le sirop de sucre, le lait de noix de coco, l'épice et les 10 cl d'eau restants.

Versez 1 litre d'eau dans la marmite du cuit-vapeur et amenez à ébullition. Transférez la préparation dans un moule haut de taille adaptée au cuit-vapeur et recouvrez-le de papier cuisson. Posez-le dans le panier perforé, ajustez le couvercle et faites cuire environ 25 minutes, jusqu'à ce que la crème soit prise.

Sortez le flan du cuit-vapeur et laissez-le reposer quelques minutes, puis démoulez-le et réservez-le au réfrigérateur. Servez très frais.

Flans à la mangue et à la noix de coco

Préparation : 20 min
Cuisson : environ 25 min

Pour 6 personnes

1 grosse mangue (450 g)

50 g de noix de coco râpée

4 œufs

30 g de sucre en poudre extra-fin

15 cl de crème de noix de coco

Pelez finement la mangue et retirez le noyau. Coupez la chair en cubes, mettez-les dans le bol d'un robot avec la noix de coco et mixez quelques minutes pour obtenir une purée très fine.

Battez les œufs en omelette avec le sucre. Sans cesser de fouetter, incorporez successivement la crème de noix de coco et la purée de mangue. Mélangez jusqu'à ce que la préparation soit bien homogène.

Versez 1 litre d'eau dans la marmite du cuit-vapeur et amenez à ébullition. Répartissez la préparation dans six petits moules et posez ces derniers côte à côte dans le panier perforé. Couvrez-les de papier cuisson, ajustez le couvercle et faites-les cuire environ 25 minutes, jusqu'à ce que la surface soit ferme.

Sortez les flans du cuit-vapeur et laissez-les refroidir, puis réservez-les au réfrigérateur jusqu'au moment de les servir.

Flans à la rhubarbe

Préparation : 20 min
Dégorgement : 1 h
Cuisson : environ 30 min

Pour 6 personnes

600 g de rhubarbe

3 cuil. à soupe de sucre

Coupez la base des tiges de rhubarbe, puis coupez ces dernières en tronçons de 1 cm, en retirant les plus gros fils en même temps. Mettez-les dans un plat creux, saupoudrez-les de 3 cuillerées à soupe de sucre et laissez-les dégorger pendant 1 heure avant de les égoutter.

en poudre

3 œufs + 2 jaunes

140 g de sucre en poudre

40 g de Maïzena

50 cl de crème liquide

Battez vivement les œufs entiers et les jaunes avec le sucre, puis incorporez successivement la Maïzena et la crème. Mélangez jusqu'à obtention d'une crème bien lisse.

Versez 1 litre d'eau dans la marmite du cuit-vapeur et amenez à ébullition. Beurrez largement six moules individuels, répartissez-y la rhubarbe et versez la crème par-dessus. Placez les moules côte à côte dans le panier perforé, puis ajustez le couvercle et faites cuire environ 30 minutes, jusqu'à ce que la crème soit prise.

Sortez les flans du cuit-vapeur et laissez-les tiédir un peu avant de les servir.

Flans chocolat-banane

Préparation : 20 min

Cuisson : environ 30 min

Pour 6 personnes

100 g de chocolat noir à 70 % de cacao

3 œufs

80 g de sucre en poudre

25 cl de crème liquide

6 bananes

beurre (pour les moules)

Hachez très finement le chocolat au couteau. Battez les œufs en omelette avec le sucre, puis incorporez doucement la crème. Ajoutez le chocolat et remuez.

Pelez les bananes et écrasez-les en purée à la fourchette. Incorporez-les aussitôt au mélange précédent pour éviter qu'elles ne noircissent et fouettez jusqu'à ce que l'ensemble soit parfaitement homogène.

Versez 1 litre d'eau dans la marmite du cuit-vapeur et amenez à ébullition. Beurrez largement six moules individuels, puis répartissez la préparation dedans et posez-les côte à côte dans le panier perforé. Ajustez le couvercle et faites cuire environ 30 minutes, jusqu'à ce que la crème soit prise.

•••

Sortez les flans du cuit-vapeur et laissez-les tiédir avant de les réserver au réfrigérateur jusqu'au moment de les servir.

Fondant au chocolat

Préparation : 15 min
Cuisson : environ 1 h 20

Pour 6 personnes

300 g de chocolat noir à 70 % de cacao

200 g de beurre

6 œufs

50 g de Maïzena

1 cuil. à café de levure chimique

100 g de sucre en poudre

beurre (pour le moule)

Versez 1 litre d'eau dans la marmite du cuit-vapeur et amenez à ébullition. Coupez le chocolat et le beurre en petits morceaux. Mettez-les ensemble dans un bol, placez ce dernier dans le panier perforé et laissez fondre.

Quand le chocolat et le beurre sont très mous, remuez doucement pour obtenir une crème bien lisse. Battez les œufs en omelette et incorporez-leur successivement la Maïzena, la levure, le sucre et la crème au chocolat.

Beurrez largement un moule à cake ou à manqué de taille adaptée au cuit-vapeur. Versez la préparation dans le moule, placez celui-ci dans le panier perforé et recouvrez-le de papier cuisson. Ajustez le couvercle et faites cuire 1 h 15. Laissez tiédir avant de démouler.

Fondant aux pommes

Préparation : 20 min
Cuisson : 45 min à 1 h

Pour 6 personnes

2 œufs

60 g de sucre en poudre blond

Battez les œufs en omelette avec le sucre. Ajoutez successivement la farine, la crème, le beurre fondu et, éventuellement, le calvados ; fouettez jusqu'à ce que le mélange soit lisse et homogène.

Épluchez les pommes, coupez-les en quatre

70 g de farine ou de Maïzena

10 cl de crème liquide

20 g de beurre fondu

5 cl de calvados (facultatif)

6 pommes (de type golden)

beurre (pour le moule)

et retirez le cœur ainsi que les pépins, puis émincez-les en fines lamelles que vous mettrez au fur et à mesure dans la pâte pour éviter qu'elles ne brunissent.

Versez 1 litre d'eau dans la marmite du cuit-vapeur et amenez à ébullition. Beurrez largement un moule rond ou carré de taille adaptée au cuit-vapeur. Transférez la préparation dans le moule, placez celui-ci dans le panier perforé et couvrez-le de papier cuisson. Ajustez le couvercle et faites cuire de 45 minutes à 1 heure, en fonction de l'épaisseur de la pâte.

Laissez tiédir le fondant, puis démoulez-le et mettez-le au réfrigérateur pendant au moins quelques heures avant de le servir.

Gâteau chinois au citron

Préparation : 15 min

Cuisson : environ 30 min

Pour 6 personnes

4 œufs

quelques gouttes de jus de citron frais

120 g de sucre en poudre extrafin

240 g de farine de riz

1 sachet de levure chimique

25 g de beurre fondu

le zeste d'un citron, finement râpé

¼ de cuil. à café d'extrait de citron

Cassez les œufs en séparant les jaunes des blancs. Battez ces derniers en neige très ferme, en ajoutant quelques gouttes de jus de citron au départ. Sans cesser de fouetter, ajoutez peu à peu le sucre, puis incorporez successivement le lait, les jaunes, la farine, la levure, le beurre, le zeste et l'extrait de citron. Vous devez obtenir une pâte lisse et homogène.

Versez 1 litre d'eau dans la marmite du cuit-vapeur et amenez à ébullition. Tapissez de papier sulfurisé le fond d'un moule (de préférence carré ou rectangulaire) de taille adaptée au cuit-vapeur. Huilez-le légèrement, puis versez la pâte et tapotez le moule sur le plan de travail pour qu'elle s'étale uniformément.

10 cl de lait

huile (pour le moule)

Posez le moule dans le panier perforé, ajustez le couvercle et faites cuire environ 30 minutes, jusqu'à ce que la surface du gâteau soit à la fois ferme et élastique sous la pression. Retournez le gâteau pour le démouler, puis laissez-le tiédir un peu et retirez le papier sulfurisé. Servez tiède ou froid, découpé en carrés ou entier.

Gâteau de semoule aux abricots

Préparation : 20 min

Cuisson : environ 1 h 30

Pour 6 à 8 personnes

150 g d'abricots secs moelleux

120 g de beurre

4 œufs

80 g de sucre en poudre extrafin

80 g de semoule fine

600 g de fromage blanc

beurre (pour le moule)

Coupez les abricots en dés. Faites fondre le beurre à feu doux dans une petite casserole, sans le laisser prendre couleur.

Battez les œufs en omelette avec le sucre. Sans cesser de fouetter, incorporez successivement la semoule et le beurre fondu. Ajoutez les abricots et continuez de remuer jusqu'à ce que l'ensemble soit bien homogène.

Versez 1 litre d'eau dans la marmite du cuit-vapeur et amenez à ébullition. Beurrez un moule à manqué de taille adaptée au cuit-vapeur, placez-le dans le panier perforé et couvrez-le de papier cuisson. Ajustez le couvercle et faites cuire environ 1 h 30.

Sortez le gâteau du cuit-vapeur, laissez-le refroidir et démoulez-le, accompagné de coulis d'abricots.

Muffins à la banane et au chocolat

Préparation : 15 min
Repos : 15 min
Cuisson : 20 à 25 min

Pour 8 muffins

1 œuf

10 cl de lait

125 g de farine

½ sachet de levure chimique

50 g de sucre en poudre

50 g de beurre ramolli

40 g de chocolat noir à 70 % de cacao

½ citron

1 banane

beurre (pour les moules)

Battez l'œuf en omelette avec le lait. Mélangez la farine, la levure et le sucre en poudre dans un saladier. Creusez un puits au centre et ajoutez progressivement l'œuf et le beurre, en remuant jusqu'à obtention d'une pâte lisse et homogène.

Hachez finement le chocolat au couteau. Pressez le demi-citron. Pelez la banane, puis écrasez-la avec le jus de citron. Mélangez cette purée à la pâte, ajoutez le chocolat et remuez bien. Laissez reposer 15 minutes au réfrigérateur.

Versez 1 litre d'eau dans la marmite du cuit-vapeur et amenez à ébullition. Beurrez huit moules à muffin (ou préparez des caissettes en papier ou des moules en silicone). Emplissez-les de pâte aux trois quarts, posez-les côte à côte dans le panier perforé et recouvrez-les de papier cuisson. Ajustez le couvercle et faites cuire de 20 à 25 minutes, jusqu'à ce que les gâteaux soient fermes et gonflés. Sortez-les du cuit-vapeur et laissez-les refroidir.

Muffins à la fraise

Préparation : 20 min
Cuisson : 35 min

Pour 12 muffins

100 g de fraises déshydratées

Coupez les fraises en dés. Mélangez la farine, la levure et le sel dans un bol, puis creusez un puits au centre. Battez les œufs avec le lait fermenté, l'eau de rose et le beurre fondu.

●●●

250 g de farine

1 sachet de levure chimique

1 pincée de sel

2 œufs

25 cl de lait fermenté (labné ou lait ribot)

1 cuil. à soupe d'eau de rose

60 g de beurre fondu

Versez le mélange aux œufs dans la farine et homogénéisez l'ensemble sans le travailler. Ajoutez les fraises et remuez à nouveau rapidement.

Versez 1 litre d'eau dans la marmite du cuit-vapeur et amenez à ébullition. Beurrez huit moules à muffin (ou préparez des caissettes en papier ou des moules en silicone).

Remplissez les moules de pâte aux trois quarts, posez-les côte à côte dans le panier perforé et couvrez-les de papier cuisson. Ajustez le couvercle et faites cuire de 20 à 25 minutes, jusqu'à ce que les petits gâteaux soient fermes et gonflés. Sortez les muffins du cuit-vapeur et laissez-les refroidir.

Muffins au gingembre confit

Préparation : 15 min

Cuisson : 45 à 50 min

Pour 6 muffins

100 g de beurre mou

100 g de sucre

2 œufs

125 g de farine à levure incorporée

15 cl de lait entier

125 g de gingembre confit

Coupez le beurre en morceaux, ajoutez le sucre et fouettez-les ensemble au batteur électrique jusqu'à obtention d'une crème onctueuse. Battez légèrement les œufs et incorporez-les au mélange précédent petit à petit, en fouettant, en attendant avant chaque ajout que le précédent soit complètement absorbé.

Incorporez ensuite en les alternant la farine et le lait, en fouettant vivement jusqu'à ce que la pâte soit légère et mousseuse. Hachez le gingembre, ajoutez-le dans la pâte et remuez délicatement.

Versez 1 litre d'eau dans la marmite du cuit-vapeur et amenez à ébullition. Beurrez six moules à muffin (ou préparez des caissettes en papier). Remplissez-les de pâte aux trois quarts, posez-les côte à côte dans le panier perforé et couvrez-les de papier cuisson. Ajustez le couvercle et faites cuire de 45 à 50 minutes, jusqu'à ce que les muffins soient fermes et gonflés. Sortez-les du cuit-vapeur et laissez-les refroidir.

Muffins chocolat-coco

Préparation : 15 min

Cuisson : environ 30 min

Pour 6 muffins

80 g de chocolat noir à 70 % de cacao

80 g de beurre

1 œuf

2 cuil. à soupe de lait de noix de coco

100 g de farine

½ sachet de levure chimique

2 cuil. à soupe de noix de coco râpée

60 g de sucre en poudre extrafin

Versez 1 litre d'eau dans la marmite du cuit-vapeur et amenez à ébullition. Coupez le chocolat et le beurre en petits morceaux, mettez-les ensemble dans un bol et placez celui-ci dans le panier perforé, puis laissez-le fondre. Quand ils sont très mous, remuez doucement pour obtenir une crème bien lisse.

Battez l'œuf en omelette avec le lait de noix de coco, et ajoutez-les petit à petit à la préparation précédente. Mélangez la farine, la levure, la noix de coco râpée et le sucre. Incorporez-les progressivement à la crème au chocolat, en fouettant vivement.

Versez 1 litre d'eau dans la marmite du cuit-vapeur et amenez à ébullition. Beurrez six moules à muffin (ou préparez des caissettes en papier ou des moules en silicone). Remplissez-les de pâte aux trois quarts, posez-les côte à côte dans le panier perforé et recouvrez-les de papier cuisson. Ajustez le couvercle et faites cuire environ 25 minutes, jusqu'à ce que les muffins soient fermes et gonflés. Sortez-les du cuit-vapeur et laissez-les refroidir.

Petits flans aux pruneaux et à l'armagnac

Préparation : 20 min
Trempage : 1 h
Cuisson : 25 à 30 min

Pour 6 personnes

24 pruneaux
5 cl d'armagnac
50 g de Maïzena
60 g de sucre en poudre
3 œufs + 2 jaunes
40 g de beurre fondu
50 cl de crème liquide
beurre et sucre (pour les moules)

Coupez les pruneaux en deux et dénoyautez-les. Mettez-les dans un bol d'eau bouillante additionnée de la moitié de l'armagnac et laissez-les tremper 1 heure, puis égouttez-les sur du papier absorbant.

Mélangez la Maïzena et le sucre en poudre. Ajoutez les œufs et les jaunes l'un après l'autre, en fouettant vivement jusqu'à obtention d'une consistance bien lisse. Incorporez alors le beurre, la crème et le reste de l'armagnac, sans cesser de fouetter, pour que le mélange soit parfaitement homogène.

Versez 1 litre d'eau dans la marmite du cuit-vapeur et amenez à ébullition. Beurrez six ramequins individuels et saupoudrez-les de sucre. Répartissez-y les pruneaux, puis la crème. Posez les ramequins côte à côte dans le panier perforé. Couvrez-les de papier sulfurisé, ajustez le couvercle et faites cuire de 25 à 30 minutes, jusqu'à ce que la surface soit ferme. Servez tiède ou froid.

Petits pots de crème au chocolat

Préparation : 15 min
Cuisson : environ 25 min

Pour 4 personnes

Versez 1 litre d'eau dans la marmite du cuit-vapeur et amenez à ébullition. Cassez le chocolat en petits morceaux dans un bol et mettez ce dernier dans le panier perforé.

100 g de chocolat noir
20 cl de lait
20 cl de crème liquide
4 jaunes d'œuf
40 g de sucre en poudre

Lorsque le chocolat est fondu, remuez doucement pour obtenir une crème bien lisse.
Versez le lait et la crème dans une casserole, amenez à ébullition et retirez du feu. Fouettez les jaunes d'œuf avec le sucre jusqu'à ce qu'ils blanchissent. Ajoutez le chocolat fondu et mélangez, puis incorporez peu à peu le mélange de lait et de crème très chaud.
Répartissez la préparation dans quatre petits moules, posez ces derniers côte à côte dans le panier perforé et couvrez-les de papier cuisson. Ajustez le couvercle et faites cuire de 20 à 25 minutes, jusqu'à ce que les crèmes soient prises. Servez-les tièdes ou froides.

Petits puddings au chocolat

Préparation : 30 min
Cuisson : 35 à 45 min
Pour 6 personnes
3 œufs
180 g de brioche ou de pain brioché rassis
90 g de chocolat noir à 70 % de cacao
17,5 cl de lait
60 g de beurre ramolli
60 g de sucre en poudre
1 pincée de sel
beurre (pour les moules)

Cassez les œufs en séparant les blancs des jaunes. Émiettez grossièrement la brioche dans le bol d'un robot et mixez pour la réduire en chapelure. Versez 1 litre d'eau dans la marmite du cuit-vapeur et amenez à ébullition. Cassez le chocolat en morceaux, mettez-le avec le lait dans un bol et placez ce dernier dans le panier perforé.
Lorsque le chocolat est fondu, remuez pour obtenir une crème bien lisse. Versez-la doucement sur la brioche, ajoutez les jaunes et mélangez vigoureusement. Travaillez vivement le beurre à la spatule avec le sucre pour lui donner une consistance crémeuse, puis ajoutez le mélange au chocolat et remuez jusqu'à ce que l'ensemble soit homogène.

Battez les blancs en neige ferme avec la pincée de sel, puis incorporez-les délicatement à la préparation précédente.

Beurrez largement six ramequins. Remplissez-les aux deux tiers, placez-les dans le panier perforé et recouvrez-les de papier cuisson. Ajustez le couvercle et faites cuire de 35 à 45 minutes, selon la taille des moules. Servez les petits puddings tièdes ou chauds.

Petits puddings aux cerises

Préparation : 20 min

Cuisson : 40 min

Pour 6 personnes

1 litre de lait

80 g de sucre en poudre extrafin

180 g de brioche ou de pain brioché rassis

500 g de cerises

5 œufs

beurre pour le moule

Faites chauffer le lait et le sucre dans une casserole, en remuant doucement. Aux premiers frémissements, retirez du feu. Émiettez sommairement la brioche dans un saladier, versez le lait chaud dessus et laissez gonfler.

Rincez les cerises sous l'eau courante, puis essuyez-les et dénoyautez-les. Battez les œufs en omelette, ajoutez-les dans le saladier et mélangez jusqu'à ce que l'ensemble soit homogène. Ajoutez alors les cerises et remuez délicatement.

Versez 1 litre d'eau dans le panier du cuit-vapeur et amenez à ébullition. Beurrez largement six moules individuels. Remplissez-les aux trois quarts et posez-les côte à côte dans le panier perforé. Couvrez-les de papier cuisson, puis ajustez le couvercle et faites cuire environ 40 minutes. Laissez tiédir les puddings avant de les servir.

Pudding à la banane

Préparation : 20 min
Cuisson : 50 min
Pour 6 à 8 personnes

200 g de brioche ou de pain brioché
40 cl de lait
3 bananes
1 citron
4 œufs
50 g de sucre en poudre blond
beurre (pour le moule)

Émiettez le pain ou la brioche dans un saladier, ajoutez le lait et laissez gonfler. Pressez le citron. Pelez les bananes, coupez-en deux en rondelles et arrosez-les aussitôt avec le jus de citron ; écrasez la troisième à la fourchette.

Battez les œufs en omelette avec le sucre. Versez-les dans le saladier, ajoutez la banane écrasée et mélangez jusqu'à ce que l'ensemble soit bien homogène.

Beurrez largement un moule rond de taille adaptée au cuit-vapeur. Étalez la moitié des rondelles de banane dans le fond, en cercles concentriques, puis recouvrez de la moitié de la préparation. Renouvelez l'opération avec le reste des ingrédients.

Versez 1 litre d'eau dans la marmite du cuit-vapeur et amenez à ébullition. Placez le moule dans le panier perforé. Recouvrez de papier cuisson, ajustez le couvercle et faites cuire 50 minutes ; la surface doit être ferme.

Laissez le pudding reposer quelques instants avant de le démouler. Servez-le tiède ou chaud, avec une sauce au chocolat ou à la noix de coco.

Pudding au miel et aux noix

Préparation : 40 min
Repos : 30 min
Cuisson : 1 h
Pour 8 personnes

75 cl de lait

Faites chauffer le lait avec la crème et le miel. Aux premiers frémissements, retirez du feu et versez le mélange sur la mie, puis laissez gonfler pendant 30 minutes.

•••

15 cl de crème liquide

4 cuil. à soupe de miel

250 g de mie de pain rassis

120 g de cerneaux de noix

4 œufs

80 g de cassonade

40 g de beurre fondu

1 cuil. à soupe de zeste d'orange finement râpé

beurre (pour le moule)

Hachez grossièrement les cerneaux de noix. Battez les œufs en omelette avec la cassonade. Ajoutez-les à la mie, ainsi que le beurre fondu, et mélangez l'ensemble jusqu'à ce que la consistance soit bien homogène. Ajoutez alors le zeste d'orange et les noix, et remuez encore pour bien les répartir.

Versez 1 litre d'eau dans la marmite du cuit-vapeur et amenez à ébullition. Beurrez un moule à charlotte ou à manqué de taille adaptée au cuit-vapeur. Versez-y la préparation, puis placez-le dans le panier perforé et recouvrez de papier cuisson. Ajustez le couvercle et faites cuire 1 heure, jusqu'à ce que la surface soit ferme. Laissez le pudding reposer quelques instants avant de le démouler. Servez-le tiède ou chaud.

Pudding aux pêches et aux amandes

Préparation : 40 min

Repos : 15 min

Cuisson : 1 h

Pour 8 personnes

300 g de brioche ou de pain brioché

10 cl de lait

15 cl de crème liquide

50 g d'amandes effilées

500 g de pêches au sirop

4 œufs entiers + 4 jaunes

80 g de sucre en poudre

Émiettez la brioche dans un saladier, ajoutez le lait et la crème, puis laissez tremper pendant 15 minutes.

Faites légèrement dorer les amandes à sec dans une poêle antiadhésive. Égouttez les pêches sur du papier absorbant et coupez-les en cubes. Cassez les œufs et séparez les blancs des jaunes.

Réunissez tous les jaunes et fouettez-les avec le sucre pour les faire blanchir légèrement. Versez ce mélange dans le saladier, sur la brioche. Ajoutez la poudre d'amandes et l'extrait

60 g d'amandes en poudre

3 gouttes d'extrait d'amande amère

1 pincée de sel

beurre (pour le moule)

d'amande amère, puis travaillez l'ensemble à la spatule jusqu'à ce qu'il soit homogène.

Battez les blancs en neige très ferme avec la pincée de sel, puis incorporez-les délicatement à la préparation. Ajoutez enfin les fruits et répartissez-les dans la pâte en remuant doucement.

Versez 1 litre d'eau dans la marmite du cuit-vapeur et amenez à ébullition. Beurrez largement un moule à charlotte ou à manqué de taille adaptée au cuit-vapeur. Étalez les amandes dans le fond, puis versez-y la préparation, sans remplir complètement le moule. Placez-le dans le panier perforé, couvrez-le de papier cuisson et ajustez le couvercle. Faites cuire environ 1 heure, jusqu'à ce que la surface soit ferme. Laissez refroidir avant de démouler, puis servez avec un coulis de pêches.

Pudding aux poires et au pain d'épice

Préparation : 40 min

Trempage : 1 h

Repos : 25 min

Cuisson : 1 h

Pour 6 personnes

100 g de raisins secs

5 cl de rhum

4 œufs

60 g de sucre en poudre

Faites tremper les raisins secs 1 heure dans un bol d'eau bouillante additionnée du rhum, puis égouttez-les.

Cassez les œufs dans un saladier et battez-les avec le sucre, la cannelle et la crème. Retirez la croûte du pain d'épice. Émiettez-le dans un saladier avec le zeste de citron, ajoutez la préparation précédente et laissez gonfler pendant 15 minutes.

½ cuil. à café de cannelle moulue

20 cl de crème liquide

300 g de pain d'épice

le zeste d'un citron, finement râpé

700 g de poires

½ citron

beurre (pour le moule)

Pressez le demi-citron. Épluchez les poires, taillez la chair en cubes et arrosez-les aussitôt du jus de citron. Lorsque le pain d'épice a bien ramolli, travaillez vivement le mélange avec une spatule en bois pour lui donner une consistance homogène. Ajoutez les dés de poire et les raisins, et remuez délicatement.

Versez 1 litre d'eau dans la marmite du cuit-vapeur et amenez à ébullition. Beurrez largement un moule à charlotte ou à manqué de taille adaptée au cuit-vapeur. Versez-y la préparation et recouvrez-le de papier cuisson. Placez-le dans le panier perforé, ajustez le couvercle et faites cuire 1 heure, jusqu'à ce que la surface soit ferme.

Sortez le pudding et laissez-le reposer 10 minutes, puis démoulez-le en le retournant sur un plat. Servez-le tiède ou froid.

Pudding brioché aux pommes

Préparation : 20 min

Trempage : 1 h

Cuisson : environ 1 h

Pour 6 personnes

100 g de gros raisins secs

250 g de mie de pain brioché

75 cl de lait

80 g de sucre en poudre

4 œufs

6 pommes (de type golden ou granny smith)

3 cuil. à soupe de caramel liquide

Mettez les raisins secs dans un bol, couvrez d'eau bouillante et laissez tremper 1 heure, puis égouttez-les sur du papier absorbant.

Émiettez le pain brioché dans un saladier. Faites chauffer le lait avec le sucre, puis versez-le dans le saladier et laissez gonfler le pain brioché. Battez les œufs en omelette. Épluchez les pommes et coupez-les en cubes. Ajoutez les œufs, les raisins et les pommes au contenu du saladier, et mélangez jusqu'à ce que la pâte soit bien homogène.

Versez 1,5 litre d'eau dans la marmite du cuit-vapeur et amenez à ébullition. Étalez le caramel dans le fond d'un moule à manqué de taille adaptée au cuit-vapeur. Versez-y la préparation, couvrez de papier cuisson et maintenez celui-ci avec un élastique. Posez le moule dans le panier perforé et ajustez le couvercle, puis faites cuire environ 1 heure. Servez tiède ou à température ambiante.

Riz thaï au coco et à la mangue

Préparation : 20 min
Trempage du riz : 6 h
Cuisson : 20 à 25 min
Repos : 10 min

Pour 4 personnes

250 g de riz gluant

10 cl de lait de noix de coco

5 cl d'eau

2 cuil. à soupe de sucre de palme (ou de sucre en poudre blond)

2 mangues bien mûres

Faites tremper le riz 6 heures dans un grand récipient d'eau froide, puis égouttez-le.

Mélangez dans une petite casserole le lait de noix de coco, l'eau et le sucre. Chauffez doucement en remuant jusqu'à ce que ce dernier soit complètement dissous. Pelez les mangues et prélevez la chair en longues lamelles avec un couteau tranchant, en tournant autour du noyau.

Versez 1 litre d'eau dans la marmite du cuit-vapeur et amenez à ébullition. Étalez une mousseline dans le fond du panier perforé. Disposez le riz dessus, ajustez le couvercle et faites cuire de 20 à 25 minutes, jusqu'à ce que le riz soit gonflé et brillant.

Transférez-le dans un plat creux et arrosez-le du lait de coco sucré. Remuez, couvrez et laissez reposer 10 minutes. Servez sur des petites assiettes, en disposant les lamelles de mangue à côté d'un petit dôme de riz.

Abricots au miel et aux amandes

Préparation : 10 min
Cuisson : 5 min
Macération : 1 h
Pour 4 personnes

12 abricots
4 cuil. à soupe de miel
4 cuil. à soupe d'amandes effilées

Rincez et essuyez les abricots. Coupez-les en deux et dénoyautez-les, puis mettez-les dans un plat creux de taille adaptée au cuit-vapeur et arrosez-les de miel. Versez 1 litre d'eau dans la marmite du cuit-vapeur et amenez à ébullition. Posez le plat dans le panier perforé, ajustez le couvercle et faites cuire 5 minutes.

Faites dorer les amandes à sec dans une poêle antiadhésive. Transférez délicatement les abricots et leur jus de cuisson dans une coupe, parsemez d'amandes et remuez délicatement de façon à ne pas les écraser. Couvrez de film transparent et laissez macérer 1 heure. Servez frais ou à température ambiante.

Ananas à l'antillaise

Préparation : 10 min

Cuisson : 1 h

Pour 4 personnes

1 ananas de 1 kg

½ cuil. à café de cannelle moulue

80 g de sucre en poudre blond

10 cl de rhum

Versez 1,5 litre d'eau dans la marmite du cuit-vapeur et amenez à ébullition. Coupez le plumet de l'ananas au ras du fruit, puis posez ce dernier dans le panier perforé. Ajustez le couvercle et faites cuire 1 heure.

Sortez l'ananas du cuit-vapeur et posez-le sur du papier absorbant. Coupez-le en quatre dans la hauteur, retirez la partie dure du cœur et disposez les quartiers d'ananas sur un plat. Saupoudrez-les de cannelle et de sucre.

Faites chauffer le rhum dans une petite casserole, versez-le sur l'ananas et flambez-le. Servez aussitôt.

Ananas à la vanille

Préparation : 10 min

Infusion : 15 min

Cuisson : environ 10 min

Pour 4 personnes

1 ananas de 1 kg

1 gousse de vanille

20 cl d'eau

1 cuil. à soupe de jus de citron vert

50 g de sucre en poudre blond

Fendez la gousse de vanille en deux, mettez-la dans une petite casserole avec l'eau, le jus de citron et le sucre, et chauffez doucement en remuant. Quand le sucre est complètement dissous, faites cuire à petits frémissements pour obtenir un sirop léger.

Grattez l'intérieur de la gousse de vanille au-dessus de la casserole pour récupérer les graines. Remettez l'écorce dans le sirop, couvrez et laissez infuser 15 minutes.

Pendant ce temps, épluchez soigneusement l'ananas. Coupez-le en huit quartiers et supprimez la partie dure du cœur. Versez 1 litre d'eau dans la marmite du cuit-vapeur et amenez à ébullition. Posez les quartiers d'ananas

dans le panier perforé, ajustez le couvercle et faites cuire pendant 10 minutes.
Sortez les quartiers d'ananas du cuit-vapeur, égouttez-les et disposez-les dans une coupe. Arrosez-les du sirop vanillé, puis couvrez et laissez refroidir complètement avant de mettre au réfrigérateur. Servez très frais.

Bananes dans leur feuille

Préparation : 30 min
Cuisson : environ 10 min

Pour 4 personnes

4 bananes

4 cuil. à café de miel liquide

1 citron vert

¼ de cuil. à café de cannelle en poudre

20 g de beurre

feuilles de bananier

Pressez le citron. Faites chauffer le miel à feu doux dans une petite casserole avec le jus de citron et la cannelle. Mélangez bien. Épluchez les bananes, puis incisez-les partiellement dans la longueur sans séparer les deux moitiés.
Rincez les feuilles de bananier, séchez-les et découpez quatre rectangles dedans. Beurrez-les largement et posez une banane au centre de chacun. Répartissez le miel citronné dans l'incision des bananes, puis formez des petits paquets en rabattant deux à deux les côtés opposés des carrés. Liez-les avec du raphia ou maintenez-les avec des piques en bois.
Versez 1 litre d'eau dans le panier du cuit-vapeur et amenez à ébullition. Posez les papillotes côte à côte dans le panier perforé, ajustez le couvercle et faites cuire 10 minutes. Servez chaud, en laissant chacun ouvrir sa papillote.

Brochettes de figues au romarin

Préparation : 20 min

Cuisson : 10 min

Pour 4 personnes

12 figues violettes

300 g de framboises

50 g de sucre en poudre

1 cuil. à soupe de jus de citron

4 petites branches de romarin bien droites

Triez les framboises, puis mixez-les durant 2 ou 3 minutes avec le sucre et le jus de citron pour obtenir une purée fine. Passez-la pour retenir les pépins et diluez-la avec un peu d'eau si elle est trop épaisse.

Essuyez les figues avec un linge humide, puis incisez-les légèrement, en croix, au niveau de la pointe. Effeuillez les tiges de romarin en conservant quelques brins à l'extrémité et enfilez trois figues sur chacune. Posez ces brochettes dans un plat de taille adaptée au cuit-vapeur et légèrement creux. Versez le coulis de framboises sur les figues, en le faisant bien glisser dans les incisions, et arrosez plusieurs fois les fruits en récupérant le coulis à la cuillère dans le fond du plat.

Versez 1 litre d'eau dans la marmite du cuit-vapeur et amenez à ébullition. Posez le plat dans le panier perforé, ajustez le couvercle et faites cuire 10 minutes. Servez tiède ou froid.

Brochettes de fruits en papillotes

Préparation : 20 min

Cuisson : 10 min

Pour 4 personnes

2 pommes

2 poires

Versez le jus de citron dans un saladier. Épluchez les pommes et les poires, coupez-les en deux, retirez le cœur et les pépins, puis taillez la pulpe en gros cubes que vous mettrez au fur et à mesure dans le jus de citron, en remuant

3 bananes

4 abricots

4 prunes (reines-claudes)

10 cl de jus de citron frais

2 cuil. à soupe de sucre en poudre

40 g de beurre

bien pour éviter qu'ils ne brunissent. Épluchez les bananes, coupez-les en grosses rondelles et mettez-les dans le saladier. Essuyez les abricots et les prunes, puis coupez-les en deux et dénoyautez-les.

Saupoudrez tous les fruits de sucre en poudre et remuez à nouveau. Enfilez-les ensuite sur huit petites brochettes, en les alternant. Découpez quatre carrés de papier sulfurisé, beurrez le centre et posez deux brochettes sur chacun. Formez des papillotes et fermez-les, sans serrer, en repliant plusieurs fois les bords.

Versez 1 litre d'eau dans la marmite du cuit-vapeur et amenez à ébullition. Posez les papillotes côte à côte dans le panier perforé, ajustez le couvercle et faites cuire 10 minutes. Servez chaud, dans les papillotes.

Compote de bananes aux raisins secs et au rhum

Préparation : 10 min

Trempage : 1 h

Cuisson : 10 min

Pour 4 personnes

600 g de bananes

80 g de raisins secs blonds

½ citron

4 cuil. à soupe de sucre en poudre blond

4 cuil. à soupe de rhum

Faites tremper les raisins secs 1 heure dans un bol d'eau bouillante, puis égouttez-les.

Pressez le demi-citron. Épluchez les bananes, coupez-les en rondelles épaisses et mettez-les dans un plat creux. Arrosez-les aussitôt du jus de citron. Ajoutez les raisins, remuez bien et saupoudrez le sucre.

Versez 1 litre d'eau dans la marmite du cuit-vapeur et amenez à ébullition. Posez le plat dans le panier perforé, ajustez le couvercle et faites cuire 10 minutes.

●●●

Transférez délicatement dans une coupelle et versez le rhum, puis mélangez et laissez refroidir. Servez tiède ou froid.

Compote de fruits d'été

Préparation : 15 min

Cuisson : 12 min

Pour 4 personnes

2 pêches jaunes

2 brugnons

8 abricots

4 cuil. à soupe de sucre en poudre

1 citron

Versez 1 litre d'eau dans la marmite du cuit-vapeur et amenez à ébullition. Posez les pêches et les brugnons dans le panier perforé, ajustez le couvercle et faites cuire 2 minutes. Retirez-les et laissez tiédir un peu pour pouvoir les manipuler.

Lavez les abricots. Pelez les pêches et les brugnons. Retirez les noyaux et coupez tous les fruits en quartiers, puis mettez-les dans un plat creux de taille adaptée au cuit-vapeur. Saupoudrez les fruits de sucre. Posez le plat dans le panier perforé, couvrez et faites cuire 10 minutes.

Pressez le citron. Transférez les fruits cuits dans une coupe, arrosez-les du jus de citron et laissez refroidir. Servez-les tièdes ou froids.

Compote de mangues au citron vert

Préparation : 15 min

Cuisson : environ 15 min

Pelez finement les mangues et coupez-les en lamelles épaisses, en faisant tourner le couteau autour du noyau. Recoupez chacune d'elles en deux et mettez-les dans un plat creux de taille adaptée au cuit-vapeur.

Pour 4 personnes

2 mangues de 450 g pièce

100 g de sucre en poudre

10 cl de jus de citron vert

1 lanière de zeste de citron vert

Versez le sucre dans une petite casserole avec 10 cl d'eau, le jus et le zeste de citron, et faites chauffer doucement en remuant. Quand le sucre est complètement dissous, laissez cuire 2 ou 3 minutes à petits bouillons pour obtenir une consistance sirupeuse.

Versez 1 litre d'eau dans la marmite du cuit-vapeur et amenez à ébullition. Posez le plat de mangue dans le panier perforé, ajustez le couvercle et faites cuire 10 minutes.

Transférez les fruits dans une coupe et arrosez-les de sirop citronné. Remuez délicatement, puis laissez refroidir et mettez au réfrigérateur jusqu'au moment de servir.

Compote de melon à la badiane

Préparation : 15 min

Cuisson : environ 20 min

Pour 4 personnes

1 gros melon ou 2 petits

100 g de sucre en poudre

5 cl d'eau

un morceau de zeste de citron

2 étoiles de badiane

Faites fondre le sucre en le chauffant doucement avec l'eau, le zeste de citron et les étoiles de badiane. Retirez l'écorce et les pépins du melon. Coupez la chair en cubes, mettez ces derniers dans un plat creux de taille adaptée au cuit-vapeur, puis arrosez-les du sirop de sucre, en laissant le citron et la badiane.

Versez 1 litre d'eau dans la marmite du cuit-vapeur et amenez à ébullition. Posez le plat de melon dans le panier perforé, ajustez le couvercle et faites cuire 15 minutes.

Récupérez les cubes de melon à l'aide d'une écumoire et mettez-les dans une coupe.

•••

Versez le jus de cuisson dans une casserole, puis faites-le réduire à feu vif jusqu'à ce qu'il soit légèrement sirupeux. Versez le sirop sur le melon, remuez et laissez refroidir. Réservez au réfrigérateur jusqu'au moment de servir.

Compote de mirabelles au citron

Préparation : 15 min
Cuisson : environ 10 min

Pour 4 personnes

800 g de mirabelles
1 citron non traité
8 cuil. à soupe de sucre en poudre

Rincez les mirabelles, coupez-les en deux et retirez les noyaux. Mettez-les dans un plat creux supportant la chaleur et de taille adaptée au cuit-vapeur.

Prélevez la moitié du zeste du citron en le frottant sur une râpe fine. Pressez le citron. Faites chauffer le sucre à feu doux avec le jus de citron, en remuant jusqu'à ce qu'il soit complètement dissous. Versez ce sirop sur les mirabelles et parsemez le zeste sur les fruits.

Posez le plat de mirabelles dans le panier perforé, ajustez le couvercle et faites cuire 10 minutes. Transférez dans une coupe et laissez refroidir complètement, puis mettez au réfrigérateur jusqu'au moment de servir.

Compote de pêches au safran

Préparation : 15 min
Cuisson : environ 15 min

Délayez le safran dans 1 cuillerée d'eau. Mettez le sucre dans une petite casserole avec 10 cl d'eau et chauffez doucement en remuant. Quand il est complètement dissous, faites-le

Pour 4 personnes

1 kg de pêches jaunes

1 pincée de pistils de safran

10 cl d'eau

80 g de sucre en poudre

cuire 2 ou 3 minutes à petits bouillons pour obtenir une consistance sirupeuse. Retirez du feu, ajoutez le safran et son eau de trempage et remuez bien, puis laissez refroidir.

Versez 1 litre d'eau dans la marmite du cuit-vapeur et amenez à ébullition. Posez les pêches dans le panier perforé, ajustez le couvercle et faites-les cuire 2 minutes. Sortez-les délicatement et laissez-les tiédir.

Pelez les pêches, coupez-les en deux pour retirer les noyaux et taillez la chair en cubes. Mettez ces derniers dans un plat creux de taille adaptée au cuit-vapeur, posez le plat dans le panier perforé et remettez le couvercle. Faites cuire 10 minutes.

Transférez délicatement les pêches dans une coupe. Versez le sirop au safran, remuez et laissez refroidir complètement, puis réservez au réfrigérateur. Servez très frais.

Compote de pommes au miel et aux fruits secs

Préparation : 15 min

Cuisson : environ 15 min

Pour 4 personnes

5 pommes

2 pruneaux

6 dattes

2 cuil. à soupe de raisins secs

10 cl de jus de pomme

Coupez les pruneaux et les dattes en deux, dénoyautez-les et mettez-les dans une casserole avec les raisins secs, le jus de pomme, la cannelle et le miel. Faites cuire à petits frémissements jusqu'à ce qu'il ne reste plus que la moitié du liquide. Retirez du feu et réservez.

•••

1 grosse pincée de cannelle moulue

2 cuil. à soupe de miel liquide

½ citron

2 cuil. à soupe de sucre

Pressez le demi-citron. Épluchez les pommes, coupez-les en morceaux et arrosez-les aussitôt du jus de citron.

Versez 1 litre d'eau dans le panier du cuit-vapeur et amenez à ébullition. Étalez les pommes dans le panier perforé. Saupoudrez-les du sucre, ajustez le couvercle et faites-les cuire 10 minutes.

Transférez les pommes dans une coupe et ajoutez les fruits secs. Mélangez délicatement si vous souhaitez conserver des morceaux ou écrasez légèrement à la fourchette si vous préférez les réduire en purée. Servez tiède ou froid.

Compote de rhubarbe aux fraises

Préparation : 15 min

Macération : 3 h

Cuisson : 22 ou 23 min

Pour 4 à 6 personnes

1 kg de tiges de rhubarbe

300 g de fraises

200 g de sucre en poudre

1 gousse de vanille

Lavez la rhubarbe, coupez la base dure des tiges et taillez ces dernières en tronçons de 2 à 3 cm. Mettez-les dans un plat creux, saupoudrez-les du sucre et couvrez, puis laissez macérer 3 heures au réfrigérateur.

Versez 1 litre d'eau dans la marmite du cuit-vapeur et amenez à ébullition. Récupérez la rhubarbe avec une écumoire et transférez-la, sans le jus de macération, dans un plat creux de taille adaptée au cuit-vapeur. Posez-le dans le panier perforé, ajustez le couvercle et faites cuire 20 minutes.

Rincez les fraises, équeutez-les et ajoutez-les dans le cuit-vapeur. Remuez très doucement pour les répartir sans les écraser, puis remettez le couvercle et poursuivez la cuisson pendant encore 2 ou 3 minutes. Versez la compote dans une coupe, laissez refroidir et mettez au réfrigérateur. Servez très frais.

Figues au chèvre frais et au miel

Préparation : 10 min

Cuisson : 15 min

Pour 4 personnes

12 figues violettes

4 petits chèvres frais à cuire

4 petites feuilles de figuier ou de vigne

4 cuil. à soupe de miel liquide

½ cuil. à café de thym frais

Coupez les petits fromages en deux dans l'épaisseur. Lavez et essuyez les figues. Incisez-les en croix au niveau de la queue, assez profondément mais sans séparer les quartiers. Formez quatre boules avec la moitié des fromages et glissez-en une dans chaque figue.

Rincez et épongez les feuilles. Posez-les dans le fond de quatre ramequins pouvant aller dans le panier du cuit-vapeur. Placez une moitié de chèvre au centre de chacun et posez une figue dessus.

Versez 1 litre d'eau dans la marmite du cuit-vapeur et amenez à ébullition. Posez les ramequins côte à côte dans le panier perforé. Couvrez-les de papier cuisson pour éviter que l'eau de condensation ne retombe sur le fromage, ajustez le couvercle et faites cuire 10 minutes. En fin de cuisson, chauffez légèrement le miel et versez-le sur les figues. Saupoudrez de thym avant de servir.

Îles flottantes aux fruits rouges

Préparation : 20 min

Cuisson : 10 min

Pour 4 personnes

600 g de fruits rouges mélangés (frais ou surgelés)

60 g de sucre en poudre extrafin

2 blancs d'œuf

2 cuil. à soupe de sucre

½ citron

4 petites grappes de groseilles (pour le décor)

Pressez le demi-citron. Triez les fruits s'ils sont frais, rincez-les et égouttez-les. S'ils sont congelés, laissez-les revenir à température ambiante. Mettez-les dans le bol d'un blender avec les 60 g de sucre et le jus du demi-citron, puis mixez 2 ou 3 minutes.

Passez la purée obtenue pour éliminer les pépins et diluez-la avec un peu d'eau si elle est trop épaisse, puis versez-la dans une coupe et réservez au réfrigérateur.

Versez 1 litre d'eau dans la marmite du cuit-vapeur et amenez à ébullition. Battez les blancs d'œuf en neige très ferme avec 2 ou 3 gouttes de jus de citron et en saupoudrant les 2 cuillerées à soupe de sucre à la fin.

Étalez une feuille de papier sulfurisé dans le fond du panier du cuit-vapeur, percez-la plusieurs fois et mouillez la surface au pinceau. Formez quatre boules de neige avec une grande cuillère et posez-les les unes à côté des autres dans le panier perforé, en les espaçant bien. Ajustez le couvercle et faites-les cuire 3 minutes.

Sortez les boules du panier à l'aide d'une écumoire, égouttez-les bien et posez-les sur le coulis de fruits. Décorez chacune d'elles d'une petite grappe de groseilles et servez.

Marmelade d'agrumes au gingembre

Préparation : 30 min
Cuisson : environ 25 min
Pour 4 personnes
1 pamplemousse rose
1 pamplemousse jaune
4 oranges douces
1 noix de gingembre frais
100 g de sucre en poudre

Pelez les agrumes à vif en retirant la peau blanche avec l'écorce. Séparez les quartiers, retirez la membrane qui les enveloppe et mettez-les dans un plat creux de taille adaptée au cuit-vapeur. Travaillez au-dessus d'un bol pour récupérer le jus et versez-le dans une casserole.
Épluchez et hachez finement le gingembre. Ajoutez dans la casserole le sucre, le gingembre et 10 cl d'eau, et chauffez doucement en remuant. Quand le sucre est complètement dissous, laissez cuire à petits frémissements jusqu'à obtention d'un sirop onctueux. Versez-le sur les fruits et remuez délicatement.
Versez 1 litre d'eau dans la marmite du cuit-vapeur et amenez à ébullition. Posez le plat contenant les fruits dans le panier perforé, ajustez le couvercle et faites cuire environ 20 minutes. Transférez dans une jolie coupe et laissez refroidir avant de mettre au réfrigérateur. Servez très frais.

Papillotes de banane au chocolat

Préparation : 10 min
Cuisson : 10 min
Pour 4 personnes
4 bananes

Épluchez les bananes. Si le chocolat est en un seul bloc, hachez-le au couteau en petits morceaux. Beurrez quatre rectangles de papier sulfurisé et posez une banane sur

•••

40 g de chocolat noir (en pastilles)

20 g de beurre pour les papillotes

chacun. Incisez légèrement celles-ci dans la longueur, glissez un peu de chocolat dans la fente et répartissez le reste en surface. Formez des papillotes et fermez-les hermétiquement, sans serrer, en repliant plusieurs fois les bords.

Versez 1 litre d'eau dans la marmite du cuit-vapeur et amenez à ébullition. Posez les papillotes côte à côte dans le panier perforé, ajustez le couvercle et faites cuire 10 minutes. Servez chaud, dans les papillotes.

Papillotes de fruits exotiques à la noix de coco

Préparation : 20 min

Cuisson : 12 min

Pour 4 personnes

1 ananas victoria

4 freysinettes (petites bananes)

1 mangue

8 litchis

4 cuil. à café de noix de coco râpée séchée

4 cuil. à café bombées de sucre en poudre blond

10 cl de lait de coco

4 cuil. à soupe de jus de citron vert

quelques copeaux de pulpe de noix de coco fraîche (pour servir)

Épluchez soigneusement l'ananas, coupez-le en quatre et retirez la partie dure du cœur, puis recoupez la chair en cubes. Épluchez les bananes. Pelez la mangue et coupez-la en lamelles, en faisant tourner le couteau autour du noyau. Épluchez et dénoyautez les litchis.

Répartissez les fruits sur quatre carrés de papier sulfurisé, saupoudrez-les de noix de coco et de sucre, puis arrosez-les de jus de citron. Formez des papillotes et fermez-les hermétiquement, sans serrer, en repliant plusieurs fois les bords.

Versez 1 litre d'eau dans la marmite du cuit-vapeur et amenez à ébullition. Posez les papillotes côte à côte dans le panier perforé, ajustez le couvercle et faites cuire 12 minutes. Servez chaud. Au dernier moment, entrouvrez les papillotes et parsemez quelques copeaux de noix de coco sur les fruits.

Papillotes de pêches aux groseilles

Préparation : 20 min

Cuisson : 12 min

Pour 4 personnes

4 grosses pêches mûres (jaunes ou blanches)

4 grappes de groseilles

4 cuil. à soupe de gelée de groseille

Versez 1 litre d'eau dans la marmite du cuit-vapeur et amenez à ébullition. Posez les pêches côte à côte dans le panier perforé, ajustez le couvercle et faites cuire 2 minutes. Sortez les pêches du cuit-vapeur et laissez-les tiédir un peu pour pouvoir les manipuler. Coupez-les en deux, dénoyautez-les et pelez-les, puis recoupez-les en quartiers. Rincez et égrappez les groseilles.

Découpez quatre disques de papier sulfurisé. Disposez les pêches en rosace sur la partie inférieure et répartissez dessus la gelée, puis les groseilles. Repliez le papier sur les fruits pour former des papillotes, sans serrer, et faites un petit bourrelet tout autour pour fermer hermétiquement.

Versez 1 litre d'eau dans la marmite du cuit-vapeur et amenez à ébullition. Posez les papillotes côte à côte dans le panier perforé, ajustez le couvercle et faites cuire 10 minutes. Servez chaud, dans les papillotes.

Papillotes de poires au gingembre confit

Préparation : 20 min
Cuisson : 10 à 15 min
Pour 4 personnes

4 poires

1 citron

40 g de gingembre confit

40 g de beurre

4 cuil. à soupe de sucre en poudre

beurre (pour les papillotes)

Pressez le citron. Pelez les poires en laissant la queue, puis creusez-les par la base en retirant le cœur et les pépins, et badigeonnez-les aussitôt de jus de citron. Hachez très finement le gingembre au couteau. Malaxez le beurre avec le sucre et le gingembre, puis remplissez-en les poires.

Beurrez quatre disques de papier sulfurisé et posez une poire sur chacun. Formez des papillotes et fermez-les hermétiquement, sans serrer, en repliant plusieurs fois les bords.

Versez 1 litre d'eau dans le panier du cuit-vapeur et amenez à ébullition. Posez les papillotes côte à côte dans le panier perforé, ajustez le couvercle et faites cuire de 10 à 15 minutes, selon le degré de maturité des fruits. Servez chaud, dans les papillotes.

Pêches à la grenade

Préparation : 20 min
Cuisson : 12 min
Pour 4 personnes

4 pêches jaunes bien mûres

2 grenades

3 cuil. à soupe d'amandes effilées

4 cuil. à soupe de sirop de grenadine

Versez 1 litre d'eau dans la marmite du cuit-vapeur et amenez à ébullition. Posez les pêches côte à côte dans le panier perforé, ajustez le couvercle et faites cuire 2 minutes.

Sortez les pêches du cuit-vapeur et laissez-les tiédir. Coupez-les en deux, dénoyautez-les et pelez-les, puis recoupez-les en quartiers. Coupez les grenades en deux et récupérez les graines à la cuillère. Faites dorer les amandes à sec dans une petite poêle antiadhésive.

Découpez quatre disques de papier sulfurisé et disposez les pêches en rosace sur la partie inférieure. Versez 1 cuillerée de grenadine sur les fruits, puis répartissez les graines de grenade. Repliez le papier pour former des papillotes, sans serrer, et faites un petit bourrelet tout autour pour les fermer hermétiquement.
Versez 1 litre d'eau dans la marmite du cuit-vapeur et amenez à ébullition. Posez les papillotes côte à côte dans le panier perforé, ajustez le couvercle et faites cuire 10 minutes. Entrouvrez les papillotes au moment de servir et parsemez les amandes.

Pêches au crumble

Préparation : 20 min
Cuisson : environ 10 min

Pour 4 personnes

4 pêches jaunes bien mûres

4 gros macarons

8 cuil. à soupe de marmelade d'oranges

beurre (pour les papillotes)

Plongez les pêches 30 secondes dans une casserole d'eau bouillante, puis rafraîchissez-les dans un récipient d'eau froide, égouttez-les et pelez-les. Coupez-les en deux et retirez les noyaux. Écrasez les macarons en grosses miettes.
Découpez quatre rectangles de papier sulfurisé. Beurrez largement le centre et posez-y deux demi-pêches, côté creux vers le haut. Mettez 1 cuillerée de marmelade dans le creux de chaque moitié de fruit, puis répartissez les miettes de macaron par-dessus. Formez des papillotes, sans serrer les pêches, et fermez-les en repliant plusieurs fois les bords.
Versez 1 litre d'eau dans le panier du cuit-vapeur et amenez à ébullition. Posez les papillotes côte à côte dans le panier perforé, ajustez le couvercle et faites cuire 10 minutes. Servez chaud, dans les papillotes.

Pêches blanches à la menthe

Préparation : 20 min
Infusion : 5 min
Cuisson : environ 10 min

Pour 4 personnes

4 pêches blanches
60 g de sucre en poudre
15 cl de vin blanc doux
1 cuil. à soupe de feuilles de menthe

Chauffez doucement le sucre avec le vin dans une petite casserole, en remuant jusqu'à ce qu'il soit complètement dissous. Retirez du feu, ajoutez la menthe, couvrez et laissez infuser 5 minutes.

Plongez les pêches 30 secondes dans l'eau bouillante, puis sortez-les délicatement à l'aide d'une écumoire et mettez-les à rafraîchir dans un bain d'eau froide.

Égouttez les pêches, pelez-les et coupez-les en lamelles épaisses. Mettez-les dans un plat creux de taille adaptée au cuit-vapeur et arrosez-les du sirop à la menthe.

Versez 1 litre d'eau dans la marmite du cuit-vapeur et amenez à ébullition. Posez le plat de pêches dans le panier perforé, ajustez le couvercle et faites cuire 10 minutes. Transférez dans une coupe et laissez refroidir, puis mettez au réfrigérateur jusqu'au moment de servir.

Poires à la cannelle

Préparation : 15 min
Cuisson : 15 à 20 min

Pour 4 personnes

4 poires
10 cl d'eau
3 cuil. à soupe de sucre en poudre
1 bâtonnet de cannelle

Versez l'eau et le sucre dans une petite casserole, et chauffez doucement en remuant jusqu'à ce que ce dernier soit fondu.

Épluchez les poires, coupez-les en deux et creusez le centre pour retirer le cœur et les pépins. Mettez-les dans un plat de taille adaptée au cuit-vapeur, arrosez-les de l'eau sucrée et ajoutez le bâtonnet de cannelle.

Versez 1 litre d'eau dans la marmite du cuit-vapeur et amenez à ébullition. Posez le plat de poires dans le panier perforé, ajustez le couvercle et faites cuire de 10 à 15 minutes. Surveillez la cuisson et arrêtez-la dès que les fruits sont assez tendres.

Égouttez bien les poires et mettez-les dans une coupe. Récupérez le jus de cuisson dans une petite casserole et faites-le réduire quelques minutes à feu vif pour obtenir un sirop assez fluide. Versez-le sur les poires et laissez refroidir, en retournant plusieurs fois les fruits.

Poires à la fourme d'Ambert

Préparation : 20 min

Cuisson : 10 min

Pour 4 personnes

4 petites poires

½ citron

100 g de fourme d'Ambert (ou d'un autre fromage à pâte persillée)

4 cuil. à café de crème fraîche

8 cerneaux de noix

Pressez le demi-citron. Épluchez les poires et coupez-les en deux, puis creusez largement le cœur en retirant les pépins et badigeonnez-les aussitôt de jus de citron. Écrasez finement le fromage à la fourchette avec la crème. Quand le mélange est homogène, remplissez-en le creux des poires et reformez les fruits en rapprochant les deux moitiés farcies.

Découpez quatre rectangles de papier sulfurisé. Posez une poire sur chacun, formez des papillotes et fermez-les hermétiquement, sans serrer, en repliant plusieurs fois les bords.

Versez 1 litre d'eau dans la marmite du cuit-vapeur et amenez à ébullition. Posez les papillotes côte à côte dans le panier perforé, ajustez le couvercle et faites cuire 10 minutes.

Concassez grossièrement les cerneaux de noix. Sortez les papillotes, entrouvrez-les et parsemez les noix hachées avant de servir.

Poires au chocolat

Préparation : 20 min
Cuisson : de 10 à 15 min

Pour 4 personnes

4 poires

180 g de chocolat noir à 70 % de cacao

25 cl de crème liquide

½ citron pressé

Pelez les poires en laissant la queue, coupez un disque fin à la base pour les rendre stables et badigeonnez-les aussitôt de jus de citron.

Versez 1 litre d'eau dans le panier du cuit-vapeur et amenez à ébullition. Posez les poires côte à côte dans le panier perforé, ajustez le couvercle et faites-les cuire de 10 à 15 minutes selon leur degré de maturité, jusqu'à ce qu'elles soient tendres.

Râpez ou hachez le chocolat dans un saladier. Chauffez doucement la crème dans une petite casserole pour l'amener à la limite de l'ébullition. Aux premiers frémissements, retirez du feu et versez-la sur le chocolat. Attendez quelques instants qu'il ramollisse, puis remuez jusqu'à obtention d'une consistance lisse et onctueuse.

Égouttez rapidement les poires sur du papier absorbant et mettez-les dans des coupelles, puis nappez-les de sauce au chocolat au moment de servir : toutes les associations sont possibles, poires et sauce au chocolat pouvant être indifféremment servies chaudes ou froides.

Poires au vin de mûre

Préparation : 20 min
Cuisson : 10 à 15 min

Pour 4 personnes

4 poires

20 cl de vin rouge

Versez le vin et la crème de mûre dans une petite casserole avec le sucre et la gousse de vanille, fendue en deux dans la longueur. Amenez à ébullition et laissez cuire à petits frémissements jusqu'à obtenir un sirop léger.

10 cl de crème de mûre

4 cuil. à soupe de sucre en poudre

1 gousse de vanille

½ citron

quelques mûres (pour le décor)

Pressez le citron. Épluchez les poires. Coupez-les en deux et creusez le cœur en retirant les pépins, puis badigeonnez-les aussitôt de jus de citron.

Versez 1 litre d'eau dans le panier du cuit-vapeur et amenez à ébullition. Posez les demi-poires côte à côte dans le panier perforé, ajustez le couvercle et faites cuire de 8 à 10 minutes, jusqu'à ce qu'elles soient juste tendres quand on les pique.

Égouttez rapidement les poires sur du papier absorbant et rangez-les dans un plat creux juste assez grand pour les contenir. Arrosez-les du vin à la mûre, puis laissez-les refroidir en les retournant plusieurs fois pour qu'elles s'imprègnent bien de vin. Mettez au réfrigérateur jusqu'au moment de servir, frais, parsemé de quelques mûres.

Poires aux noix

Préparation : 20 min

Cuisson : 10 min

Pour 4 personnes

4 poires

½ citron, pressé

60 g de cerneaux de noix

4 cuil. à soupe de miel

beurre pour les papillotes

Concassez les noix et mélangez-les à 3 cuillerées à soupe de miel. Pelez les poires, coupez très légèrement la base pour qu'elles soient bien stables et creusez le centre en retirant le cœur et les pépins. Badigeonnez aussitôt les poires de jus de citron.

Beurrez le centre de quatre grands carrés de papier sulfurisé. Posez une poire sur chacun, remplissez le cœur du mélange miel-noix et enduisez l'extérieur avec le reste du miel. Remontez les bords des carrés de façon à former des aumônières, sans serrer les fruits, et liez-les avec du fil de cuisine. •••

Versez 1 litre d'eau dans le panier du cuit-vapeur et amenez à ébullition. Posez les papillotes côte à côte dans le panier perforé, ajustez le couvercle et faites cuire 10 minutes. Servez chaud ou tiède, dans les papillotes.

Poires en crème d'amandes

Préparation : 20 min

Cuisson : 20 min

Pour 4 personnes

2 poires

60 g de beurre ramolli

1 œuf

60 g de sucre en poudre

80 g de poudre d'amandes

½ citron

beurre (pour les moules)

sucre glace

Travaillez le beurre en pommade avec une spatule en bois, puis ajoutez l'œuf et le sucre, en fouettant vivement jusqu'à obtention d'une crème lisse. Ajoutez la poudre d'amandes et mélangez à nouveau.

Pressez le citron. Épluchez les poires, coupez-les en deux et creusez le cœur en retirant les pépins. Badigeonnez aussitôt chaque demi-poire de jus de citron.

Versez 1 litre d'eau dans la marmite du cuit-vapeur et amenez à ébullition. Beurrez quatre ramequins. Étalez la crème d'amande dans le fond, puis posez une poire par-dessus, côté bombé vers le haut. Rangez les ramequins côte à côte dans le panier perforé, ajustez le couvercle et faites cuire environ 20 minutes, jusqu'à ce que la crème soit prise.

Sortez les ramequins du cuit-vapeur et laissez tiédir un peu. Saupoudrez-les de sucre glace, passez-les quelques instants sous un gril du four pour dorer la surface et servez.

Pommes aux épices

Préparation : 20 min

Trempage : 1 h

Cuisson : 10 min

Pour 4 personnes

4 pommes à cuire

4 cuil. à soupe de raisins secs

2 étoiles de badiane

½ citron

4 cuil. à soupe de miel

4 pincées de cannelle moulue

4 pincées de noix de muscade râpée

beurre pour les papillotes

Faites tremper les raisins pendant 1 heure dans un bol d'eau bouillante, puis égouttez-les. Coupez chaque étoile de badiane en deux. Pressez le citron.

Pelez à demi les pommes : épluchez la partie supérieure, en commençant du côté du pédoncule et en vous arrêtant horizontalement au milieu du fruit. Coupez un disque fin à la base pour les rendre stables et creusez le centre en retirant le cœur et les pépins, puis arrosez-les de jus de citron.

Beurrez le centre de quatre grands carrés de papier sulfurisé. Posez une pomme sur chacun et glissez à l'intérieur 1 cuillerée de raisins secs, 1 cuillerée de miel et le quart des épices. Formez des papillotes, sans serrer les fruits, et fermez-les hermétiquement en repliant plusieurs fois les bords.

Versez 1 litre d'eau dans le panier du cuit-vapeur et amenez à ébullition. Posez les papillotes côte à côte dans le panier perforé, ajustez le couvercle et faites cuire 10 minutes. Servez chaud ou tiède, dans les papillotes.

Pommes farcies aux dattes et aux pignons

Préparation : 20 min

Cuisson : 10 min

Pour 4 personnes

4 belles pommes à cuire

1 orange

100 g de dattes

2 cuil. à soupe de raisins secs

2 cuil. à soupe de miel

1 pincée de cannelle moulue

50 g de pignons

½ citron

beurre (pour les papillotes)

Pressez l'orange. Dénoyautez et hachez les dattes au couteau, puis mettez-les dans une casserole avec les raisins secs, le miel, la cannelle et le jus d'orange. Faites cuire 10 minutes, à petits frémissements, pour obtenir une compote épaisse. Concassez grossièrement les pignons et ajoutez-les aux fruits secs.

Pressez le citron. Pelez les pommes, coupez très légèrement la base pour qu'elles soient bien stables et creusez le centre en retirant le cœur et les pépins. Arrosez-les aussitôt de jus de citron.

Beurrez quatre grands carrés de papier sulfurisé, posez une pomme sur chacun et remplissez le cœur de fruits secs. Remontez les bords des carrés et formez des aumônières, sans serrer les pommes, puis liez-les avec du fil de cuisine.

Versez 1 litre d'eau dans le panier du cuit-vapeur et amenez à ébullition. Posez les papillotes côte à côte dans le panier perforé, ajustez le couvercle et faites cuire 10 minutes. Servez chaud ou tiède, dans les papillotes.

Pommes farcies aux dattes et aux pignons

Purée de bananes à la muscade

Préparation : 20 min

Cuisson : 20 min

Pour 4 personnes

4 bananes

¼ de cuil. à café de noix de muscade râpée

1 pincée de sel (facultatif)

Versez 1 litre d'eau dans le panier du cuit-vapeur et amenez à ébullition. Incisez légèrement chaque banane deux ou trois fois avec la pointe d'un petit couteau et faites-les cuire environ 20 minutes, jusqu'à ce qu'elles soient bien tendres.

Sortez les bananes du cuit-vapeur et laissez-les tiédir quelques instants pour pouvoir les manipuler, puis pelez-les. Récupérez la chair dans une assiette et écrasez-la au fur et à mesure à la fourchette.

Mettez la purée obtenue dans un saladier, ajoutez la noix de muscade, salez éventuellement très légèrement et mélangez vivement, toujours à la fourchette. Servez chaud, en accompagnement d'une viande blanche ou d'une volaille rôtie.

Aïoli doux

Préparation : 10 min

Cuisson : 20 min

2 ou 3 gousses d'ail

1 pomme de terre moyenne (80 à 100 g)

1 pincée de pistils de safran

2 jaunes d'œuf

20 cl d'huile d'olive

sel et poivre de Cayenne

Versez 1 litre d'eau dans la marmite du cuit-vapeur et amenez à ébullition. Pelez les gousses d'ail. Épluchez la pomme de terre et coupez-la en morceaux. Posez-la avec les gousses d'ail dans le panier perforé, ajustez le couvercle et faites-les cuire 15 minutes, puis laissez-les refroidir.

Faites infuser les pistils de safran dans 1 cuillerée à soupe d'eau bouillante. Mettez la pomme de terre, les gousses d'ail, les jaunes d'œuf et une pincée de sel dans le bol d'un mortier. Écrasez le tout au pilon et malaxez jusqu'à obtenir une purée fine et crémeuse.

Quand le mélange est homogène, versez la moitié de l'huile, goutte à goutte, en continuant de tourner avec le pilon. Ajoutez alors le safran, puis le reste de l'huile, en filet, toujours en travaillant le mélange au pilon. Goûtez et rectifiez l'assaisonnement. Gardez l'aïoli à température ambiante jusqu'au moment de servir.

Coulis d'asperges au champagne

Préparation : 10 min
Cuisson : 15 min

500 g d'asperges (ou uniquement de tiges)

25 cl de crème liquide

10 cl de champagne sec

quelques pluches de cerfeuil (pour le décor)

sel et poivre blanc

Versez 1 litre d'eau dans la marmite du cuit-vapeur et amenez à ébullition. Coupez l'extrémité dure des asperges, épluchez-les et lavez-les, puis mettez-les dans le panier perforé. Salez légèrement, ajustez le couvercle et faites cuire 15 minutes.

Égouttez les asperges et mettez-les dans le bol d'un robot. Mixez-les pendant 3 minutes pour les réduire en purée très fine. Ajoutez la crème fleurette et mixez encore 1 minute. Filtrez à l'aide d'une passoire fine, salez, poivrez et ajoutez le champagne. Décorez de pluches de cerfeuil et servez chaud, en accompagnement d'un poisson ou d'une viande blanche.

Coulis de carottes au cumin

Préparation : 10 min
Cuisson : 15 min

500 g de carottes

50 cl de bouillon de volaille

1 cuil. à soupe de cumin en poudre

80 g de beurre

sel et poivre du moulin

Versez le bouillon et 50 cl d'eau dans la marmite du cuit-vapeur et amenez à ébullition. Épluchez les carottes, lavez-les et coupez-les en grosses rondelles. Étalez-les dans le panier perforé. Salez légèrement, ajustez le couvercle et faites cuire 15 minutes.

Sortez les carottes du cuit-vapeur et mixez-les en ajoutant progressivement juste assez du bouillon de cuisson pour obtenir un coulis lisse et fluide. Salez, poivrez et ajoutez le cumin. Au dernier moment, incorporez le beurre coupé en petits morceaux au coulis très chaud, en fouettant vivement.

Coulis de carottes au gingembre

Préparation : 10 min

Cuisson : 15 min

500 g de carottes

1 noisette de gingembre frais

50 cl de bouillon de volaille

60 g de beurre

sel et poivre du moulin

Épluchez les carottes, lavez-les et coupez-les en grosses rondelles. Épluchez et émincez le gingembre. Versez le bouillon et 50 cl d'eau dans la marmite du cuit-vapeur, et amenez à ébullition. Étalez les carottes dans le panier perforé. Salez-les légèrement, ajustez le couvercle et faites-les cuire 15 minutes.

Sortez les carottes du cuit-vapeur et mettez-les dans le bol d'un robot avec le gingembre. Mixez-les en ajoutant peu à peu assez du bouillon de cuisson pour obtenir un coulis lisse et fluide. Goûtez et rectifiez l'assaisonnement.

Au dernier moment, incorporez le beurre coupé en petits morceaux au coulis très chaud, en fouettant vivement. Servir aussitôt.

Coulis de céleri

Préparation : 10 min

Cuisson : 10 à 15 min

300 g de céleri-rave

150 g de pommes de terre

25 cl de crème liquide

1 pincée de noix de muscade

sel et poivre du moulin

Épluchez les pommes de terre et le céleri, lavez-les et coupez-les en morceaux. Versez 1 litre d'eau dans la marmite du cuit-vapeur et amenez à ébullition. Étalez les légumes dans le panier perforé. Salez-les, ajustez le couvercle et faites-les cuire de 10 à 15 minutes, jusqu'à ce qu'ils soient très tendres.

Égouttez les légumes. Mettez-les dans le bol d'un robot avec une petite louche de leur eau de cuisson, puis mixez-les jusqu'à ce qu'ils soient réduits en purée lisse et fine.

•••

Ajoutez la crème, salez, poivrez et mixez encore 1 minute pour homogénéiser l'ensemble, en ajoutant juste assez de l'eau de cuisson des légumes pour donner la fluidité nécessaire. Ajoutez la noix de muscade et servez chaud, avec de la viande blanche ou une volaille.

Coulis d'endives au vin blanc

Préparation : 10 min

Cuisson : 10 min

2 endives de taille moyenne

1 cuil. à café de sucre en poudre

10 cl de vin blanc sec

25 cl de crème fraîche

sel et poivre du moulin

Coupez la base des endives et retirez le cône central avec un petit couteau pointu. Supprimez l'extrémité verte, puis séparez les feuilles. Versez 1 litre d'eau dans la marmite du cuit-vapeur et amenez à ébullition. Étalez les endives dans le panier perforé. Poudrez-les du sucre et d'un peu de sel, ajustez le couvercle et faites cuire 10 minutes.

Égouttez les endives, mettez-les dans le bol d'un robot avec le vin blanc et mixez-les en purée très fine. Ajoutez la crème et mixez pendant encore 1 minute, en ajoutant éventuellement un peu de liquide de cuisson pour donner la fluidité nécessaire. Goûtez et rectifiez l'assaisonnement. Servez très chaud, en accompagnement de poisson.

Coulis de poireaux au curry

Préparation : 10 min

Cuisson : 10 à 15 min

3 blancs de poireau

50 cl de bouillon de volaille

25 cl de crème fraîche

1 cuil. à café de moutarde forte

1 cuil. à café de curry doux en poudre

sel et poivre du moulin

Coupez la base des poireaux et l'extrémité verte pour ne garder que la partie blanche. Enlevez les feuilles extérieures les plus dures, puis fendez les poireaux dans la longueur et lavez-les sous l'eau courante en écartant bien les feuilles.

Versez le bouillon et 50 cl d'eau dans la marmite du cuit-vapeur, et amenez à ébullition. Posez les poireaux dans le panier perforé, ajustez le couvercle et faites-les cuire de 10 à 15 minutes, selon leur taille.

Égouttez les poireaux, mettez-les dans le bol d'un robot et mixez-les 2 ou 3 minutes pour les réduire en purée lisse et fine. Ajoutez la crème, la moutarde et le curry, et mixez encore 1 ou 2 minutes, en ajoutant éventuellement un peu d'eau de cuisson pour donner au coulis de la fluidité. Goûtez et rectifiez l'assaisonnement. Servez chaud, avec un poisson, une viande blanche ou des crustacés.

Coulis de poivrons

Préparation : 20 min

Cuisson : 10 min

2 poivrons rouges

20 cl de crème liquide

piment d'Espelette

sel fin et sucre en poudre

Versez 1 litre d'eau dans la marmite du cuit-vapeur et amenez à ébullition. Coupez les poivrons en deux, retirez-leur le pédoncule et les graines, puis posez-les dans le panier perforé. Ajustez le couvercle et faites cuire 10 minutes.

•••

Retirez les poivrons du cuit-vapeur, laissez-les tiédir un peu et pelez-les. Mettez la chair dans le bol d'un robot et mixez 2 ou 3 minutes, jusqu'à obtention d'une purée lisse et fine.

Ajoutez la crème, salez et pimentez à votre goût, puis mixez encore 1 minute pour homogénéiser l'ensemble, en ajoutant juste assez de l'eau de cuisson des légumes pour donner la fluidité nécessaire. Servez chaud ou froid.

Coulis de tomates mi-cuites

Préparation : 10 min

Cuisson : 3 min

500 g de tomates bien mûres

5 cl de vinaigre de vin

1 cuil. à café de concentré de tomates

de 10 à 15 cl d'huile d'olive

12 feuilles de basilic ciselées

sel et poivre du moulin

Versez 1 litre d'eau dans la marmite du cuit-vapeur et amenez à ébullition. Incisez la base des tomates en croix. Posez-les dans le panier perforé, ajustez le couvercle et faites cuire 3 minutes.

Égouttez les tomates et laissez-les tiédir un peu, puis pelez-les. Coupez-les en deux, ôtez les graines avec une petite cuillère et recoupez la pulpe en morceaux.

Mettez les tomates dans le bol d'un robot avec le vinaigre et le concentré de tomates, et mixez-les en purée très fine en versant lentement l'huile d'olive. Ajoutez le basilic, salez et poivrez, puis couvrez et mettez au réfrigérateur.

Sauce verte

Préparation : 15 min

Cuisson : 5 min

200 g d'épinards ou de cresson

1 échalote

3 cuil. à soupe de fines herbes ciselées mélangées (cerfeuil, ciboulette, persil)

25 cl de mayonnaise

sel et poivre du moulin

Épluchez les épinards et lavez-les. Versez 1 litre d'eau dans la marmite du cuit-vapeur et amenez à ébullition. Étalez les épinards dans le panier perforé, ajustez le couvercle et faites-les cuire 5 minutes. Égouttez-les dans une passoire et pressez bien pour extraire le maximum d'eau, puis épongez-les avec du papier absorbant.

Épluchez l'échalote. Mettez-la avec les épinards et les fines herbes dans le bol d'un blender, et mixez l'ensemble en purée très fine. Mélangez cette purée d'herbes à la mayonnaise, goûtez et rectifiez l'assaisonnement. Conservez au réfrigérateur, couvert de film transparent.

Coulis de pêches au muscat

Préparation : 15 min

Cuisson : 16 min

2 pêches blanches bien mûres

35 cl de muscat doux

2 clous de girofle

sucre en poudre (facultatif)

Versez 1 litre d'eau dans la marmite du cuit-vapeur et amenez à ébullition. Posez les pêches dans le panier perforé, ajustez le couvercle et faites-les cuire 1 minute.

Laissez-les tiédir, puis pelez-les et coupez-les en petits quartiers. Mettez-les dans un bol avec le muscat et les clous de girofle. Posez le bol dans le panier perforé, remettez le couvercle et faites cuire 15 minutes.

Retirez les clous de girofle et transférez les pêches et leur jus de cuisson dans le bol d'un robot. Mixez-les 2 ou 3 minutes pour obtenir un coulis lisse et fluide, sucrez un peu si vous le souhaitez et servez très frais.

Sauce au chocolat blanc au kirsch

Préparation : 5 min
Cuisson : 5 à 10 min
200 g de chocolat blanc
10 cl de crème liquide
1 noix de beurre
5 cl de kirsch

Versez 1 litre d'eau dans la marmite du cuit-vapeur et amenez à ébullition. Cassez le chocolat en petits morceaux ou coupez-le grossièrement au couteau. Mettez-le dans un bol avec la crème, placez le bol dans le panier perforé et laissez fondre le chocolat.

Quand il est presque liquide, ajoutez le beurre et remuez avec une cuillère pour obtenir une sauce bien lisse. Ajoutez le kirsch et remuez à nouveau. Mettez au réfrigérateur jusqu'au moment de servir. Servez chaud ou froid avec tous vos desserts : cette sauce ne durcit pas en refroidissant.

Sauce chocolat

Préparation : 5 min
Cuisson : 5 à 10 min
150 g de chocolat noir à 70 % de cacao
15 cl de crème liquide
1 noix de beurre

Versez 1 litre d'eau dans la marmite du cuit-vapeur et amenez à ébullition. Cassez le chocolat en petits morceaux ou coupez-le grossièrement au couteau. Mettez-le dans un bol avec la crème, placez le bol dans le panier perforé et laissez fondre le chocolat.

Ajoutez alors le beurre et remuez avec une cuillère pour obtenir une sauce lisse. Mettez au réfrigérateur jusqu'au moment de servir.

Servez chaud ou froid avec tous vos desserts : cette sauce ne durcit pas en refroidissant. Pour la réchauffer, remettez le bol quelques minutes dans le panier du cuit-vapeur, au-dessus de l'eau frémissante.

Sauce chocolat-café

Préparation : 10 min

Cuisson : 5 à 10 min

150 g de chocolat noir (à environ 65 % de cacao)

10 cl de café très fort

10 cl de crème liquide

1 noix de beurre

Versez 1 litre d'eau dans la marmite du cuit-vapeur et amenez à ébullition. Cassez le chocolat en petits morceaux ou coupez-le grossièrement au couteau. Mettez-le dans un bol avec le beurre et la crème, placez le bol dans le panier perforé et laissez fondre le chocolat.

Quand il est presque liquide, ajoutez le café et remuez avec une cuillère pour obtenir une sauce bien lisse. Mettez au réfrigérateur jusqu'au moment de servir.

Servez chaud ou froid avec tous vos desserts : cette sauce ne durcit pas en refroidissant. Pour la réchauffer, remettez le bol quelques minutes dans le panier du cuit-vapeur, au-dessus de l'eau frémissante.

Sauce pruneaux-armagnac

Préparatioan : 5 min

Cuisson : 1 h

200 g de pruneaux dénoyautés

100 g de sucre en poudre

15 cl d'eau

15 cl d'armagnac

Versez 1 litre d'eau dans la marmite du cuit-vapeur et amenez à ébullition. Dénoyautez les pruneaux. Mettez-les dans un bol supportant la chaleur, saupoudrez-les de sucre et ajoutez l'eau ainsi que l'armagnac. Placez le bol dans le panier perforé, ajustez le couvercle et faites cuire 1 heure.

Transférez les pruneaux et leur liquide de cuisson dans le bol d'un blender. Mixez jusqu'à obtention d'un coulis lisse et fluide, en ajoutant un peu d'eau si la consistance est trop épaisse. Servez chaud ou froid.

Index

Si vous souhaitez recevoir notre catalogue
et être tenu au courant de nos publications,
envoyez-nous vos nom et adresse, en citant ce livre
et en précisant les domaines qui vous intéressent.

Éditions Solar
12, avenue d'Italie
75013 Paris
www.solar.fr

Direction : Jean-Louis Hocq
Direction littéraire : Suyapa Granda Bonilla
Secrétariat d'édition : Pauline Labrousse
Édition : Chloé Chauveau
Graphisme : Julia Philipps
Réalisation graphique : Sébastien Chenaud
Fabrication : Laurence Ledru
Photogravure : APS

Photographies : Caroline Faccioli
Stylisme : Geneviève Peron

ISBN : 978-2-263-04825-8
Code éditeur : S04825/05
Suite de la première édition

Dépôt légal : août 2009
Imprimé chez Loire Offset Titoulet